POLÍTICA E INVESTIGACIÓN EN ARGENTINA

Alejandra Cardini

Política e investigación en Argentina

La demanda del Estado y la producción de conocimiento en Educación

Colección UAI – Investigación

Cardini, Alejandra
Política e investigación en Argentina: la demanda del Estado y la producción de conocimiento en educación / Alejandra Cardini. - 1a ed. - Ciudad Autónoma de Buenos Aires: Teseo; Ciudad Autónoma de Buenos Aires: Universidad Abierta Interamericana, 2018. 420 p.; 20 x 13 cm.
ISBN 978-987-723-171-7
1.Política Argentina. 2. Investigación. I. Título.
CDD 320.0982

© UAI, Editorial, 2018

© Editorial Teseo, 2018

Teseo – UAI. Colección UAI – Investigación

Buenos Aires, Argentina

Editorial Teseo

Hecho el depósito que previene la ley 11.723

Para sugerencias o comentarios acerca del contenido de esta obra, escríbanos a: **info@editorialteseo.com**

www.editorialteseo.com

ISBN: 9789877231717

Las opiniones y los contenidos incluidos en esta publicación son responsabilidad exclusiva del/los autor/es.

Autoridades

Rector Emérito: Dr. Edgardo Néstor De Vincenzi
Rector: Dr. Rodolfo De Vincenzi
Vice-Rector Académico: Dr. Mario Lattuada
Vice-Rector de Gestión y Evaluación: Dr. Marcelo De Vincenzi
Vice-Rector de Extensión Universitaria: Ing. Luis Franchi
Vice-Rector de Administración: Dr. Alfredo Fernández
Decano Facultad de Derecho e Investigación Educativos: Lic. Perpetuo Lentijo

Comité editorial

Lic. Juan Fernando ADROVER
Arq. Carlos BOZZOLI
Mg. Osvaldo BARSKY
Dr. Marcos CÓRDOBA
Mg. Roberto CHERJOVSKY
Dra. Ariana DE VINCENZI
Dr. Roberto FERNÁNDEZ
Dr. Fernando GROSSO
Dr. Mario LATTUADA
Dra. Claudia PONS

Los contenidos de los libros de esta colección cuentan con evaluación académica previa a su publicación.

Presentación

La Universidad Abierta Interamericana ha planteado desde su fundación en el año 1995 una filosofía institucional en la que la enseñanza de nivel superior se encuentra integrada estrechamente con actividades de extensión y compromiso con la comunidad, y con la generación de conocimientos que contribuyan al desarrollo de la sociedad, en un marco de apertura y pluralismo de ideas.

En este escenario, la Universidad ha decidido emprender junto a la editorial Teseo una política de publicación de libros con el fin de promover la difusión de los resultados de investigación de los trabajos realizados por sus docentes e investigadores y, a través de ellos, contribuir al debate académico y al tratamiento de problemas relevantes y actuales.

La *colección investigación* TESEO – UAI abarca las distintas áreas del conocimiento, acorde a la diversidad de carreras de grado y posgrado dictadas por la institución académica en sus diferentes sedes territoriales y a partir de sus líneas estratégicas de investigación, que se extiende desde las ciencias médicas y de la salud, pasando por la tecnología informática, hasta las ciencias sociales y humanidades.

El modelo o formato de publicación y difusión elegido para esta colección merece ser destacado por posibilitar un acceso universal a sus contenidos. Además de la modalidad tradicional impresa comercializada en librerías seleccionadas y por nuevos sistemas globales de impresión y envío pago por demanda en distintos continentes, la UAI adhiere a la red internacional de acceso abierto para el conocimiento científico y a lo dispuesto por la Ley n°: 26.899 sobre *Repositorios digitales institucionales de acceso abierto en ciencia y tecnología,* sancionada por el Honorable Congreso de la Nación Argentina el 13 de noviembre de 2013, poniendo a disposición del público en forma libre y gratuita la versión digital de sus producciones en el sitio web de la Universidad.

Con esta iniciativa la Universidad Abierta Interamericana ratifica su compromiso con una educación superior que busca en forma constante mejorar su calidad y contribuir al desarrollo de la comunidad nacional e internacional en la que se encuentra inserta.

Dra. Ariadna Guaglianone
Secretaría de Investigación
Universidad Abierta Interamericana

Índice

Presentación de la obra 17
Agradecimientos 23
Abreviaturas 25
Introducción general 29
1. Marco teórico 59
2. Marco metodológico 97
3. Notas para una historia de las relaciones entre producción de conocimientos educativos y el gobierno de la educación en Argentina 135
4. Un análisis de los estudios originados en el Ministerio de Educación de la Nación (1999-2009) 197
5. Andanzas y vicisitudes en la producción de un informe de investigación: un caso de estudio 271
Conclusiones finales 345
Bibliografía 369
Anexo 1 393
Anexo 2 395

*A Alfonso, que siempre me acompañó y confió en mí:
gracias por el amor y el apoyo permanente.
Gracias por estar siempre a mi lado.
Vos, Alfi y Nina le dan sentido a cada paso de mi vida.*

Presentación de la obra

En los impersonales edificios en los que se desarrollan las actividades de la gran burocracia estatal argentina, toman forma las políticas que afectarán la vida de sus habitantes. La vertiginosa sucesión de proyectos gubernamentales de distinto signo, la generación de documentos que circulan por canales de baja difusión pública y escasa conexión con los sectores académicos externos dedicados a la producción de diagnósticos de mayor exposición mediática ocultan un denso y abigarrado mundo escasamente conocido y valorado. En los distintos Ministerios se combinan la producción generada por su personal estable que los convierte en los "dueños" de determinadas temáticas, lo que garantiza su estabilidad burocrática, con la generada por demandas específicas para dar respuesta a políticas coyunturales y la producida por la contratación de asesores externos generalmente financiados con recursos externos y acotados, y por ende con tiempos finitos.

Esa producción suele ser desconocida para las nuevas capas de investigadores o, mucho más, por los formuladores de políticas asociadas a nuevos escenarios electorales. Este libro comienza con un ejemplo relevante del despilfarro de recursos materiales y humanos generados en el ámbito del Ministerio de Educación. El Plan Estratégico para la Educación Argentina 2010-2020, que había sido elaborado desde la Unidad de Planeamiento Estratégico y Evaluación de la Educación Argentina, y entregado a la Secretaría General de la Presidencia en 2010, nunca circuló a pesar de su importancia y fue un ejemplo destacado, por su magnitud, de la subordinación de la producción de conocimiento dentro del Estado a las necesidades políticas de coyuntura.

La percepción directa de este desperdicio de energía social calificada impactó a Alejandra Cardini, que en el desarrollo de su tesis doctoral utilizó esa temática como base para su estudio sobre las relaciones entre la investigación y la política en Argentina a partir de estudiar los procesos de producción de investigaciones originados en el Ministerio de Educación de la Nación en la década del 2000.

Para enmarcar ese proceso, la autora partió de una reconstrucción de las relaciones entre el campo de la producción de conocimientos educativos y el gobierno de la Educación en Argentina a partir de dos bases institucionales: por un lado, los organismos centrales de gobierno del sistema educativo y, por el otro, las instituciones universitarias y de formación superior docente. Se revisan aquí las acciones del Estado Nacional que comenzó a concentrar las tareas de administración y de provisión de la Educación, y a regular de forma sistemática y exhaustiva las prácticas de los agentes burocráticos y de los docentes a fines del siglo XIX. Paralelamente se destaca que a principios del siglo XX, aparecieron los primeros grupos especializados en temas educativos en el marco de las universidades orientados a la producción de conocimiento, ligados principalmente a la formación de profesores secundarios que no gozaban de una titulación específica en ese momento. Para regular centralizadamente la Educación, se sumaron nuevos funcionarios y técnicos estatales, tanto en las tareas de docencia como en las de administración y control del sistema. El rol del cuerpo especializado de inspectores fue central en ese período y fueron confirmados en calidad de nuevo agente del campo. Por su parte, los docentes de las escuelas primarias se conformaron como un cuerpo de especialistas relativamente homogéneo.

El recorrido realizado manifiesta una tendencia hacia una mayor diferenciación en el interior del campo de la producción de conocimientos educativos entre dos tipos de saberes: los saberes académicos y los saberes orientados a la política. En Argentina, esas dos redes presentan, además, fronteras particularmente difusas. La autora señala que desde la década de 1960 se crean y reformulan dependencias estatales con el fin de sistematizar información y de generar conocimientos vinculados a la gestión política; se caracterizan por objetivos de corto plazo, personal técnico con alta inestabilidad, superposición de funciones, falta de coordinación de las diferentes agencias y dificultades para sostener contactos fluidos con universidades y otros organismos del exterior. Por otro lado, también forman parte de esa red las agencias intergubernamentales con sede local, los centros de investigación privados y algunos espacios institucionales o sujetos de las universidades públicas y privadas. Otra red se organiza en torno a la producción de saber académico desarrollado por investigadores de manera relativamente independiente del Estado principalmente, desde las universidades. La autora remarca que en Argentina, los procesos de institucionalización y de profesionalización se dieron en contextos políticos de fuerte discontinuidad política e institucional, que afectaron profundamente el desarrollo y la continuidad de las iniciativas. Esto dejó un panorama de políticas públicas discontinuas, incompletas y duplicadas, por lo que los procesos delineados se manifiestan, en la práctica, de manera confusa, contradictoria, informal e implícita.

Su estudio propone dos dimensiones analíticas complementarias. La primera plantea una indagación más general del período en cuestión. A través del análisis comparado de las trayectorias de 112 investigaciones originadas o solicitadas por el Ministerio de Educación entre 1999 y 2009, delinea tendencias generales entre distintas modalidades de producción. La segunda se acerca a la temática a través del análisis de caso. Explora en profundidad un proyecto de investigación en desarrollo, desde su origen hasta la finalización del informe de investigación. El propósito fue realizar una reconstrucción detallada de las vicisitudes y controversias del proceso de producción, haciendo énfasis en los rasgos de los actores que participan del proceso y en las relaciones que se establecen entre ellos.

A lo largo del trabajo de campo se realizaron 78 entrevistas en profundidad; se relevó el material documental vinculado a los proyectos de investigación demandados por el Ministerio de Educación entre 1999 y 2009; se reunió material ligado a las trayectorias de los sujetos que participaron de las investigaciones y la escritura de los informes finales así como documentos más precisos asociados con el caso de estudio. Finalmente, se realizaron registros etnográficos de situaciones asociadas tanto a los proyectos de investigación en general como al proyecto que se siguió en detalle.

Su análisis demuestra que las investigaciones que nacen en las áreas del Ministerio que tienen como función formal y explícita la de producir conocimiento son iniciadas y gestionadas por los investigadores que allí se desempeñan. En busca de su subsistencia burocrática, en un contexto laboral precario, el desarrollo de proyectos de investigación es fundamental para su supervivencia. Trabajan de manera independiente y sus proyectos avanzan al ritmo tanto de los recursos disponibles como de los tiempos burocrático-administrativos del organismo. Son trabajos de corte descriptivo, basados en el análisis de los datos pero desarticulados del análisis más preciso de las políticas educativas implementadas. El interés del personal de estas áreas por publicar y difundir sus producciones pareciera ser, justamente, lo que atenta contra la posibilidad de pasar de estudios descriptivos a trabajos analíticos aplicados. Su circulación es favorecida institucionalmente. No obstante, para formar parte del circuito abierto de circulación, estos informes transitan procesos de edición final donde se lima cualquier aspecto analítico y plausible de generar controversias, y se refuerzan los rasgos descriptivos y políticamente inofensivos. Estos procesos de edición, descentralizados pero efectivos, son una característica que se observa en la mayor parte de los trabajos publicados por el Ministerio de Educación. El carácter institucionalizado de las Áreas de Investigación del Ministerio garantiza la estabilidad y la continuidad de la producción, por lo que resulta la trama más prolífica en relación con la cantidad de estudios producidos y publicados. Sin embargo, sus productos resultan los menos relevantes en cuanto a su aplicación política.

Un segundo tipo de proyectos corresponde a los solicitados por los altos funcionarios del Ministerio de Educación. Su ejecución se delega a agentes o a instituciones expertas. Las demandas de los funcionarios suelen combinar dos elementos: la necesidad de contar con información de calidad, relevante y políticamente sensible, que se ajuste a los intereses del juego político y, simultáneamente, a través de la tercerización de esos estudios, los altos funcionarios logran construir relaciones de apoyo y de cooperación política con instituciones e individuos influyentes en el campo. Los productos son heterogéneos pero siempre considerados valiosos para la gestión. El ritmo de esta producción está marcado por el flujo de la vida política. Es la trama que produce menos estudios. No obstante, se trata de las producciones consideradas más relevantes. Es también la trama menos transparente y de acceso más difícil.

Un tercer tipo de proyectos surge de las áreas del ministerio que gestionan políticas. Estos estudios se orientan al monitoreo, al seguimiento o a la evaluación de políticas específicas y, en la mayor parte de los casos, desde abordajes cuantitativos. En este espacio hay un fuerte protagonismo de los organismos internacionales que, a través de documentos formales, moldean los plazos y la modalidad de producción y de circulación. Esas pautas se entremezclan con el accionar de la burocracia y con los mecanismos informales del Ministerio. En cuanto a su circulación, esos productos también tienen una circulación restrictiva pero, a diferencia de los productos anteriormente analizados, son confidenciales, reservados de antemano a los actores que los solicitan.

En síntesis, la compleja trama de la burocracia permanente con sus lógicas de continuidad y resistencia y el cruce con los actores temporales que generan propuestas disruptivas o que alteran procesos de continuidad de políticas es el escenario que tiñe al Estado Nacional de escenarios fragmentados y complejos, de los que emanan propuestas a la sociedad cuya calidad y profundidad varía fuertemente de acuerdo con los actores involucrados y las condiciones de contexto que pueden alentar o aletargar las acciones públicas. Este libro es un aporte singular para una temática escasamente tratada en el país a partir de situarla espacial y temporalmente en un ámbito estatal acotado, aunque relevante.

Osvaldo Barsky
Director del Centro de Altos Estudios
en Educación (CAAE) de la Universidad
Abierta Interamericana (UAI)

Agradecimientos

El primer agradecimiento es para Mariano Palamidessi, director de la tesis doctoral que dio origen a este libro. Agradezco también a Antonio Camou, co-director de la tesis entre 2007 y 2009, Stephen Ball, Juan Carlos Tedesco, Catalina Wainerman y Juan Carlos Geneyro por el tiempo, las reflexiones compartidas, por sus lecturas y recomendaciones.

A mis amigas y amigos, muchos de ellos además colegas, por su orientación: Angie Oría, Victoria Gessaghi, Alejandra Falabella, María José Subiela, Silvina Cimolai, Julia Pomares, Cecilia Veleda, Ángela Corengia (y Álvaro), Guillermina Salse, Juan Pechín y Axel Rivas.

A mis compañeros y colegas de la cohorte doctoral de UdeSA: Cristina Carriego, Betina Duarte, Daniel Brailovsky, Ana María Mass, Ángela Corengia y Ana María Bartolini, a los del Núcleo de Investigación de Conocimiento y Política Educativa (NICPE): Mariano Palamidessi, Silvina Cimolai, Claudio Suasnábar, Jorge Gorostiaga, Nicolás de Isola, César Tello, Claudia Aberbuj, Ana Kupervaser, Javier Simón, Amine Habichayn y Carlos Torrendell, a los del Doctorado Interinstitucional en Educación (UNTREF, UNLA, UNSAM): Diego Pereyra, Lucas Krotsch y Martín Aiello, además de a Carolina Juneman y Analía Meo.

A las instituciones y personas que colaboraron con el desarrollo de la investigación: el *Institute of Education* (Universidad de Londres) que becó un primer año de estudios doctorales en el Reino Unido en 2005, la Universidad de San Andrés, a Silvina Gvirtz y a Jason Beech y a dos agencias gubernamentales: el Consejo Nacional de Investigaciones Científicas y Técnicas (CONICET) por la beca doctoral 2008-2010 y la Agencia Nacional de Promoción Científica y Tecnológica (ANPCyT) que financió parte del trabajo de campo.

Sin la ayuda de investigadores, políticos, funcionarios y burócratas asociados de diversas maneras al Ministerio de Educación, este trabajo no hubiera sido posible.

Abreviaturas

ANPCyT: Agencia Nacional de Promoción Científica y Tecnológica
ANSES: Administración Nacional de la Seguridad Social
BID: Banco Interamericano de Desarrollo
BM: Banco Mundial
CEIL: Centro de Estudio e Investigaciones Laborales
CEDES: Centro de Estudios de Estado y Sociedad
CEPAL: Comisión Económica para América Latina y el Caribe
CENEP: Centro de Estudios de Población
CFI: Consejo Federal de Inversiones
CICE: Centro de Investigaciones en Ciencias de la Educación
CIPPEC: Centro de Implementación de Políticas Públicas para la Equidad y el Crecimiento
CLACSO: Consejo Latinoamericano de Ciencias Sociales
CNE: Consejo Nacional de Educación
CONICET: Consejo Nacional de Investigaciones Científicas y Técnicas
CONADE: Consejo Nacional de Desarrollo
CONEAU: Comisión Nacional de Evaluación y Acreditación Universitaria
DGIyDE: Dirección General de Investigación y Desarrollo Educativo
DINIECE: Dirección Nacional de Información y Evaluación de la Calidad Educativa
DNGCyFD: Dirección Nacional de Gestión Curricular y Formación Docente
DNGE: Dirección Nacional de Gestión Educativa
EPH: Encuesta Permanente de Hogares

FIEL: Fundación de Investigaciones Económicas Latinoamericanas
FLACSO: Facultad Latinoamericana de Ciencias Sociales
IDECE: Instituto para el Desarrollo de la Calidad Educativa
IDES: Instituto de Desarrollo Económico y Social
IERAL: Instituto de Estudios sobre la Realidad Argentina y Latinoamericana, Fundación Mediterránea
IIES: Instituto Internacional de Estudios Sociales [Nombre de Fantasía]
IIPE: Instituto Internacional de Planeamiento Educativo
ILPES: Instituto Latinoamericano de Planificación Económica y Social
INAP: Instituto Nacional de Administración Pública
INET: Instituto Nacional de Educación Técnica
INFoD: Instituto Nacional de Formación Docente
ME: Ministerio de Educación
OCDE: Organización de Cooperación y Desarrollo Económico
OEA: Organización de Estados Americanos
OEI: Organización de Estados Iberoamericanos
ONE: Operativos Nacionales de Evaluación
OREALC: Oficina Regional de Educación para América Latina y el Caribe
OSDE: Oficina Sectorial de Desarrollo "Educación"
PECSE: Programa de Costos del Sistema Educativo
PEI: Programa Escuelas por la Igualdad [Nombre de Fantasía]
PIC: Producción de Información y Comunicación [Nombre de Fantasía]
PNUD: Programa de las Naciones Unidas para el Desarrollo
PROMSE: Programa de Mejoramiento del Sistema Educativo
RA: Relevamiento Anual

ReDFIE: Red Federal de Información Educativa
REPPEI: Refuerzo Pedagógico del Programa Escuelas por la Igualdad [Nombre de Fantasía]
SINEC: Sistema Nacional de Evaluación de la Calidad Educativa
TDR: Términos de Referencia
TIC: Tecnologías de la Información y la Comunicación
UE: Unión Europea
UFI: Unidad de Financiamiento Internacional
UIE: Unidad de Investigaciones Educativas
UNESCO: Organización de las Naciones Unidas para la Educación, la Ciencia y la Cultura
UNICEF: El Fondo de las Naciones Unidas para la Infancia
UNSAM: Universidad Nacional de General San Martín
UPEA: Unidad de Planeamiento Estratégico y Evaluación de la Educación Argentina

Introducción general

1. Presentación del problema

Una mañana de junio de 2015, en la Ciudad Autónoma de Buenos Aires, un grupo de veinte reconocidos profesionales de la Educación se reunía en las oficinas del Centro de Implementación de Políticas Públicas para la Equidad y el Crecimiento (CIPPEC), una ONG dedicada al estudio de las Políticas Públicas. El propósito de la reunión era discutir aspectos ligados al gobierno y a la planificación de la Educación en Argentina. Era un grupo heterogéneo: había gente del Ministerio de Educación de la Nación, de universidades estatales y privadas, de organizaciones del tercer sector y de organismos internacionales. Las elecciones políticas planificadas para octubre de ese mismo año –cuando se renovarían las autoridades ejecutivas y legislativas– se percibían entonces como un contexto privilegiado para dialogar sobre futuras acciones para el sector.

Sobre la base de un documento escrito por los organizadores, se propuso intercambiar visiones en torno a la evaluación y planificación de las políticas educativas nacionales. Un investigador mencionó la urgencia de elaborar un plan de educación, con prioridades y metas claras, y alcanzables para los próximos años. Esta reflexión fue interrumpida por otro participante que advirtió que ya existía un programa de políticas educativas (con metas y objetivos cuantificables). Se trataba del Plan Estratégico para la Educación Argentina 2010-2020, que había sido elaborado desde la Unidad de Planeamiento Estratégico y Evaluación de la Educación Argentina (UPEA), creada en julio de 2009, bajo la órbita de la Presidencia de la Nación y a cargo del prestigioso especialista Juan Carlos Tedesco. La UPEA se proponía, entre otras cuestiones, "crear una Agencia Nacional de Evaluación Educativa" y diseñar los "lineamientos generales vinculados a la planificación estratégica, organización, supervisión y financiación del Sistema Educativo Nacional"[1]. En particular, el plan tenía la intención de dar continuidad a la Ley de Financiamiento Educativo de 2005, que había establecido un aumento presupuestario y acciones de política educativa hasta 2010. Así, su creación era en buena medida producto del reconocimiento de la importancia de continuar la política educativa de la gestión anterior. Tedesco fue elegido para a ocupar el cargo de director, después de haber sido, primero, viceministro de Educación junto al ministro Daniel Filmus (2006-2007) y, luego, cuando Cristina Fernández de Kirchner asumió la presidencia, ministro de Educación (2007-2009). En ese momento, Aníbal Fernández, Jefe de Gabinete de la Presidencia, resaltó en los medios que se trataba de "una distinción" y calificó a la UPEA como una "nueva concepción estratégica" para el sector[2].

Sin embargo, la noticia de la creación de la UPEA había sorprendido a la comunidad educativa. Muchos se enteraron del proyecto a través de los medios periodísticos. Los que conocen de cerca el proceso de creación explican que respondió a una necesidad política de la por entonces presidenta: había decidido reemplazar al ministro de

---

[1] Decreto 957/2009, Presidencia de la Nación, Créase la Unidad de Planeamiento Estratégico y Evaluación de la Educación Argentina. Buenos Aires, 23 de julio de 2009.
[2] Diario *La Nación*, "Nueva baja en el Gabinete: renunció Tedesco, el ministro de Educación", lunes 20 de julio de 2009.

Educación –a quien estimaba, según sostienen– y necesitaba una salida prolija para el recambio. Frente a los decepcionantes resultados de las elecciones legislativas de 2007, algunos sectores del peronismo consideraban necesario un cambio en la conducción de ciertos ministerios. En Educación, se resolvió reemplazar a Tedesco por su viceministro, Alberto Sileoni, una figura más alineada con el partido gobernante. Había que encontrar un lugar para Tedesco, y la UPEA parecía hecha a su medida.

Aunque todos los reunidos en el auditorio de CIPPEC conocían la UPEA, no muchos estaban al tanto de que la unidad había estado a cargo de la producción de un Plan Decenal y, los que habían escuchado de su existencia, nunca lo habían leído. El plan había contado entre sus insumos con la elaboración de 16 informes sobre temas clave del sector educativo[3]. Para desarrollarlos se había contratado a instituciones y especialistas de cada una de las temáticas.

---

[3] Los trabajos demandados desde la UPEA fueron: i) Estado del arte sobre educación inicial en Argentina: diagnóstico, metas, y estrategias; ii) Proyecciones sobre cobertura de la educación obligatoria al 2021 (a cargo del Ministerio de Educación Nacional); ii) Bases para el mejoramiento de la calidad de la educación en Matemáticas, Lengua y Ciencias en los próximos diez años en Argentina (OEI Argentina); iii) Bases para el plan decenal de educación de Argentina en educación especial (UNICEF Argentina); iv) Bases para el plan decenal de educación de Argentina en educación intercultural y bilingüe (UNICEF Argentina); v) Encuesta nacional a docentes de la educación obligatoria (IIPE UNESCO Buenos Aires); vi) Situación actual y propuesta de carrera docente en Argentina (IIPE UNESCO Buenos Aires); vii) Estado del arte sobre experiencias de incorporación de TICS en educación en Argentina – UNSAM; viii) Estudio sobre conectividad en el sistema educativo Argentino (UNSAM); ix) Desigualdades territoriales educativas y socioeconómicas en Argentina (UPEA/CEPAL); x) Planes nacionales de educación de mediano y largo plazo: una mirada internacional con énfasis en América Latina (PNUD Argentina); xi) Estudio para la implementación de una política nacional de extensión de la Jornada escolar a diez años (CIPPEC); xii) Estudio para la universalización de lenguas extranjeras a diez años (CIPPEC); xiii) Mapa de la oferta de educación superior universitaria y técnico profesional. Hipótesis y escenarios de expansión de la cobertura (N. Montes y D. Pereyra); xiv) Líneas para un plan decenal sobre formación profesional en Argentina (OEI Argentina); xv) Relevamiento sobre formación profesional en

Estos informes fueron la base del armado del plan estratégico para la educación argentina. Este plan se entregó a la Secretaría General de la Presidencia en 2010. En términos de relevancia formal e institucional, la importancia del plan era ineludible. Basándose en la Ley de Educación Nacional de 2006, proponía reemplazar la Ley de Financiamiento Educativo cuyas metas terminaban en 2010 y, de esta forma, aseguraría continuidad a lo que se entendía como una política educativa de Estado. En cuanto a los actores participantes, la dirección estaba a cargo de una figura prestigiosa que, además, había liderado el proceso de redacción de la Ley Nacional de Educación en 2006. A su vez, como se señaló, los insumos para el plan habían sido elaborados por reconocidas organizaciones y especialistas del sector. Por último, la UPEA, había sido creada por la máxima autoridad del Poder Ejecutivo, la Presidenta de la Nación. Más allá de estas características, el plan nunca circuló ni se debatió.

La escena relatada plantea, casi automáticamente, una serie de preguntas: ¿por qué se creó la Unidad de Planeamiento Estratégico y Evaluación de la Educación Argentina y por qué se disolvió en menos de un año? ¿Qué fue de la docena y media de estudios que serían la base del Plan Decenal, que fueron financiados por el Estado y elaborados por prestigiosos especialistas del campo de la educación? Se dice que los informes y el plan quedaron "cajoneados" en la oficina del secretario general de la presidenta. ¿A qué se debe que este material nunca haya circulado? ¿Por qué este producto no se compartió con funcionarios del Ministerio de Educación ni entre reconocidos especialistas del campo educativo? ¿Por qué insumos

---

Argentina y experiencias internacionales (OEI Argentina); xvi) La asignación de recursos en sistemas educativos descentralizados de América Latina (IIPE-UNESCO Buenos Aires).

que parecieran ser relevantes para la definición futura de la política educativa, y que además estuvieron asociados a la institucionalización de nuevos espacios estatales de planeamiento, quedaron en la oscuridad? ¿Por qué no alimentaron los debates acerca del futuro de la Educación de Argentina y de las políticas necesarias para alcanzarlo?

Es habitual escuchar que las políticas educativas no se moldean en relación con el conocimiento sistemático sobre el sistema educativo. En los lugares más comunes de la reflexión al respecto –tanto académica como lega– hay una tendencia a explicar la brecha entre la producción de conocimiento y las políticas como una consecuencia de las diferencias entre el mundo político y el mundo de la investigación. Se tiende a pensar en espacios diferenciados, con lógicas distintas e incompatibles. Se percibe la producción de conocimiento como un proceso relativamente independiente de la administración y de la gestión política, como si existieran saberes relativamente neutros que son ignorados o desaprovechados por la política y, en particular, por los hacedores de políticas (policy-makers) y/o tomadores de decisión[4]. Esta interpretación se combina con otra que enfatiza los desvíos y las fallas existentes, tanto con respecto a cómo se produce conocimiento, como con respecto a la forma de hacer política en Argentina. Estas miradas ofrecen un punto de partida normativo y abstracto, asociado a cómo debería ser el funcionamiento de cada una de estas

---

[4] Aunque estas aproximaciones serán analizadas en detalle en el Capítulo 1 se adelanta aquí que refieren a los estudios sobre utilización del conocimiento (Weiss 1979b, Weiss 1977, y Husén 1984), la tesis de las dos culturas (Caplan, 1979; Levin, 1991; Husén 1988) y el análisis de los actores intermedios (Kogan, 1980; Trow, 1984; Huberman, 1994; Reimers y Mc Ginn, 1997; Anderson y Biddle, 1991 y, a nivel regional, Brunner 1993; Brunner y Sunkel, 1993; Brunner 1996; Cariola *et al.*., 1997; y Braslavsky y Cosse, 1996).

esferas y el vínculo entre ambas[5]. En buena medida, perciben al Estado y a la ciencia como principios trascendentes, desligados de los contextos concretos de producción. La escena descripta anteriormente pone en evidencia la complejidad de las relaciones sociales vinculadas a los procesos en los que la investigación y la política se entremezclan. En primer lugar, muestra un espacio de producción de conocimientos educativos que está íntimamente imbricado con el accionar estatal, pero que también lo trasciende. En este caso, la frontera entre la producción de conocimiento y la política es borrosa y difícil de delimitar. Como la UPEA, se han creado en Argentina –especialmente desde la década de 1960, aunque con interrupciones y rupturas– diversos espacios institucionales de producción de conocimientos educativos que, desde su propia creación, están íntimamente ligados a la gestión política. Están atravesados por una doble implicación con el Estado y la política: son producto de acciones deliberadas de política pública y, al mismo tiempo, buscan orientarlas mediante el

---

[5] Estas miradas se inscriben, en general, en disciplinas como la Política Pública y la Administración Pública (ver, entro otros, Weiss, 1977; 1979a; 1979b; 1991; Nutley, Walter *et al*.., 2002; 2007). También hay trabajos del área del desarrollo y la cooperación internacional (*Development Studies*) especialmente preocupados por las estrategias para transferir conocimiento "exitoso" entre países (ver Neilson 2001; Stone, Maxwell *et al.*, 2001; Jones, 2009). Estas aproximaciones comparten un interés primordial por brindar explicaciones de lo que perciben como una débil relación entre el ámbito de la investigación y el de la política, así como sugerencias acerca de cómo fortalecerla. Detrás está siempre el supuesto de que si el vínculo entre ambas esferas se intensificara, la política pública sería más racional, más eficiente y eficaz (Temple, 2003).

desarrollo de investigaciones. En este sentido, los conocimientos que producen son "saberes de Estado"[6] (Van Zanten, 2007; Plotkin y Zimmermann, 2012).

En segundo lugar, esta escena despierta curiosidad frente a la aparente paradoja de, por un lado, un discurso acompañado del desarrollo concreto de prácticas de gobierno centradas en la producción de conocimiento para la planificación educativa de largo y mediano plazo y, por el otro, la modalidad coyuntural y de corto plazo que parecieran asumir las acciones cotidianas ligadas a estos procesos de demanda y producción. Las primeras dinámicas se reflejan en la creación y en la institucionalización de agencias específicas para coordinar la producción de estos saberes: la normativa, el financiamiento, el armado de oficinas y la contratación de personal y, como resultado de todo esto, la producción de informes de investigación. Estas acciones se combinan con otras que parecieran responder antes bien a relaciones de poder coyunturales, en un espacio y tiempo particular (inmediato), que a definiciones coordinadas y de mayor institucionalización. Estos dos sentidos –el de la producción de conocimiento para la política educativa a mediano y largo plazo y el de la respuesta inmediata (también política) a una situación particular– parecieran convivir generando un entramado social contradictorio y, a simple vista, difícil de descifrar.

---

[6] Para hacer referencia al tipo de saberes que se indaga en esta investigación, se intercalarán los términos "saberes del Estado", "saberes para el Estado", "producción de conocimiento orientado por la política" y "saberes expertos". Aunque estas definiciones ponen el énfasis en distintos aspectos de esta producción, lo que interesa resaltar aquí es la mutua implicación de estos conocimientos con la política y el Estado. En palabras de Plotkin y Zimmermann, se trata de "saberes expertos y operativos demandados por, y a la vez constitutivos del Estado" (2012: 10). Son demandados y a la vez constitutivos de la política pública educativa y del accionar estatal. Al hablar de "saberes expertos" de Marinis (2009) clarifica su definición señalando, además, que son conocimientos que ingresan de diversas maneras en los procesos a través de los cuales se definen, se implementan y se racionalizan las políticas (2009: 3-4).

La cuestión es que el horizonte normativo e instrumental de muchas de las reflexiones sobre los vínculos entre la producción de saberes y la política tiene mayor poder generalizador que explicativo, y mayor poder prescriptivo que comprensivo. Sin embargo, este trabajo se interesa por comprender y por explorar cómo funciona este vínculo, antes que por interrogar su "éxito" o "fracaso", o preocuparse por la elaboración de recomendaciones en torno a cómo podrían fortalecerse[7]. Las aproximaciones normativas hacen de la ciencia, del Estado y de la política pública principios trascendentales, independientes del tiempo y del espacio, y es por ello que las explicaciones se reducen, en su mayoría, a la comprobación permanente de carencias o de fallas en alguno de estos ámbitos. Analizan la relación entre producción y conocimiento a partir de modelos abstractos de relaciones y posibles cursos de acción, pero eluden la pregunta específicamente sociológica sobre el funcionamiento concreto de las prácticas asociadas a la producción de conocimiento especializado en políticas educativas que se demandan desde el Estado, en contextos y tradiciones específicas. Y, más importante aún, ocultan lo que las prácticas existentes efectivamente permiten y realizan.

Con el propósito de contribuir a la comprensión de la relación entre investigación y política en Educación en Argentina, esta investigación explora los procesos de producción de conocimientos educativos originados en el

---

[7] La prescripción es un aspecto muy fuerte de esta línea de trabajos. Algunos de ellos se formatean como recetarios de cocina o listas de sugerencias ("*check lists*") sobre cómo vincular la investigación con las prácticas políticas –ver, por ejemplo, Porter y Prysor-Jones (1997) o Garret e Islam (1998)– mientras otros presentan las recomendaciones de una forma menos estructurada pero no por eso menos prescriptiva (ver Reimers y Mc. Ginn, 1997; Walter, Nutley *et al.*, 2003).

Ministerio de Educación Nacional[8], organismo nacional responsable por el gobierno de la Educación, entre 1999 y 2009. Se interesa por la red de relaciones asociadas a estos procesos: a manos de quiénes, dónde y cómo se desarrolla la producción concreta de estos saberes específicos. Se considera que, a diferencia de lo que propone la mayor parte de los abordajes de la temática, esta pregunta sólo puede contestarse analizando un entramado de relaciones sociales específicas y situándose en una historia y en un espacio particular. De esta forma, esta investigación procura contribuir a una mayor comprensión acerca de los vínculos entre la producción de conocimiento y la política educativa en Argentina en la década de 2000, en espacios de producción de conocimiento que se caracterizan por su hibridez. Además, los procesos de producción de estos espacios tienen una doble orientación política: surgen como respuestas a las políticas y, a la vez, pretenden moldearlas. De esta manera, presentan fronteras difusas no sólo entre las lógicas asociadas a la "ciencia" y al "Estado", sino también entre diferentes ámbitos, instituciones y perfiles profesionales.

Los procesos de producción de conocimiento demandados por el Ministerio de Educación de la Nación entre 1999 y 2009 serán aquí la vía de acceso para explorar este entramado social. Pues esta investigación se ha interesado por las prácticas en torno al desarrollo de informes de investigación, antes que por las acciones asociadas con

---

[8] Para evitar enredos y confusiones en la introducción, se conceptualiza al Ministerio de Educación como si se tratara de una institución relativamente homogénea, con límites precisos y cierta continuidad a lo largo del tiempo. Aunque lo cierto es que, en la práctica, el ME está conformado por múltiples espacios con características y lógicas diferentes (subsecretarías, direcciones, coordinaciones, etc.) y que, además, variaron en su estructura interna, tanto formal como informal a lo largo del período analizado.

la elaboración de datos estadísticos[9]. Como se profundizará más adelante, se optó por un objeto de estudio que permitiera eludir la necesidad de categorizar a priori el espacio social a explorar. En vez de partir de un recorte institucional (organismos estatales, think tanks, fundaciones privadas, universidades, etc.), de una delimitación en relación con los actores que participan de estos procesos (investigadores, técnicos, burócratas, analistas simbólicos, intelectuales, etc.) o de una demarcación centrada en el tipo de producto (líneas de base, evaluaciones, diagnósticos, etc.), se escogió una entrada más abierta, flexible e indeterminada: seguir las investigaciones demandadas por el Ministerio de Educación con el fin de explorar sus procesos de producción.

El período abordado es el de la década de 2000, que se inicia con la asunción del presidente Fernando de la Rúa en diciembre de 1999 y termina con la disolución de la Unidad de Planeamiento Estratégico y Evaluación de la Educación Argentina (UPEA) en 2009. El comienzo, 1999, está marcado por un cambio de rumbo, al menos discursivo, en la orientación de las políticas en general y de las políticas educativas en particular. Si en el terreno educativo la década del noventa se caracterizó por la implementación de la transformación educativa (asociada principalmente

---

[9] Desde el regreso a la democracia y al menos hasta la publicación de este libro ha habido un incremento en las demandas de conocimientos educativos por parte del Estado, y específicamente, del Ministerio de Educación. Esta demanda se organizó especialmente a partir de la década del noventa, por un lado, en torno a la producción de información estadística (censos educativos, evaluaciones de aprendizaje de los alumnos, censos docentes y de infraestructura, etc.) y, por el otro, en relación con la producción de informes de investigación (ver capítulo 3 y Cardini, 2018). Como se verá, en el interior del Ministerio, la producción de cada uno de estos tipos de productos se organizó en espacios diferentes, aunque en permanente relación. Esta obra analiza la producción de informes de investigación (muchas veces realizados sobre la base de datos estadísticos que produce el propio Ministerio), antes que por los procesos de producción de datos estadísticos en sí.

a la transferencia de los servicios educativos de la Nación a las provincias y a la implementación de la Ley Federal de Educación), el cambio de gobierno en 1999 planteó un nuevo camino, que proponía dejar atrás los años del menemismo y la reforma educacional. A fines de 2001 las políticas se vieron interrumpidas por una de las peores crisis económicas, sociales y políticas de la historia del país, durante la cual se sucedieron varios cambios de gobierno. Las políticas educativas quedaron reducidas al necesario apoyo asistencial, en un contexto social dramático. Recién en 2003, con la llegada del presidente Néstor Kirchner al poder, empezaron a vislumbrarse las primeras señales de recuperación económica. En 2007, fue electa Cristina Fernández de Kirchner, lo que determinó la continuidad en el poder del Frente para la Victoria hasta el final del periodo que nos ocupa, durante el cual se reorientaron las políticas educativas. Estos cambios se expresaron, entre otras cuestiones, en el protagonismo que asumió el Estado Nacional en torno a la definición e implementación de políticas, así como en la fuerte actividad legislativa que caracterizó al sector.

El recorte temporal de diez años no se circunscribe a un gobierno específico y atraviesa contextos sociales, políticos y económicos muy disímiles. Durante los diez años estudiados hubo cuatro cambios de gobierno, además de los tres presidentes temporarios que ocuparon el cargo durante unos días en 2001. Es por ello que la exploración de la producción de conocimiento demandada por el Ministerio de Educación a lo largo de la década de 2000 permite complejizar las apreciaciones, al trazar conclusiones que no se circunscriben a un gobierno particular, sino que dan cuenta de modalidades de relación que, aunque están fuertemente marcadas por las gestiones políticas particulares, también las trascienden.

2. Los antecedentes que orientan la investigación

En los últimos treinta años, se produjo un renovado interés por la problemática de las relaciones entre la investigación y la política pública (Oakley, 2002; Coburn y Talbert, 2006; Delvaux y Mangez, 2007; Baya-Laffite y Papanagnou, 2011; Fazekas y Burns, 2012). Aunque desde las Ciencias Sociales las reflexiones sobre los vínculos entre la ciencia y la política se remontan a las conferencias de Max Weber a principios del siglo XX, en las dos últimas décadas esta discusión ha tomado nuevos giros y orientaciones. En un contexto en el que se han transformado profundamente los dos polos de la relación –tanto la ciencia (las universidades, los científicos, la producción de conocimiento académico) como la política (el Estado, los burócratas y los procesos de políticas públicas)–, las reflexiones en torno al tema se han multiplicado, proponiendo diversas aproximaciones, que se corresponden con variados intereses, enfoques y objetos de estudio.

En los próximos párrafos se hará un recorrido por los dos cuerpos de literatura que permitieron enmarcar y focalizar la problemática a lo largo de la investigación. La primera línea se vincula con los estudios que provienen de la Educación y que analizan el desarrollo del campo educativo y sus vínculos con el Estado y la política en Argentina y en la región (Palamidessi, Suasnábar y Galarza, 2007; Gorostiaga, Palamidessi y Suasnábar, 2012; Gutiérrez Serrano, 2013; Gorostiaga, Palamidessi, Suasnábar e Isola, en prensa). La segunda línea de trabajos estudia las relaciones entre la investigación y la política en diversas disciplinas (aunque escasamente en Educación), centrándose principalmente en la relación entre intelectuales y expertos, así como en la interacción con los espacios sociales en los que se desenvuelven. Lo hacen desde una perspectiva que aborda el estudio del Estado y sus zonas grises, antes que desde una mirada monolítica de la actividad estatal (Neiburg y Plotkin, 2004; Morresi y Vommaro, 2011; Plotkin y Zimmermann, 2012).

2.1. La producción de conocimientos educativos y sus relaciones con la política

Un primer grupo de trabajos está conformado por los estudios que, centrados en el ámbito educativo, analizan el campo de la producción de conocimiento en Educación y su relación con la política argentina. Se trata de trabajos que se interesan por el desarrollo del campo de la Educación en Argentina y, más específicamente, por el análisis de las relaciones entre el campo de la producción de conocimiento en Educación y el ámbito de la política. Es en esta línea[10] en la que se inscribe esta investigación.

Dentro de esta perspectiva se encuentran también las investigaciones que, desde una aproximación histórica, indagan la conformación y el desarrollo del campo educativo e intelectual en diferentes contextos sociohistóricos. Estos trabajos muestran cómo la producción de conocimientos educativos y el desarrollo del Estado Nacional estuvieron, desde su origen, íntimamente relacionados y señalan la importancia de los procesos de

---

[10] Muchos de los investigadores que han realizado trabajos en esta línea se agruparon en el año 2007 en el Núcleo de Investigaciones sobre Conocimiento y Política Educativa (NICPE): una red académica conformada por equipos de investigación de Argentina con diversas inserciones institucionales –la Universidad de San Andrés, la Universidad Nacional de La Plata (UNLP), la Facultad Latinoamericana de Ciencias Sociales (FLACSO), la Universidad Nacional de San Martín (UNSAM) y la Universidad Nacional de Tres de Febrero (UNTREF)–. NICPE tiene por finalidad promover estudios sobre la producción de conocimiento en educación y su vinculación con la definición e implementación de políticas educativas. Entre 2007 y la fecha de publicación de este libro, organizó encuentros, actividades de intercambio con especialistas locales e internacionales y publicaciones con el objetivo de avanzar en el desarrollo de programas de investigación.

profesionalización e institucionalización –tanto del ámbito estatal como del sector universitario– para comprender los vínculos entre estos dos espacios (Suasnábar y Palamidessi, 2006; 2007). Estos análisis revelan que la voluntad de intervención del discurso pedagógico se explicitó recién en las décadas del sesenta y setenta (Suasnábar, 2004; Isola, 2014b). Por último, estos estudios permitieron avanzar en el desarrollo de una caracterización de los variados posicionamientos y dinámicas de funcionamiento del campo educativo en los años de la dictadura y del exilio, así como profundizar en las innovaciones teóricas que se dieron durante este período desde la universidad (Suasnábar, 2004; 2014).

Otros trabajos, que comparten estas preocupaciones, reflexionan acerca del campo educativo y, en particular, sobre el rol de los intelectuales y sus modalidades de intervención en diferentes momentos históricos. Pioneros en esta línea son los artículos de Tenti Fanfani (1984; 1988) que exploran las características del campo de la investigación educativa para señalar que se trata de un espacio en vías de conformación, desestructurado y de baja autonomía relativa. Asimismo, publicaciones más recientes permitieron avanzar en una caracterización de los profesionales del campo y sus modos particulares de intervención en la política, desde el regreso de la democracia hasta la actualidad (Gorostiaga *et al.*, 2006; de Marinis, 2009; Suasnábar, 2009; 2010; Suasnábar e Isola, en prensa; Isola, 2010; 2014b).

Por otra parte, hay publicaciones que estudian las tendencias y los cambios estructurales en el campo de la producción de conocimiento en Educación en Argentina. Estos abordajes, que fueron los primeros en mapear el campo a través de un análisis que atiende en simultáneo a las instituciones productoras y a los productos de la investigación (Palamidessi *et al.*, 2007; Palamidessi, 2010), estudian las funciones, el desarrollo y la producción de diferentes agencias, como los organismos estatales de gobierno y gestión del sistema educativo (Galarza, 2007b), las universidades públicas (Galarza, 2007a), las universidades privadas (Encabo *et al.*, 2007), los centros de investigación privados (Suasnábar y Merodo, 2007), los organismos internacionales e inter-gubernamentales (Galarza *et al.*, 2007) y las fundaciones financiadas por el empresariado (Simón, 2006; Simón y Palamidessi, 2007). Al mismo tiempo, hay trabajos que se focalizan en la producción académica (Merodo *et al.*, 2007) y en la circulación a través de revistas y libros (Palamidessi y Devetac, 2007). Estos mapeos del campo educativo también constataron tendencias en su desarrollo para el período que estudian: la expansión cuantitativa; la ampliación y la pluralización de su espacio institucional; el contradictorio avance de determinados procesos de diferenciación, la profesionalización y la especialización del campo, así como un bajo nivel de integración.

Por último, complementariamente a las preocupaciones de todos los trabajos reseñados, ciertos estudios analizan el campo educativo en América Latina de forma comparada (Gorostiaga *et al.*, 2012; Gutiérrez Serrano, 2013). Estos trabajos señalan aspectos asociados a la configuración histórica en diferentes países de la región y avanzan sobre un análisis de cómo estas configuraciones influyen en las formas que adquiere el vínculo entre la investigación política y la investigación educativa en la actualidad. Luego de un pormenorizado análisis por país, en las conclusiones, los autores ubican el caso argentino –junto con Uruguay y Paraguay– en el modelo que denominan "baja capacidad de gobierno y demanda de conocimientos con tendencia hacia un tipo de vinculación menos formalizada" (Gorostiaga *et al.*, 2012). Los autores resumen este modelo argumentando que:

> En Argentina, el proceso errático de diferenciación y profesionalización de los organismos estatales, sumado al carácter discontinuo de las políticas públicas de promoción científica da cuenta de este rasgo de escasa capacidad de la política estatal orientada al desarrollo continuo y con autonomía de las agencias expertas. Asimismo, el proceso de pluralización de las agencias productoras puesto de manifiesto en la emergencia de centros privados, *think tanks,* y organismos internacionales converge en una vinculación informal con las instancias de formulación y decisión de política, asociada a un estado con poca capacidad para ordenar y sostener prioridades y estímulos hacia las agencias y agentes especializados en la producción de conocimientos. (Gorostiaga *et al.*, 2012: 23)

2.2. El Estado: saberes, *expertise* y elites técnicas estatales

El segundo cuerpo bibliográfico relevante para esta investigación se inscribe en el creciente interés por el rol de la expertise[11] y de las elites técnicas estatales, en relación con la producción y con la circulación de saberes técnicos y su vinculación con el Estado y con las políticas públicas en Argentina. La preocupación por la formación de elites intelectuales (asociada con la historia de las profesiones, las instituciones universitarias y las disciplinas científicas) aportó nuevos elementos para abordar tanto la íntima relación entre los "intelectuales-profesionales" y la construcción y el desarrollo estatal, como el papel legitimador del Estado sobre las disciplinas académicas y los agentes especializados. En los últimos años, estas líneas de indagación

---

[11] Siguiendo a Morresi y Vommaro (2011), con el término *expertise* se hace referencia a las formas de intervención en el campo del poder y de la producción de bienes materiales y simbólicos que remiten a un saber técnicamente fundado, ligado a una disciplina científica o a un campo profesional.

motorizaron una serie de investigaciones que combinan enfoques provenientes de la historia, la política, la sociología y la antropología, y que abordan el estudio de las zonas grises, porosas y de fronteras difusas entre diferentes ámbitos y disciplinas[12]. Entre estos estudios, se pueden destacar aquellos trabajos que se alejan de las visiones polarizadas entre la ciencia y la política (o conocimiento y poder) proponiendo, en cambio, una aproximación analítica que enfatiza la complejidad y la hibridez de este espacio social, caracterizado por sus límites imprecisos. Abordan las "zonas grises", donde la producción de conocimiento es indisociable tanto de los procesos político-estatales como del desarrollo de los campos científicos. Se trata de miradas que trascienden y que superan una visión dicotómica y cerrada entre "ciencia" y "política" y que, a su vez, no priorizan la modelización abstracta. Pues proponen, más bien, entradas empíricas y situadas en distintos sectores del entramado de saberes y perfiles profesionales vinculados al conocimiento experto.

En primer lugar, se distinguen los trabajos que, desde una perspectiva histórica, combinan elementos de la Sociología y de la Antropología e interrogan las relaciones entre la producción de conocimiento social y la política estatal (Neiburg y Plotkin, 2004, compilación

---

[12] Dentro de los estudios interesados por las elites estatales están también las producciones que, desde la Sociología Política, analizan los vínculos entre investigación y política a partir del estudio de la "tecnocracia" en el último cuarto de siglo en la región (Domínguez, 1997; Centeno y Silva 1998). Estos trabajos se focalizan en el análisis del ascenso de los economistas, prestando especial atención a las transformaciones más estructurales del Estado y de las formas de gobernabilidad. A su vez, a partir del estudio de esta disciplina particular (la Economía), de sus contenidos, sus formas de circulación y difusión así como de los actores (individuos e instituciones) que la despliegan, varios autores analizaron los efectos sobre las modalidades de gobierno y las características que han asumido las políticas estatales en nuestro país (Markoff y Montesinos, 1994; Camou, 1997; Corrales, 1997; Huneeus, 1998; Camou, 2007; Heredia, 2007).

pionera cuyos artículos despliegan un abordaje teóricometodológico que supera las visiones dicotómicas; Bohoslavsky y Soprano, 2010; Plotkin y Zimmermann, 2012). Son estudios que se abocaron al análisis histórico de la constitución del conocimiento social en Argentina desde una mirada relacional, que se enfoca en la comprensión y en el estudio de zonas en las que las fronteras entre la producción de conocimiento y la política no son claras. Íntimamente relacionados están los trabajos que revelan una mirada novedosa sobre el estudio del Estado, al mismo tiempo que lo redefinen como objeto de estudio. En relación con este punto, Plotkin y Zimmermann señalan:

> Ya no se trata de pensar al Estado siguiendo la tradición weberiana como una agencia que monopoliza la coerción legítima, sino más bien como un organismo dinámico, polifacético y en constante evolución, evolución que estaría lejos de ser lineal y sincrónica en todas sus áreas. (Plotkin y Zimmermann, 2014: 23)

De esta forma, se inclinan hacia la imagen de un Estado fragmentado, que funciona sobre la base de lógicas múltiples –e incluso contradictorias– y que responde a los diversos actores que operan en su seno. Los estados se describen como "zonas grises", donde las fronteras y definiciones no son tan precisas. En esta misma línea analítica, que se profundizará en el capítulo teórico, se encuentran los trabajos de Soprano (2007) y Balvi y Boivin (2008) y Bohoslavsky y Soprano (2010).

En segundo lugar, hay otros trabajos que complementan aspectos de la bibliografía mencionada poniendo el foco, desde diferentes perspectivas y sectores de actividad, en la figura del experto y en el campo de la expertise (Morresi y Vommaro, 2011). Algunos trabajos analizan las formas de expertise reconstruyendo las redes y alianzas conformadas por individuos particulares –"padres fundadores" de diversas disciplinas– así como las estrategias, recursos, capitales movilizados y espacios de circulación que sirven a la imposición de un cierto modo de intervención técnica sobre el mundo social. Otros indagan las arenas de expertise, dando cuenta de las reglas y jerarquías de cada actividad, las formas de justificación política, moral y técnica de los recursos que movilizan, así como los espacios de socialización de los ingresantes para entrar a la actividad (2011: 30). Por último, hay artículos que abordan los principios ético-políticos y discursivos que movilizan los expertos, con el objetivo de explorar el contenido de sus intervenciones, y la manera en la cual estas se opusieron a otros modos de clasificar y de ordenar el mundo social. Estos textos despliegan interesantes reflexiones y aportes en torno a la especificidad del experto (en relación con otros perfiles profesionales como los tecnócratas, los académicos o los burócratas), sus trayectorias académicas y sus recorridos profesionales, la utilización que hacen del conocimiento, y su vínculo con lo internacional y las redes más amplias de expertise[13].

3. Las preguntas de investigación

Esta investigación comparte con los estudios sobre la conformación del campo educativo en Argentina y en la región el interés por los modos en que se organizó y transformó el campo de la producción de conocimiento en Educación. Las investigaciones señaladas han hecho un significativo

---

[13] Ligados a los estudios sobre los intelectuales y expertos están los trabajos recientes que analizan el accionar estatal a través del estudio del funcionamiento cotidiano de las instituciones estatales y las burocráticas. Ver, por ejemplo, Pantaleón (2005), Frederic, Graciano y Soprano (2010), Perelmiter (2011a), Soprano (2012), Becerra (2012), la compilación de Boholasvsky y Soprano (2011) y la compilación de Acuña (2013).

y sistemático aporte en el mapeo y análisis de las instituciones que producen conocimiento educativo. Tanto los trabajos histórico-institucionales, que indagan en los procesos de institucionalización y de profesionalización del campo y sus agentes, así como las investigaciones más recientes sobre la conformación y las especificidades del campo de la producción de conocimientos educativos en Argentina y en América Latina son un excelente punto de partida macro-estructural para ubicar esta investigación en términos temporales y espaciales.

Si bien este libro se apoya en y dialoga con estas indagaciones, a su vez se distancia de las preguntas y supuestos que las orientan. En gran medida, los marcos de referencia utilizados (macro-sociales y centrados en los procesos de institucionalización y profesionalización del campo) tendieron a resaltar las fronteras institucionales entre las diferentes agencias del campo. Así, el mapa institucional que delinearon pareciera contar con límites precisos y espacios delimitados. Esta investigación propone una aproximación que admite pensar en este espacio como una compleja red de relaciones a partir de la cual se entretejen diversos circuitos de producción y de circulación de conocimiento. El recorte que sugerimos es más reducido, pues busca profundizar la comprensión del funcionamiento cotidiano y concreto (complejo y contradictorio) de la producción de conocimiento orientado a la política, con el objetivo de situarlo en las tramas relacionales y en las interacciones sociales que lo hacen inteligible.

Los hallazgos realizados en torno a la comprensión del desarrollo histórico y de la morfología actual de las agencias productoras del campo educativo en Argentina deben complementarse con la exploración de las prácticas y procesos concretos a través de los cuales estas organizaciones y los individuos que allí se desempeñan construyen conocimiento educativo cotidianamente. Si lo que interesa es, además, la interacción entre la investigación y la política en Educación, analizar cómo se producen los conocimientos de las investigaciones que se originan en el Ministerio de Educación Nacional se vuelve aún más relevante. Las prácticas asociadas a la producción de conocimientos educativos son un terreno apenas explorado por la academia local. En este sentido, y a diferencia de los enfoques citados, este trabajo parte de una noción desagregada y plural del Estado, que implica considerar la actividad cotidiana y situada de las prácticas asociadas a la producción de conocimientos educativos como el nivel privilegiado de investigación.

En cuanto a los trabajos sobre los saberes y la *expertise*, compartimos aquí el interés por los entramados sociales híbridos, al tiempo que abordamos la problemática desde otro lugar: en vez de centrarse en instituciones específicas, en figuras reconocidas, en un perfil profesional o en un campo disciplinar, este trabajo explora los procesos de producción de conocimientos educativos demandados por el Estado. De esta forma, procura analizar de manera empírica y contextualizada "la caja negra" de esta producción (Latour y Woolgar, 1995; Knorr Cetina, 2005). Hasta el momento, son escasas las investigaciones que han encarado el análisis de cómo se conforman y negocian las agendas de investigación que se originan, en primera instancia, desde el Estado; de qué manera las propias reglas y prácticas individuales e institucionales, sus alianzas, las asociaciones y los contextos políticos particulares que las enmarcan, moldean los procesos de producción y cómo se articulan los productos y su posterior circulación con el entramado político del que forman parte.

Esta investigación procura adentrarse en el espacio social donde se origina y se fabrica este conocimiento específico. Espacios borrosos y fluidos que trascienden las fronteras estatales y que son tan atinadamente abordados en los trabajos analizados, pero en una zona (el sector educativo[14]) y a través de un objeto de estudio (los procesos de producción de conocimiento) que hasta ahora han sido apenas explorados. Así, a partir de la lectura de estos estudios, se desprenden preguntas que interesa tener presentes en esta indagación: el conocimiento que se origina en el Ministerio de Educación, ¿está vinculado a una red o campo de expertise particular? ¿Cuáles serían los espacios institucionales en torno a los cuales se agrupan estas redes? ¿Cuál es el perfil de los profesionales que participan de estos procesos?

4. La estrategia analítica

La estrategia de investigación para reconstruir los procesos de producción de los saberes demandados por la Secretaría de Educación del Ministerio de Educación Nacional entre 1999 y 2009[15] buscó eludir los modelos teóricos que

---

[14] La Educación ha sido uno de los sectores de las políticas sociales que recibió mayor atención en los últimos 25 años en Argentina. Esta atención se expresa en las transformaciones que se plantearon a partir de la sanción de dos leyes de Educación nacionales –Ley Federal de Educación, 1993 y Ley Nacional de Educación, 2006– y en el importante aumento de la inversión pública destinada al sector. Sin embargo, pese a estas transformaciones, el papel que asumió y asume actualmente el conocimiento orientado a la política en los procesos de política educativa ha sido apenas estudiado.

[15] Entre 1999 y 2009, la estructura del ME estuvo dividida en dos ámbitos muy diferenciados entre sí. Por un lado, la Secretaría de Educación, responsable de las acciones orientadas a la Educación básica y, por el otro, Subsecretaría de Políticas Universitarias. Este trabajo se centra en las producciones demandadas por la Secretaría de Educación. Deja marginada toda la producción realizada y demandada desde la Subsecretaría de Políticas Universitarias.

establecen a priori qué es esperable de este funcionamiento, tanto en cuanto a los modelos que analizan la producción de conocimiento como a los que se centran en el funcionamiento del Estado y de las políticas públicas. Estas decisiones se tomaron, sin embargo, una vez avanzada la investigación y en estrecha relación con las primeras observaciones de campo. En este sentido, se trata de determinaciones que fueron constitutivas tanto de las preguntas como de las respuestas de la investigación.

En una primera etapa, el tema de interés fue abordado definiendo de antemano el espacio social a estudiar y su funcionamiento: las instituciones, el perfil de los actores entrevistados y el tipo de producción. Sin embargo, como se profundiza en el capítulo metodológico, los primeros contactos con el campo evidenciaron cierta labilidad en el espacio social estudiado, difícil de comprender o de explicar en ese momento pero que actuaba con fuerza, volviendo la problemática escurridiza y difícil de aprehender. Anclar esas primeras observaciones en categorías analíticas predefinidas resultaba difícil. Frente a un panorama de fluctuación de actores y entidades participantes, de fronteras movedizas y difusas entre grupos e instituciones, se resolvió que el objeto de estudio requería de una perspectiva que no delimitara por adelantado ni la forma, ni el tamaño, ni la combinación de las posibles asociaciones (Latour, 2008). Únicamente así se podría captar la presencia y la yuxtaposición de instituciones y actores, así como las lógicas, sentidos e intereses diversos que cada uno de ellos despliega en los procesos de producción de estos conocimientos.

A partir de las características mencionadas, se impuso la necesidad de crear un enfoque más adecuado y un instrumental teórico-metodológico específico para abordar el problema. De manera simultánea e interconectada, se definió tanto el problema de investigación como la aproximación analítica y metodológica. Así, el enfoque se construyó sobre la base de tres puntos de partida: i) una concepción relacional de lo social, que pone el acento en los procesos de asociación; ii) un abordaje situacional, centrado en acontecimientos cotidianos y corrientes de la actividad de producción de conocimientos educativos vinculado a las políticas públicas y, finalmente, iii) una vía de acceso a la temática centrada en los procesos de producción de conocimiento que se inician en el Ministerio de Educación.

La clave interpretativa que permite una mayor generalidad es la relacional (Menéndez, 2010)[16]. En esa línea, nos interesamos aquí por los procesos de asociación, es decir, por el rastreo de las asociaciones/relaciones que se manifiestan en y, al mismo tiempo, construyen y conforman el conglomerado social explorado: el de la producción de conocimientos educativos vinculados al accionar estatal (Latour, 2008). En vez de resaltar la perspectiva que podría caracterizarse como "racional-normativa" en la construcción de las instituciones (estatales y científicas), es decir, aquellos aspectos legales y más formales, hacemos foco en los aspectos relacionales que operan en distintos niveles, proponiendo una escala de análisis que trasciende la diferenciación entre perspectivas macro y micro sociales (Plotkin y Zimmermann, 2012).

Es por todo ello que esta investigación se centra en los conceptos que designan relaciones, y no en aquellos que denominan cosas. Como señala Rockwell (2009: 72),

---

[16] Este enfoque se interesa por las relaciones existentes entre los diferentes actores que operan en los procesos sociales. En este sentido, el estudio de los procesos relacionales constituye una realidad diferente de la obtenida de la descripción y del análisis de cada uno de los actores en términos particulares y aislados (Menéndez, 2010: 294-295).

las relaciones no son observables en la realidad estudiada: son, justamente, lo que se tiene que construir –desde la perspectiva del actor– y lo que permite articular de manera inteligible los elementos observados. En esta línea, se optó por rastrear las conexiones sociales a través de las marcas materiales y empíricamente observables que dejan los actores durante el desarrollo de sus actividades de asociación. Se siguió a los actores observando sus rastros, para que ellos mismos muestren cómo fabrican esta existencia colectiva, qué métodos elaboran para mantenerla y qué relatos son los más adecuados para dar cuenta de las nuevas asociaciones que establecen para que los agrupamientos se sostengan de maneras más o menos perdurables a lo largo del tiempo (Latour, 2008: 47-67).

Al privilegiar el estudio de los procesos de asociación se sortea el falso dilema actor/sistema o el debate micro/macro, que discute si el mundo social deriva de las acciones individuales o si la acción individual es, en cambio, producto de las lógicas estructurales del sistema. La recurrente tensión entre las explicaciones que se centran en la "agencia" (lo micro) o en la "estructura" (lo macro) quedan superadas al examinar las relaciones de interdependencia que dan existencia a lo social, focalizándose en cómo se forman y desarman los agrupamientos sociales (los grupos) y qué lazos y relaciones se crean y sostienen a partir de las asociaciones existentes. A partir de esta concepción, se asume la imposibilidad de mantenerse en un nivel macroestructural o, por el contrario, en un nivel micro centrado en la agencia, para aceptar que las explicaciones sociales deben, justamente, mostrar de qué forma concreta se vinculan en cada caso estas dimensiones (Latour, 2008).

Pensar en términos de asociaciones lleva a la segunda dimensión de la aproximación: el abordaje situacional, que resalta la importancia de las interacciones sociales concretas y corrientes de la actividad social (Pons y Van Zanten, 2007; Perelmiter, 2007; 2011a). Esto implica focalizar la atención en el conjunto de situaciones en las que se fabrica cotidianamente la vida social, atendiendo a los múltiples niveles que conectan y desconectan las relaciones entre los actores (Knorr Cetina, 1981)[17]. En estas situaciones concretas se encuentran tanto conexiones duraderas, objetivadas y definibles (como una institución, una normativa específica, una clase social, un cuerpo profesional) como relaciones más endebles, menos perdurables y pasajeras, pero sin las cuales se desarticularía gran parte de los sistemas que dan forma a lo social. La Sociología clásica propone múltiples conceptos para dar cuenta de las conexiones duraderas (institución, profesión, burocracia, Estado, etc.), pero parece menos provista de nociones que permitan comprender relaciones sociales que se sostienen sobre asociaciones más fugaces. Es en gran parte por eso que, cuando se intenta explicar el funcionamiento de espacios dinámicos y que se ubican en zonas grises, se tiende a hacerlo a través de conceptos que, en general, se asocian a falencias, ausencias o desvíos.

Para avanzar en esta dirección, se abraza una mirada teórico-metodológica particular del Estado y de su funcionamiento cotidiano. Aunque no estaba previsto en un comienzo, al adentrarse en el análisis de los procesos de producción de conocimiento demandados por el Ministerio de Educación, se entró de lleno en el accionar estatal. Como se adelantó en el apartado dedicado a los antecedentes y se profundizará en el capítulo teórico, se reem-

---

[17] Knor Cetina (1981) propone la noción de situacionalismo metodológico (*methodological situationalism*) para dar cuenta de una aproximación que responde a dos movimientos teórico-metodológicos paralelos en las Ciencias Sociales: por un lado, el pasaje de una visión del orden social más bien normativa a una de orden cognitivo y, por el otro, la oposición tanto al colectivismo metodológico como al individualismo.

plazó una noción del Estado "singular" por otra del Estado "plural" y con "rostro humano" (Bohoslavsky y Soprano, 2010; Soprano, 2007). Como explica Perelmiter (2011), esto consiste:

> ... no sólo en situar los estudios en organismos estatales específicos, transfiriendo los atributos que se le asignan al aparato estatal a un espacio de dimensiones más pequeñas, pero concebido de igual modo agregado. Más bien, implica una reconstrucción de la combinación singular entre los atributos relacionales que caracterizan a su funcionariado, el tipo de tarea que realizan, la escala sobre la que operan y la trama histórica en la que están situados. (Perelmiter, 2011: 29)

Todas estas dimensiones, además, deben tratarse como preguntas empíricas, contrastables mediante la investigación.

Avanzar con un abordaje relacional y centrado en las situaciones sociales concretas podría extender la investigación al infinito, sobre todo si se pretende además suspender las categorías comúnmente utilizadas para indagar la temática. Así, la tercera dimensión de la aproximación teórico-metodológica es un recorte analítico: la selección de los procesos de producción de conocimiento como objetos de estudio (Latour y Woolgar, 1995; Knorr Cetina, 2005) y los proyectos de investigación como unidades de análisis. Fueron estos proyectos los que guiaron la entrada al espacio social estudiado, marcando las interacciones de interés, y permitiendo un primer recorte. Como se retomará con mayor detalle en el capítulo metodológico, la elección de los procesos de producción de conocimiento como objetos de estudio y de los proyectos como unidades de análisis privilegia la exploración de las asociaciones en las situaciones cotidianas y corrientes mediante las cuales los individuos establecen vínculos específicos.

Ahora bien, para investigar el nivel efectivo de las prácticas asociadas a la producción de conocimiento orientado a la política, así como las relaciones en las cuales estas se entretejen, se construyó un diseño metodológico exploratorio y cualitativo. El abordaje fue fluido y flexible, experimentó acomodamientos y modificaciones acordes a los hallazgos que se obtenían a medida que se avanzaba, para habilitar, de esta manera, el descubrimiento de cuestiones que no habían sido anticipadas en un primer momento (Abélès, 2002). Si bien se incluye un capítulo con una detallada justificación de la estrategia metodológica, se adelantan aquí dos aspectos considerados clave de esta aproximación.

El primero es el interés por comprender la realidad social desde el punto de vista de los actores. Se intentó dar sentido e interpretar los fenómenos de acuerdo con el significado que los propios actores les otorgan. Siguiendo a Mason (citado en Vasilachis de Gialdino, 1992), este enfoque se preocupa por las formas en las que el mundo social es interpretado, comprendido, experimentado y producido; por el contexto y los procesos; "por la perspectiva de los participantes, por sus sentidos, sus significados, por sus conocimientos, experiencias y relatos" (29). Así, se habilita el pasaje de un punto de vista externo a uno interno. Es decir, nuestra tarea como investigadores es comprender la realidad de cada contexto a través de nuestra función participativa como intérpretes, que no dan significado a lo observado sino que hacen explícita la significación dada por los participantes (Vasilachis de Gialdino, 1992).

La segunda cuestión –íntimamente relacionada con la anterior– implica reconocer la fuerte cercanía del investigador con los sujetos de investigación, que conlleva la necesidad de reflexionar permanentemente sobre el rol del investigador. Este punto es especialmente relevante en esta investigación, donde los sujetos estudiados y el investigador no tienen únicamente una proximidad profesional sino también una cercanía social: la pertenencia en muchos casos a los mismos círculos sociales. En este sentido, como señalan Morresi y Vommaro, el estudio de fenómenos asociados a la actividad experta es un ejercicio de permanente reflexividad sociológica, así como una "forma de desnaturalización de una actividad que preferiría mantenerse al abrigo del estudio de sus pares" (2011: 12). En este sentido, este trabajo necesariamente crítico no debe confundirse con una crítica ideológica o un cuestionamiento moral[18]. En contraste, mostrar los mecanismos de la producción de este tipo de saberes debe contribuir al conocimiento de la forma en la que se produce y reproduce el mundo social, en un espacio específico de articulaciones entre diferentes ámbitos sociales.

Partiendo de estos lineamientos generales, esta investigación propone dos dimensiones analíticas complementarias. La primera plantea una indagación más general del período en cuestión. A través del análisis comparado de las trayectorias de 112 investigaciones originadas en o solicitadas por el Ministerio de Educación entre 1999 y 2009, delinea tendencias generales entre distintas modalidades de producción. La segunda se acerca a la temática a través del análisis de caso. Explora en profundidad un proyecto de investigación en desarrollo, desde su origen hasta la finalización del informe de investigación. El propósito es realizar una reconstrucción detallada de las vicisitudes y controversias del proceso de producción, haciendo énfasis en los rasgos de los actores que participan del proceso y en las relaciones que se establecen entre ellos.

---

[18] Como se desarrollará en el capítulo metodológico, para evitar este tipo de cuestionamientos, se tuvo especial cuidado en preservar el anonimato de las personas entrevistadas.

Aunque con diferentes énfasis de acuerdo con la lente utilizada, la investigación se apoyó en una estrategia multimétodo, que combinó el recorrido por varios escenarios, el encuentro con variados actores y la utilización de distintas técnicas y fuentes de recolección de datos. Si bien estos aspectos serán retomados en detalle en el capítulo metodológico, se adelanta aquí que a lo largo del trabajo de campo se realizaron 78 entrevistas en profundidad; se relevó el material documental vinculado a los proyectos de investigación demandados por el Ministerio de Educación entre 1999 y 2009; se reunió material ligado a las trayectorias de los sujetos que participaron de las investigaciones y la escritura de los informes finales así como documentos más precisos asociados con el caso de estudio (expedientes, informes, etc.). Finalmente, se realizaron registros etnográficos de situaciones asociadas tanto a los proyectos de investigación en general como al proyecto que se siguió en detalle.

1

Marco teórico

1. Presentación[19]

El estudio de las relaciones entre la investigación social y la política pública ha sido abordado desde múltiples perspectivas y disciplinas. Son varios los trabajos que desarrollan un detallado estado del arte que incluye diversas aproximaciones teóricas al tema (Neilson, 2001; Stone *et al.*, 2001; Coburn, 2006; Delvaux, 2007; Jones, 2009; Fazekas y Burns, 2012; Baya-Laffite, 2011). Es por ello que la intención aquí no es ofrecer un exhaustivo estado de la cuestión –tarea que supera el espacio propuesto y las posibilidades de este trabajo– sino, más bien, repasar y analizar críticamente aquellas miradas y antecedentes más extendidos en el abordaje del problema.

Este cuerpo bibliográfico es ambiguo, ecléctico y difícil de organizar. La diversidad de enfoques disciplinarios, de instituciones productoras y formatos –que abarcan desde artículos de opinión hasta publicaciones en prestigiosas revistas científicas– es un reflejo de la variedad de preguntas que guían estos trabajos. Tal como señala Hammersley (2002), mientras algunos textos se centran en el análisis empírico del rol de la investigación sobre la política pública en un contexto particular, otros proveen modelos más bien abstractos del papel que cumple la investigación social.

---

[19] Una primera versión de este capítulo fue publicada en Cardini (2013).

Finalmente, están los que se preguntan por la función que debería asumir el saber sobre los procesos de políticas públicas. Se podría agregar, además, que en muchos trabajos estos intereses se combinan. En efecto, la superposición de miradas descriptivas, analíticas y normativas es una de las características que comparten esas producciones.

Las primeras interpretaciones acerca de las relaciones entre las Ciencias Sociales y la política pública surgen después de la Segunda Guerra Mundial y están cargadas de optimismo. En nuestra región, la convicción de que el conocimiento social podía direccionar las decisiones políticas se reflejó con fuerza en las ideas desarrollistas y asociadas al planeamiento (Gorostiaga *et al.*, 2012). Sin embargo, este entusiasmo fue decayendo en los años subsiguientes. Los "años dorados" de la investigación orientada hacia la política, que se caracterizaron por interpretaciones de esta relación que resaltaban la linealidad y la racionalidad de las conexiones, fueron reemplazados por una etapa de mayor recelo hacia el potencial de los conocimientos sociales a la hora de guiar las políticas públicas. Hacia los años 70, la desilusión en torno a las posibilidades concretas de las Ciencias Sociales para moldear las prácticas políticas tuvo efectos directos en las formas de entender los vínculos entre las dos esferas. El modelo racional y lineal utilizado para comprender estas relaciones (sobre todo en relación con las Ciencias Exactas) fue suplantado por aproximaciones que admitieron un abanico mayor de posibilidades. Estas nuevas aproximaciones fueron clave para comprender estos vínculos desde una mirada menos instrumental.

En la primera parte de este capítulo se caracterizarán sintéticamente cuatro grandes perspectivas utilizadas para abordar esta temática en los últimos años, junto a los autores y textos de mayor circulación. Estas perspectivas orientan la mayor parte de la investigación sobre la temática. Se expondrán primero aquellas visiones que analizan las formas de utilización del conocimiento por parte de la política. Luego se explorarán las ideas centrales de la "tesis de las dos culturas", mirada que parte del supuesto de que las relaciones entre ambas esferas son muy débiles, e intenta dar cuenta de las causas a partir de un análisis de las diferencias entre esos dos espacios. En tercer lugar, se recorrerán las visiones que analizan el rol de los agentes intermedios, los individuos que hacen de mediadores entre ambas esferas. Se considera que estas tres perspectivas no son excluyentes y que comparten varios de sus supuestos. En cuarto lugar, se revisará la utilización del concepto de "campo social" de Bourdieu en los estudios recientes sobre el tema en nuestro país.

En la segunda parte se proponen algunos conceptos alternativos, que pretenden iluminar la complejidad, la hibridez y la interconexión entre la investigación y la política en Argentina en la actualidad. Se delinea una mirada teórica ecléctica, que combina elementos teórico-conceptuales provenientes de diferentes disciplinas, articulándolos para analizar las demandas de conocimiento del Ministerio de Educación Nacional entre 1999 y 2009. En este sentido, la teoría interesa en función de cómo puede asistir en la comprensión de un mundo que se percibe sumamente complejo, multifacético y multicausal. La teoría será utilizada como una "caja de herramientas", antes que con la intención de proveer una explicación prolija y acabada del mundo social (Ball, 1994a; 1994b; 2002). Es posible afirmar con Ball:

> En el estudio de temas complejos -como la política- probablemente dos teorías funcionen mejor que una [...]. La complejidad y el alcance de los estudios sobre política -desde la preocupación por el funcionamiento del Estado hasta el interés por los

contextos de la práctica [...]- excluye la posibilidad de una explicación que se desprenda de una sola teoría. Lo que necesitamos para este análisis es una caja de herramientas con diversas teorías y conceptos, una Sociología aplicada antes que una pura. (Ball, 1994a: 14, traducción propia)

Siguiendo esta línea de pensamiento, se propone un conjunto de instrumentos (y no un sistema) que puede utilizarse de forma conjunta o relativamente separada para comprender y explicar los fenómenos que aparecen a lo largo del trabajo empírico. En este sentido, los instrumentos adquieren su fuerza en la medida en que permiten explicar -aunque nunca de forma acabada- algunos de los fenómenos observados desde una perspectiva empírica e históricamente situada.

2. Primer paso: revisión de las propuestas analíticas contemporáneas

2.1. Teorías de utilización del conocimiento

Los modelos de utilización del conocimiento surgen a fines de la década del setenta para profundizar el análisis de las relaciones entre las Ciencias Sociales y las políticas públicas. Diferenciándose de los modelos más instrumentales (asociados a las Ciencias Exactas), la tesis central de estos autores será que, mientras que en las Ciencias duras podrían darse modelos de relación más racionales y lineales, en las Ciencias Sociales este proceso se manifiesta de maneras más sutiles e indirectas, en forma iluminativa, de percolación o de goteo.

Carol Weiss (1979b) fue la primera en proponer una tipología de vínculos entre ambas esferas. Su objetivo fue explicar las diversas formas en las que el conocimiento social afectó a la política pública en el pasado y "aprender cómo hacer para que esta contribución sea más efectiva en el futuro" (173, traducción propia). La autora diferenció siete usos de la investigación social por parte de la política pública:

1) el modelo conducido por el conocimiento o modelo lineal, que deriva de las Ciencias Naturales y supone que hay una secuencia clara entre la investigación pura, la investigación aplicada, su desarrollo e implementación.

2) el modelo de resolución de problemas que sugiere que los resultados de la investigación social se aplican de forma directa a la definición de soluciones para problemas planteados por la política.

3) el modelo interactivo que propone que la investigación es utilizada para tomar decisiones, pero entre otras fuentes de información como, por ejemplo, la periodística, la administrativa o la burocrática. Se trata de un proceso conformado por un "desordenado conjunto de interconexiones, con idas y vueltas" (1979a: 177).

4) el modelo político que supone que la investigación se utiliza para justificar o legitimar decisiones políticas que ya fueron definidas.

5) el modelo táctico que considera que el conocimiento se utiliza para aumentar la credibilidad de la acción (o inacción) propuesta por el tomador de decisiones.

6) el modelo iluminativo que propone que la investigación influye de manera indirecta en la identificación y en la resolución de políticas públicas.

7) el modelo intelectual en el que el saber influye globalmente en la forma de pensar los problemas y convertirlos en necesidades políticas.

Los primeros dos modelos –el modelo lineal y el de resolución de problemas– son señalados como los más extendidos a la hora de pensar en los vínculos entre la investigación y la política. Sin embargo, raramente se observan en el tipo de utilización que se hace del conocimiento social (1979a). Esos modelos parten de supuestos racionales y lineales de vínculo: se presenta un problema, se busca información para generar posibles soluciones, la investigación propone el conocimiento faltante y, así, los funcionarios políticos toman la mejor solución. En contraste, para Weiss, la "investigación afecta el desarrollo y la modificación de las políticas de maneras difusas. Provee un marco de ideas y generalizaciones empíricas que se deslizan suavemente hacia las deliberaciones políticas. Su influencia se ejerce de forma más sutil" (1979a: 183, traducción propia). La autora propone el término "iluminativo" para dar cuenta de los procesos indirectos y difusos a través de los cuales las Ciencias Sociales afectan a la política. Explica que los decisores políticos tienden a usar la investigación de forma indirecta "como fuentes de ideas, información y orientaciones sobre el mundo" y que "aunque el proceso no es fácil de discernir puede tener efectos profundos sobre la política a lo largo del tiempo" (Weiss, 1977a: 531, traducción propia).

En el ámbito más específico de la Educación, esos modelos fueron revisados por Husén y Kogan (1984), quienes propusieron dos modelos de vínculos para comprender la utilización de la investigación educativa por parte de la política: 1) el modelo "iluminativo", de "percolación" o de "goteo" y 2) el modelo político. Mientras el primero incluiría el uso iluminativo, el interactivo y el intelectual (en palabras de Weiss), el segundo fusionaría el modelo político con el táctico. Husén y Kogan dejan al margen el modelo lineal y el de resolución de problemas, porque al igual que Weiss consideran que, aunque se trata de la expectativa más extendida, se basa en supuestos que raramente aplican a las Ciencias Sociales.

Los autores insisten en que el modelo de percolación es muy "sutil e intangible" (1984: 18) y entienden que la relación entre la política y la investigación es difusa y difícil de señalar: "La investigación [...] contribuye al poner ciertos temas en la agenda del debate público e inspira demandas de acción política. [...] Es un instrumento de generación de ideas antes que de datos y conocimiento general" (21). En este sentido, destacan que las interacciones cara a cara entre los investigadores y los políticos, así como la lectura directa de informes académicos, pueden ser muy débiles en términos de impacto. Advierten, en cambio, la importancia del rol de los mecanismos de conexión entre las dos esferas, ya se trate de la prensa, de individuos que actúan como intermediarios o de instituciones del sector privado.

Una última categorización de los modelos de utilización del conocimiento educativo es la que proponen Ginsburg y Gorostiaga (2003; 2005) también partiendo de la clásica tipología de Weiss (1977a). Estos autores diferencian entre tres modelos. El modelo instrumental incluye dos versiones "que representan el proceso en términos de personas usando el conocimiento en forma directa para la toma de decisiones específicas" (2005: 286): el formato conducido por el conocimiento y el de solución de problemas. El segundo modelo es el conceptual, más complejo, indirecto y difuso, que contiene el formato interactivo y el iluminativo, y equivale a lo que Husén y Kogan denominaron el modelo de "goteo". Por último, presentan el modelo estratégico (al que Husén y Kogan llaman "político") en el que las posiciones de los funcionarios políticos son determinadas o respaldadas por los resultados de la investigación. Aquí se incluye el formato político y el táctico, en términos de Weiss, y se agrega el promocional donde "la actividad de la investigación sirve para difundir y promover la implementación de decisiones de política o profesionales entre individuos que no participaron en el proceso de toma de decisiones" (2005: 287).

Los trabajos de Weiss (1977a) y de Husén fueron pioneros en teorizar sobre las posibles formas en que la política podría utilizar el conocimiento social. Al formular diferentes modelos de utilización, proponen una tipología que da cuenta de las variadas formas en las que estas dos esferas podrían relacionarse. Fueron, además, los primeros escritos que se distanciaron de las visiones más lineales e instrumentales para pensar los vínculos entre las Ciencias Sociales y la política pública. Las tipologías que presentan los autores y, especialmente, el modelo de "iluminación" propuesto por Weiss y el de "percolación" o "goteo" presentado por Husén, recorre la mayor parte de las revisiones bibliográficas sobre estos temas. Además, estas tipologías no se basan únicamente en sus experiencias profesionales sino que se desprenden del desarrollo de investigaciones empíricas que involucran entrevistas –y, en el caso de Husén, también cuestionarios– con investigadores y con funcionarios políticos[20]. El hecho de que sus conclusiones tengan un sustento empírico es destacable, teniendo en cuenta que la mayor parte de los trabajos sobre la temática es más bien ensayística y basada en la experiencia de los autores como investigadores o funcionarios.

En términos teóricos, el enfoque de estos autores parte de una mirada que diferencia ambos espacios y les otorga relativa autonomía, para luego avanzar sobre una tipología de modelos de utilización de la investigación social,

---

[20] La investigación realizada por Husén a comienzos de los años 80 se describe en Husén y Kogan (1984). Aquí se presentan los resultados del estudio comparado de las relaciones entre investigadores y políticos que llevaron adelante en cuatro países: Suecia, Alemania, Gran Bretaña y Estados Unidos. Los resultados de los trabajos de Weiss se presentan en Weiss (1977b) y en Weiss y Bucuvalas (1980).

por parte de la política. En consecuencia, son modelos que proponen un análisis unidireccional de las relaciones entre ambas esferas. Suponen que la investigación (entendida como el conocimiento objetivo que producen los investigadores) es utilizada por la política (conceptualizada en general como los funcionarios políticos que toman decisiones o "hacen" política – los "policy-makers"–) pero en ningún momento se preguntan cómo la investigación es moldeada por la política o por los mecanismos concretos de "utilización". Los procesos de intercambios y negociaciones permanentes entre ambos espacios quedan en la sombra.

2.2. Las tesis de las dos culturas

La tesis de las dos culturas parte del supuesto de que los vínculos entre la investigación y la política pública son muy débiles. De acuerdo con esta perspectiva, las diferencias existentes entre los científicos sociales y los funcionarios políticos explican esa debilidad. Desarrollada inicialmente por Caplan (1979), esta aproximación plantea una "brecha cultural" entre los dos grupos en relación con sus valores, su lenguaje, los tiempos que marcan sus actividades, su sistema de incentivos y recompensas, sus afiliaciones profesionales y su legitimidad.

En el terreno más específico de la Educación, esta línea de pensamiento fue retomada por Levin (1991), que sostiene que "el problema de la utilidad [del conocimiento educativo] deriva de las diferencias en los contextos y los métodos que caracterizan a las funciones políticas y de investigación educativa" (72). El autor explica que, mientras la cultura política "es restrictiva y orientada a las decisiones con un claro énfasis en el corto plazo, la investigación es menos restrictiva y brinda la información necesaria para moldear el mundo del futuro" (72). Husén

(1988: 16) concuerda con esta visión al sostener que "el mero encuentro de ambas formas de vida contiene los gérmenes del conflicto". Para los que se aproximan a la temática desde la tesis de las dos culturas, en el mundo de la política se encuentran los funcionarios y, en el mundo de la investigación, los investigadores. Los funcionarios políticos son además, en general, aquellos que toman decisiones sobre el rumbo de las políticas públicas. Las marcadas diferencias entre los dos grupos con respecto a qué esperan, cómo producen y cómo utilizan la investigación social sería la principal causa del divorcio entre la esfera de la investigación y la de la política.

Según estas visiones, los funcionarios políticos están constreñidos por limitaciones políticas y presupuestarias y utilizan la investigación entre muchas otras fuentes de datos e información. En consecuencia, están especialmente interesados en aquellas investigaciones que abordan los temas específicos asociados a sus agendas políticas. Demandan producciones que tratan políticas en áreas delimitadas por su interés programático, y suelen desatender las conexiones asociadas a otras áreas o sectores. Valoran especialmente aquellas conclusiones que son directamente compatibles con sus creencias, sus valores y sus prácticas. En términos del lenguaje, no están habituados a leer investigación social o educativa ni conocen los conceptos más específicos utilizados por los investigadores para presentar sus métodos y resultados. Por último, en cuanto a los tiempos, quieren acceder a los resultados de forma inmediata.

Por su parte, los investigadores sociales que trabajan en su mayoría en universidades seleccionan los temas de investigación de acuerdo con las tradiciones académicas y llevan adelante su trabajo bajo el paradigma de sus disciplinas y en el marco de un alto grado de especialización. Hacen un empleo riguroso de los cánones metodológicos de las Ciencias Sociales; entienden al conocimiento como objetivo, fáctico, desapasionado; revisan y cuestionan permanentemente sus propios supuestos y admiten que hay límites para la realización de generalizaciones válidas (Anderson, 1991; Ginsburg, 2003; 2005; Husén, 1984).

En contraste con los modelos de utilización de conocimiento, centrados en los vínculos posibles entre ambas esferas, la tesis de las dos culturas explica la distancia existente entre estos dos ámbitos. Esta brecha es entendida como una consecuencia directa de las diferencias que caracterizan a los profesionales que se desenvuelven en cada uno de estos espacios. En ese sentido, la tesis de las dos culturas es un modelo explicativo que despliega las características particulares de la práctica de los científicos sociales, por un lado, y de los funcionarios políticos, por el otro. Hace énfasis en las necesidades, en muchos casos contrapuestas, de cada uno de estos grupos a la hora de producir o demandar investigaciones.

La principal crítica a esta aproximación es que analiza cada una de las comunidades como si fuera estática y pura, como si no existieran superposiciones, híbridos y matices en los perfiles profesionales. En este aspecto, Ginsburg y Gorostiaga (2003; 2005) resaltan que ese enfoque presenta tres elementos estereotípicos. En primer lugar, describe a cada grupo de acuerdo con las características de su cultura dominante. En segundo lugar, se trata de una aproximación que ignora la heterogeneidad de los miembros de cada grupo, en la medida en que omite considerar las diferencias en relación con, por ejemplo, sus áreas de interés, sus concepciones acerca de la actividad que emprenden y los espacios en los que se desempeñan. Por último, exagera la pertenencia a uno solo de los dos grupos culturales que define y omite el hecho de que es muy frecuente que se alternen o se superpongan los roles.

2.3. Los mediadores: el análisis de los actores intermedios

El tercer modelo analítico, también muy extendido en la bibliografía sobre la temática, es aquel que estudia la función que cumplen los "actores intermedios", aquellos individuos que median entre la esfera de la política pública y la del conocimiento. A diferencia de las dos perspectivas analizadas previamente que cobraron especial fuerza en los países centrales, la noción de intermediarios fue propuesta también por autores de nuestra región. Se los identificó con variados rótulos: "analistas políticos", "analistas simbólicos", "*brokers* del conocimiento", "mediadores", "intermediarios", "traductores", "hombres del medio", "intelectuales reformadores" y "agentes del conocimiento"[21]. Aunque cada una de las definiciones resalta aspectos diferentes de estas figuras, todas coinciden en que se trata de un actor relativamente nuevo y cada vez más influyente, cuya función es la de conectar el ámbito de la investigación con el de la práctica política.

Tomando como referencia a los Estados Unidos, Trow (1984) explica que los analistas políticos son un nuevo actor que surge a mediados de la década del setenta, en

---

[21] Para mayor detalle, se puede consultar a Trow (1984) que presenta el término de "analistas políticos"; a Wilson (1981) por el de "intelectuales políticos"; Biddle y Anderson (1991), el de "*brokers* del conocimiento"; Sunquist (1978) que los denomina "traductores"; Huberman (1994), "intermediarios"; Kogan (1980), "hombres del medio" (*middle-man*); y Reimers y Mc.Ginn (1997), "agentes de conocimiento". En el ámbito regional, se utilizaron los términos "analistas simbólicos" (Brunner, 1996), "analistas de políticas", "*brokers* del conocimiento" (Cariola *et al.*, 1997) e "intelectuales reformadores" (Braslavsky y Cosse, 1996). En el terreno de los análisis económicos, se ha utilizado también el término de "technopolíticos" (Domínguez, 1997).

relación directa con el desarrollo de las carreras de política pública. Se trata de un personaje "que a veces se parece mucho a un investigador –definiendo un problema, haciendo análisis, relevando e interpretando datos; a veces, a un "hombre intermedio" reuniendo e interpretando investigaciones realizadas por otros para los tomadores de decisión; y, otras, es él mismo el que toma las decisiones" (263, traducción propia). Su formación es diferente a la de los investigadores y son entrenados de forma interdisciplinaria para responder a las necesidades de los políticos, y a través del desarrollo de trabajos cortos que incluyen recomendaciones y sugerencias directas. En este sentido, analizan los problemas desde la racionalidad de los tomadores de decisión (costos y beneficios), pero con las herramientas analíticas de la investigación. Estas características, explica el autor, ubican a este nuevo perfil profesional en un lugar privilegiado para mediar entre la investigación y la política.

Reimers y Mc Ginn (1997) proponen un modelo de acción para informar a la política a través de la investigación, y señalan la importancia de los "agentes del conocimiento" a quienes definen como "personas o instituciones interesadas en el desarrollo y diseño de actividades de investigación que puedan informar reformas políticas" (175, traducción propia). A diferencia de Trow, que describe a estos personajes haciendo énfasis en el tipo de formación que reciben, Reimers y Mc Ginn tienen una mirada más bien prescriptiva: se basan en sus experiencias como consultores internacionales para presentar un modelo heurístico que diferencia nueve momentos en los cuales el agente del conocimiento "debe tomar decisiones críticas para que la investigación sea útil a las reformas educativas" (175). Los agentes del conocimiento deberían poder: i) definir el proceso de cambio; ii) identificar los diferentes grupos de interés; iii) contemplar los flujos políticos (contexto político); iv) diagnosticar los diálogos existentes y los necesarios; v) dar poder a los grupos para dialogar; vi) establecer reglas para el diálogo informado; vii) diseñar operaciones para generar conocimiento; viii) balancear conocimientos técnicos, conceptuales y organizativos; y ix) preparar un plan de reporte y diseminación.

En nuestra región, el sociólogo chileno José Joaquín Brunner (1993; 1996) ha sido el primero en introducir esta mirada para el análisis de las relaciones entre el conocimiento y la política. A través de la noción de "analistas simbólicos", planteada inicialmente por Robert Reich, el autor explica algunos de los cambios recientes en relación con la producción y la utilización del conocimiento. Según él, los analistas simbólicos son quienes mejor responden a las renovadas demandas del mercado. Son "personas en disposición de producir, transportar, usar y aplicar conocimientos para la identificación, resolución y arbitraje de problemas" (Brunner, 1993: 8). Se trata de investigadores que poseen un conocimiento de tipo práctico, es decir, un saber que consiste en disposiciones, destrezas y capacidades de individuos entrenados tanto para producir conocimiento como para maniobrarlo. Los analistas simbólicos "identifican, solucionan o arbitran problemas mediante la manipulación de símbolos" (1999: 9). En cuanto a sus ingresos, generalmente, están más ligados al tipo de servicio que proveen, a su calidad y originalidad, que al tiempo empleado para producirlo. Por último, sus carreras profesionales no son lineales ni jerárquicas y dependen antes bien del prestigio acumulado y de las redes de las que participan.

En esta misma línea, el texto de Cariola, Schiefelbein, Swope y Vargas (1997) se centra en el surgimiento de un nuevo agente al que denominan "analista de políticas" o "*broker* del conocimiento", por su semejanza con el rol de los *brokers* financieros. Según los autores, esos actores tienen que "proveer oportunamente la información más relevante a los tomadores de decisión para que estos den la mejor solución posible a un problema determinado" (34). Siempre atento a los desarrollos del campo de la Educación, se trata de un actor con la capacidad de vincular la academia con las prioridades políticas. Sus competencias más importantes son su capacidad comunicacional, su estrecha relación con los problemas sociales más generales, su capacidad de "hacerse cargo de los problemas de los educadores" y su expertise para acceder a análisis de la información. Su objetivo fundamental es:

> ... el mejoramiento de la calidad y equidad de la Educación, más allá de la formulación de políticas, lo que define elevados grados de autonomía en su función, obligándolo a mantener relaciones con todos los actores involucrados en un problema, y no solamente con los tomadores de decisión. (Cariola, Schiefelbein, Swope y Vargas, 1997: 26)

Por su parte, Braslavsky y Cosse (1996) también utilizan la noción de "analistas simbólicos" e introducen la de "intelectuales reformadores". Según estos autores, los analistas simbólicos son una categoría de la nueva estructura ocupacional que emerge con la democratización de América del Sur y con la inserción de investigadores profesionales en el desarrollo de políticas educativas en la década de 1980. Entre las características de esta nueva categoría enuncian las siguientes, además de las señaladas por Brunner: i) conciencia de la relación entre conocimiento y poder, ii) distancia crítica que establecen respecto de los otros actores que se insertan en el Estado, iii) esfuerzo por horizontalizar la toma de las decisiones, iv) construcción de políticas de Estado perdurables y, en términos más cognitivos, v) acceso a paradigmas y propuestas de transformación internacionales (1-2).

En la aproximación que proponen estos trabajos, llama la atención la constante superposición entre una mirada analítica y otra prescriptiva. La primera se evidencia en el análisis de los procesos sociales más generales en los que se enmarca el surgimiento de estos nuevos actores, en la exploración de sus características y en el estudio de su relación con la investigación y la política. Paralelamente, se encuentra una tendencia a indicar lo que "debería ser", descripciones cargadas de connotaciones positivas y tonos celebratorios para el rol de estos nuevos actores, y la imposibilidad de ubicar a estos actores, así descriptos, en los procesos de política más concretos. Estas valoraciones no son un problema en sí mismo. No obstante, por momentos, denotan la ausencia de una mirada más crítica y del propio carácter híbrido de sus autores, a la vez analistas y partícipes en los procesos que ellos mismos estudian y describen. En este sentido, Neiburg y Plotkin (2004: 16) sostienen que "la principal limitación de buena parte de estas interpretaciones se debe a que los analistas parecen compartir con sus objetos un mismo interés por la dicotomía, clasificando autores y grupos en categorías que no siempre son distinguibles empíricamente".

Por otra parte, estas aproximaciones entienden la aparición de estos actores como el resultado natural de las necesidades de incorporar el conocimiento en la toma de decisiones políticas. Les adjudican una alta cuota de voluntarismo y los presentan como la mejor solución para fortalecer las débiles conexiones entre la investigación y la política. Según estas miradas, los mediadores proponen formas de interacción renovadas y más eficientes, que combinan la objetividad científica con la neutralidad política. En esta línea, Trow (1984) explica que la formación, los hábitos, y las condiciones de trabajo de los analistas políticos están "expresamente diseñados para reducir la brecha entre el investigador y el funcionario político, y para que el conocimiento sistemático llegue de forma más directa, más rápida y más relevante a los asuntos políticos" (264, traducción propia). Por su parte, Brunner (1993) señala que el rol de los investigadores sociales está cambiando y que "hoy se espera, y el mercado demanda, a personas en disposición de producir, transportar, usar y aplicar conocimientos para la resolución y arbitraje de problemas" (9). Asimismo, Cariola *et al.* (1997) señalan que frente al problema de las interconexiones entre el conocimiento y la toma de decisiones "se hace necesario traer al escenario [...] un nuevo agente con una identidad profesional desinstitucionalizada y con capacidad de responder al conjunto de demandas emergentes de políticos y otros agentes involucrados en el mejoramiento de la calidad y equidad de la educación" (25).

Al igual que la literatura sobre la utilización del conocimiento y la tesis de las dos culturas, esta concepción parte de una diferenciación clara entre ambas esferas. En vez de centrarse en los modelos de utilización de la investigación (los vínculos) o en las características propias de cada una de esas esferas, se preocupan por describir a los actores que median entre esos dos espacios. En estos trabajos los actores intermedios se presentan como una categoría abstracta de relativa homogeneidad, cuando en la práctica se trata de actores diversos que se mueven en un espacio social plagado de superposiciones. En efecto, es muy común la coincidencia entre mediadores y funcionarios políticos y/o investigadores.

2.4. La noción de campo social

En Argentina no son muchos los trabajos que abordaron empíricamente el estudio de la investigación educativa. Y los que lo hicieron se apoyaron, principalmente, en el concepto de "campo social" de Bourdieu. A diferencia de las perspectivas comentadas, esta noción permite analizar la investigación educativa desde una perspectiva crítica. Concebir la investigación educativa como un campo social hace frente a dos problemas que aparecen en otras aproximaciones al fenómeno. Por un lado, la naturalización de las prácticas sociales vinculadas con la investigación educativa y, por el otro, la ausencia de análisis de las relaciones de poder subyacentes a estos procesos.

La noción de "campo social" obliga a abordar el objeto de estudio considerando los procesos a través de los cuales las prácticas sociales localizadas se refuerzan como acciones generalizadas y comunes. Incorpora la historia y, de esta forma, desnaturaliza los procesos que, desde otras aproximaciones, se consideran naturales, independientes del contexto histórico y de las relaciones sociales de fuerza que los conforman. Esta mirada se plasma, por ejemplo, en el trabajo de Palamidessi *et al.* (2007) que explora las relaciones entre la investigación y la política en Argentina entre 1983 y 2003. En la introducción, los autores conciben la investigación educativa como una práctica "con historias y tradiciones específicas, que se desarrolla en contextos sociales y marcos institucionales que la condicionan y le otorgan orientaciones particulares" (2007: 27).

Con respecto al segundo punto, está claro que la mirada bourdiana pone el foco en las relaciones de poder que se establecen entre las diferentes posiciones que asumen los individuos y las agencias dentro del campo y, particularmente, en los vínculos de dominación y de subordinación. De esta forma, incluye el análisis de los intereses en juego y los conflictos desplegados en el campo social estudiado. Esta mirada también queda explícitamente plasmada en el trabajo antes mencionado. Los autores señalan:

> La apuesta por el conocimiento, cualquiera sea la recompensa/ capital que se persiga, se vincula con las estrategias mediante las cuales se intenta, en forma individual o colectiva, salvaguardar o mejorar posiciones e imponer principios de clasificación, jerarquización o valoración acorde con ciertos intereses. (Palamidessi *et al.*, 2007: 21)

Los trabajos de Tenti Fanfani (1984; 1988) son los primeros en explorar el concepto de "campo social" para abordar la investigación educativa en nuestro país. Encaran el análisis en términos generales, es decir, observando en qué medida la investigación educativa responde a las características fundamentales que Bourdieu asigna a todos los campos sociales. En este sentido, se trata de un trabajo de reflexión teórica que es acompañado de algunas referencias empíricas sobre el funcionamiento concreto de la investigación educativa. A partir de esta exploración, el autor advierte que "no existe un conjunto de reglas de juego que regulen la competencia de los profesionales o productores de conocimientos respecto a la Educación" (1988: 126). Afirma que se trata de un campo que está aún en vías de conformación, desestructurado y con baja autonomía relativa, en el que los requisitos de entrada son laxos y las puertas de ingreso son múltiples y dependen más de la voluntad de los propios actores que de requerimientos definidos desde adentro.

Por su parte, el estudio de Palamidessi *et al.* (2007) avanza en la especificación y en la delimitación del campo de la investigación educativa en Argentina. A diferencia del trabajo de Tenti Fanfani (1984; 1988), esta investigación realiza un profundo estudio empírico sobre las instituciones, las agencias y la producción de la investigación educativa en los últimos años. Con respecto a la utilización del concepto de "campo social", este trabajo precisa aún más la ubicación de este espacio en relación con otros campos sociales. Inscribe la investigación educativa en el campo cultural, y de manera aún más específica, en el campo científico. Por otra parte, basándose en Bernstein y Díaz, los autores ubican la investigación educativa en el campo de la Educación, dentro del cual diferencian, además, al campo intelectual de la Educación y al campo pedagógico. Y, entre estos dos, ubican el campo de la recontextualización pedagógica. Por último, también introducen las relaciones entre el campo de la Educación y el campo estatal.

La necesidad de delimitar el campo (o el espacio social) al que se hace referencia está directamente ligada a la aproximación que propone esta teoría. La perspectiva bourdiana obliga al investigador a definir qué queda dentro y qué queda fuera del campo específico en cuestión. El establecimiento de las fronteras tiene distintos niveles de abstracción. En primer lugar, la delimitación del tipo de campo social al que se estaría haciendo referencia: cultural, científico, artístico, etc. En segundo lugar, la definición de las reglas del espacio social concreto que se investiga –en este caso el de la investigación educativa–, acción que es a su vez fundamental para clarificar el adentro y el afuera y, en este sentido, para delimitar las fronteras del propio objeto de estudio. Los estudios mencionados se apoyan en la noción de campo para establecer las primeras demarcaciones y características de la investigación educativa como espacio social. Se considera, sin embargo, que a la hora de avanzar sobre la delimitación de sus fronteras y sobre la autonomía relativa con respecto a otros espacios sociales, comienzan a esbozarse los obstáculos y las limitaciones de este enfoque para el análisis concreto de la producción de conocimientos educativos orientado a la política en nuestro país.

El propio Bourdieu advirtió que la delimitación del contorno de un campo social no admite una respuesta a priori, ya que solamente puede definirse a través de una investigación empírica. Según el autor, "los límites del campo están donde los efectos del campo cesan" y "sólo estudiando cada uno de estos universos puede sopesarse hasta qué punto están constituidos, dónde se terminan, quién está adentro y quién no, y si conforman o no un campo" (Bourdieu y Wacquant, 2005: 154). Este punto está estrechamente ligado con la autonomía relativa que define a estos espacios sociales. Según Bourdieu, se trata de "microcosmos sociales relativamente autónomos", espacios de relaciones objetivas donde existen lógicas específicas que son irreductibles a aquellas que regulan otros campos sociales (2005: 150). Para analizar el interior de un campo (y, al mismo tiempo, definir si se trata de un campo o no), es fundamental indagar otros conceptos de la teoría bourdiana. Las características particulares de un campo sólo pueden abordarse adentrándose también en el análisis de otras nociones como habitus, capital, trayectorias y estrategias.

Para alcanzar una definición más operativa del campo de la investigación educativa, es fundamental demarcar sus límites de autonomía relativa y avanzar sobre un análisis empírico de las reglas del juego que regulan el espacio social en cuestión. No obstante, la débil autonomía relativa y la baja estructuración señaladas por Tenti Fanfani (y propias del campo de la investigación educativa en Argentina) dificultan una definición operativa del concepto, sin la cual la propia teoría de Bourdieu no llega a desarrollarse en su fase más práctica. Así, en los trabajos analizados se evidencia la dificultad para establecer las fronteras del campo estudiado y esto redunda en una definición de carácter general, dentro de la cual cuesta precisar las particularidades de dicho campo (que son al mismo tiempo las que lo conforman como tal). Algunas de estas propiedades serían, por ejemplo, la definición de las reglas y los capitales específicos en juego, las relaciones entre las posiciones objetivas y los habitus de sus ocupantes, las barreras de acceso y egreso, así como las estrategias de conservación y de subversión.

En síntesis, si bien en su sentido general la noción de campo permite una primera aproximación social y crítica al estudio de la investigación educativa, al poner el énfasis en la delimitación de sus fronteras y en la autonomía relativa del campo de la investigación educativa, este enfoque ubica al investigador en una encrucijada: obliga al analista a establecer una frontera entre aquello que remite a un campo específico y todo lo que se ubica en su exterior, en vez de poner el acento en la hibridez intrínseca que caracteriza a estos espacios sociales. Al utilizarse para analizar la investigación educativa, se extraen dos posiciones. La primera, presente en los estudios de Tenti Fanfani (1984; 1988), es que la investigación educativa es un campo aún en vías de conformación y de estructuración. La segunda, que se desprende del trabajo de Palamidessi *et al.* (2007), sugiere que las características de la investigación educativa como espacio social permiten una definición general, pero no pueden avanzar en una delimitación de tinte más práctico u operacional (en términos bourdianos).

Para el estudio específico de las relaciones entre la investigación y la política, estas problemáticas se hacen aún más evidentes. Las herramientas teóricas de Bourdieu sitúan al investigador frente a la necesidad de delimitar, en primer lugar, si se estudia "el campo de la investigación educativa" o el "campo de la política". Si lo que interesa son aquellos actores que son a la vez políticos y científicos, resulta artificial y forzado ubicarlos en uno u otro ámbito. En este sentido, la teoría de Bourdieu pone el acento más en la delimitación de las fronteras entre estos dos espacios que en iluminar su inmanente hibridez. En términos metodológicos, la búsqueda de "instancias objetivas" para llevar adelante el estudio del campo en cuestión tiende a proponer como objetos de observación a las instituciones que lo conforman. Así, a partir de una utilización general de este concepto, puede delinearse un interesante mapa de los actores institucionales que conforman el campo (ver Palamidessi *et al.*, 2007), quedando ocultas las interrelaciones, las superposiciones y las conexiones entre los espacios estudiados.

3. Segundo paso: herramientas para abrir la caja negra

El esquema teórico aquí presentado combina conceptos de diversas disciplinas para acompañar un recorrido empírico que busca explorar las relaciones entre investigación y política en espacios híbridos, a través del análisis de situaciones cotidianas, localizadas geográfica y temporalmente. En línea con este objetivo, se adoptan miradas que proponen un análisis al "ras del suelo", que arrancan desde el terreno y desde las interacciones cotidianas; e intentan arriesgar interpretaciones más estructurales cuando estas pueden asociarse con lo observado en el terreno. De esta forma, son perspectivas que están atentas a la conexión entre las explicaciones más generales (estructurales) y los procesos concretos de interacción social, tratando de no saltar de un nivel al otro para facilitar la comprensión de fenómenos complejos y difíciles de aprehender. Proponen elementos para comprender el mundo social, dando cuenta de las propias limitaciones de esta comprensión (Latour, 2008). En este sentido, se trata de miradas que aunque muy centradas en la interacción cotidiana, no pierden de vista –pero tampoco fuerzan– la conexión entre los aspectos observables y las cuestiones más estructurales de la organización social.

3.1. Los procesos de construcción de conocimiento

En el marco de los estudios de la Sociología de la Ciencia, a comienzos de la década del ochenta, surgió una serie de trabajos innovadores que puso su foco en los procesos de construcción del conocimiento. Se rotularon bajo el nombre de "estudios de laboratorio" o "antropología de las prácticas científicas" (Olivier, 2003). Estas investigaciones se centraron en el análisis de la producción de saberes en disciplinas "duras", es decir, en la exploración de "hechos" científicos altamente sistematizados. Fueron los primeros en resaltar la importancia de abrir la "caja negra" de la producción del conocimiento para mostrar cómo se producen los contenidos y ponerlos así en relación con el contexto de producción (institucional, social, político, cultural) en el cual están insertos.

La idea de "abrir la caja negra" marcó este trabajo desde el comienzo. Tal como señala Kreimer (1999), Richard Whitley (1972) fue el primero en utilizar la metáfora del "blackboxism" (cajanegrismo) para describir la investigación sociológica que analiza la producción científica centrándose únicamente en sus productos corrientemente observables. Las perspectivas sociológicas tradicionales declaraban como tabú el estudio de los procesos internos, que se volvían invisibles. En contraste, el autor propuso pensar en la Sociología de la Ciencia como una "caja traslúcida", que permite analizar cómo se generan y evalúan los distintos grupos de ideas científicas. Así, cuestionó el supuesto de perfecta racionalidad de los procesos científicos para proponer la idea de una racionalidad imperfecta, que admitió el estudio de las relaciones entre la conducta de los científicos, las instituciones y los productos, resaltando la importancia de los procesos de producción de conocimiento.

Hay tres estudios clásicos dentro de esta nueva rama de la Sociología de la Ciencia que resultan de particular interés: el de Karin Knorr Cetina (2005), el de Bruno Latour y Steve Woolgar (1995) y, en menor medida, el de Michael Lynch (1985). Estos trabajos se centraron en los procesos de producción de conocimiento. A partir de una metodología "sensitiva" (Knorr Cetina, 2005) y de métodos de inspiración etnográfica, estos autores exploraron en profundidad las prácticas, los procedimientos, las negociaciones y las acciones concretas que se despliegan en los procesos de producción del conocimiento, y que a la vez los conforman. En este sentido, resaltaron el carácter fabricado de la producción de conocimientos científicos. Como señala Knorr Cetina, los productos científicos son entendidos como:

> Construcciones contextualmente específicas que llevan las marcas de la contingencia situacional y de la estructura de intereses del proceso por el cual son generales, y que no pueden comprenderse adecuadamente sin un análisis de su construcción. Esto significa que lo que ocurre en el proceso de construcción no es irrelevante para los productos que obtenemos. (Knorr Cetina, 2005: 61)

De estos autores interesa, entonces, el énfasis que ponen en la observación de los períodos de construcción del conocimiento. Asimismo, como se planteará en el próximo capítulo, sus trabajos son inspiradores para delinear un abordaje teórico-metodológico de los procesos de producción del conocimiento desde una mirada que resalta su carácter cotidiano, artesanal y socialmente construido. En línea con estos argumentos, consideramos aquí los procesos de producción de conocimiento demandados por el Ministerio de Educación Nacional un espacio privilegiado nunca antes explorado para analizar las relaciones entre la investigación y la política en Argentina. Sin embargo, en contraste con ellos, que centraron sus análisis en los laboratorios científicos y en la producción de conocimiento científico, los saberes que aquí interesan están directamente vinculados al Estado y a las políticas públicas. Es por ello que fue fundamental articular esta perspectiva con conceptos asociados al análisis del Estado (y su funcionamiento), así como el análisis del desarrollo de las políticas públicas.

3.2. Conceptualización del Estado: hacia un estado plural

Aunque a veces no se explicitan –especialmente en los trabajos de corte prescriptivo– los modelos para analizar las relaciones entre la investigación y la política pública conllevan una conceptualización particular del Estado y de las políticas. Para abordar el análisis de los procesos de producción de conocimiento es necesario alejarse de una concepción monolítica del Estado, típicamente asociada al enfoque de la Administración Pública. También es importante distanciarse de las miradas que priorizan el análisis estatal formal (legal-normativo) así como de aquellas visiones que ponen el énfasis en las decisiones tomadas por las cúpulas del aparato estatal, los policy-makers. Utilizando las expresiones acuñadas por Soprano (2007) y Bohoslavsky y Soprano (2010) para dar cuenta de una aproximación alternativa, se propone aquí una mirada del Estado "plural" y con "rostro humano".

Las aproximaciones más tradicionales y frecuentes para analizar el funcionamiento del Estado lo interpretan como él mismo se presenta: impersonal, normativo, burocrático. En consecuencia, las cuestiones que se alejan de esta concepción son percibidas como anormales, corruptas o desviadas. Alejarse de estas visiones habilitaría nuevas preguntas sobre el funcionamiento concreto de las prácticas estatales. De esta forma, como señalan Bohoslavsky y Soprano, las Ciencias Sociales podrían beneficiarse de una variación en su enfoque:

> [El enfoque de la Administración Pública] tiende a percibir (y prescribir) normativamente al Estado tal como este se autopresenta: autónomo con respecto a las fuerzas y grupos sociales nacionales e internacionales, auto centrado, regulado según normas impersonales, burocráticas y permanentes; en tanto que las situaciones que violentan las orientaciones de tales "percepciones" suelen ser consideradas como desvíos, anormalidades, formas aberrantes o corruptas de la actividad estatal. No parece tener sentido comprenderlos apriorísticamente como la encarnación de una modernidad racional y normativa, tal como suelen percibirlas los actores contemporáneos y algunas perspectivas teóricas y políticas fuertemente prescriptivas. (Bohoslavsky y Soprano, 2010: 26-27)

Partiendo de esa contraposición, los autores proponen "ideas operativas" para estudiar al Estado. La primera idea consiste en no personalizarlo: dejar de considerarlo como un actor unívoco y auto-consiente, comparable a la identidad de una persona. Sugieren, en cambio, "tomar al Estado como un espacio polifónico en el que se relacionan y expresan grupos", dando lugar a una agenda de investigación que da cuenta de "la constante modificación de los equilibrios, de la alternación de fuerzas y de los permanentes reacomodamientos producidos en el interior del Estado y en la interlocución de los actores y agencias estatales con otros actores y esferas no estatales" (23). Aunque en primera instancia parezca contradictorio, la segunda idea es personalizar al Estado: en este punto los autores se refieren a la importancia de combinar el análisis de las normas que lo configuran y determinan con el estudio de las personas que participan de la acción estatal (tanto dentro de la función pública como por fuera de ella). Respecto del último aspecto, señalan que se debe "imaginar el Estado centrándonos en las diferentes identidades y experiencias de quienes se desempeñan en él, desplazar el foco de análisis de la 'organización' estatal como una entidad única, trascendente y homogénea" (25), lo que permite analizar quiénes son el Estado en determinado tiempo y lugar.

En cuanto a su funcionamiento, enuncian dos aspectos clave. El primero, intenta superar las visiones marxistas y funcionalistas para postular que el Estado debe entenderse como el resultado de múltiples presiones. Si bien está claro que el Estado es una configuración social donde se objetivan cuestiones asociadas a las disputas entre clases sociales, estos autores remarcan la importancia de ampliar esta mirada para poder identificar otras tensiones que se expresan en su accionar y que no se limitan a la estructura social clasista. Intervienen también otras lógicas sociales como las profesionales, las corporativas, las regionales, las internacionales, las de género, las partidarias (y sub-partidarias), las étnicas y las amistosas, entre otras. Por otro parte, en relación con los límites del Estado, los autores plantean la permanente interconexión entre el Estado y otras esferas (no estatales, privados y otros ámbitos estatales, desde niveles de gobierno municipales hasta intergubernamentales e internacionales). "Estas interacciones", explican, "brindan a la política pública algunos elementos simbólicos y materiales que intervienen en su definición, y simultáneamente condicionan, facilitan u obstaculizan su ejecución" (26). En este sentido, es tan importante ver qué sucede dentro del Estado como fuera de él, "asumiendo incluso que lo que a priori no sería definido como propiamente estatal es un resultado históricamente dado, que a menudo adquiere formas socialmente difusas" (26)[22]. Refiriéndose al enfoque y a los métodos necesarios para alcanzar una comprensión de este tipo, los autores señalan la necesidad de valerse de estudios microsociológicos "de las trayectorias y experiencias de individuos y grupos, nominalizándolos, observando sus rutinas laborales, los procesos cotidianos de la toma de decisiones, las alianzas y rivalidades establecidas en torno de afinidades y conflictos personalizados, así como las pautas informales activas en los sistemas de reclutamiento y de exclusión de las instituciones estatales" (25). A su vez, enfatizan la necesidad de inscribir los estudios en cierta localización estatal como el ámbito de incumbencia (nacional, provincial o municipal); el área de política (Educación, Salud, Seguridad, etc.); posición en los escalafones de la administración pública (tipo de contratación y escala salarial, perfil y niveles de formación profesional y académica); trayectorias en la función pública; y diferentes formas y niveles de interlocución que mantienen con actores inscriptos y activos en otras esferas sociales.

3.3. El Estado en movimiento: la noción de acción pública

Alineada con la conceptualización del Estado "con rostro humano", resultó de interés también la noción de "acción pública", que permite distanciarse de los estudios sobre políticas públicas provenientes de la Administración Pública. Detrás de estas nociones hay una conceptualización

---

[22] La importancia de la definición de los márgenes del Estado fue analizada también desde las miradas antropológicas del Estado. Los textos de Veena Das y Deborah Poole (2008) así como el de Talad Asad (2008) abordan esta problemática.

que establece relaciones relativamente directas y lineales entre lo que entra (el input), el proceso y el resultado (el output). A su vez, se trata de una perspectiva en la que prevalece el momento en el que se toman decisiones, asignándole además un papel fundamental a los "tomadores de decisión" y a las normas burocrático-administrativas que se desprenden de esas decisiones. En este sentido, volviendo al funcionamiento del Estado, se considera que desde estos enfoques aparece sobre-representado el rol de los hacedores de políticas (policy-makers) y de las acciones deliberativas. Así, muchas de las escenas que constituyen la política pública y que no responden a acciones concretas de tomadores de decisión –sino justamente a la inacción de funcionarios políticos y otros actores– quedan ensombrecidas y apenas exploradas.

Un grupo de autores franceses y belgas acuñaron el término de "acción pública" (Delvaux y Mangez, 2007; 2008; Lascoumes y Le Galès, 2007; Comaille, 2004) para plantear algunas diferencias en la aproximación al estudio del Estado desde una mirada constructivista. El concepto de "acción pública" se aleja del modelo del ciclo de las políticas o "por etapas" que las analiza como una sucesión de momentos más o menos lineales que incluyen: i) la definición del problema, ii) la identificación de soluciones alternativas, iii) la evaluación de opciones, iv) la selección de opciones, v) la implementación y, por último, vi) su evaluación. Las críticas a este modelo fueron señaladas por varios autores. Entre otras cuestiones, se ha resaltado la dificultad de someter el modelo a pruebas empíricas; la caracterización de la formulación de las políticas como un proceso que se da de "arriba hacia abajo" sin tomar en cuenta otros actores; la imposibilidad de captar los variados niveles de gobierno y ciclos de interacción en los proceso reales de formulación de políticas y, por último –lo que interesa especialmente aquí–, no permite el análisis del conocimiento, la información e investigación que se usa en el proceso de las políticas públicas, más allá de la etapa de evaluación (Sabatier y Jenkins-Smith, 1993, en Parsons, 1995). En contraste con esta mirada, Delvaux y Mangez señalan que:

> La acción pública es formulada desde escenas múltiples interrelacionadas (aunque sólo parcialmente dependientes). Esta característica dificulta el control de su curso de acción, incluso cuando este es iniciado por los actores más poderosos. En este sentido, estamos frente a asuntos públicos (sucesivos y/o simultáneos) que manifiestan contenidos en escenas deliberativas y no deliberativas. (Delvaux y Mangez, 2008: 4, traducción propia)

El concepto de escena es clave en esta perspectiva. Al igual que nociones como arena, nivel o foros, este concepto se utiliza para designar las esferas interdependientes e interconectadas en las cuales se desarrolla la acción pública. Empero, en contraposición con la noción de nivel (que se asocia con escalas y controles jerárquicos y con una implementación de arriba hacia abajo); de arenas (que evoca la lucha y la competencia); y de foro (que se vincula con la discusión argumentativa verbal), la noción de escena es maleable y admite diferentes acciones en su interior. Asimismo, trasciende la noción de foro en el sentido de que conduce a pensar en acciones tanto deliberativas como no deliberativas, con un grupo de actores o con uno solo. Como señalan los autores, al pensar en una escena lo primero que se imagina son las escenas teatrales, con su público y el tras bambalinas. Sin embargo, la palabra también sirve para designar espacios que están menos limitados (escena urbana) o menos públicos (escena doméstica) o que acontecen en espacios menos definidos y no deliberativos (2008: 12-13). En una escena se pueden representar tragedias, comedias, óperas o conciertos. Por último, una escena siempre tiene un público, que no debe ser entendido como simple y pasivo, sino como un conjunto de espectadores que pueden interactuar con los actores. La imagen de la acción pública como superposición –más o menos sucesiva– de escenas es potente, ya que considera los vínculos entre esferas cuando la acción está ocurriendo. En efecto, con frecuencia los espectadores de una escena pueden ser actores en otra. En esta línea los autores afirman:

> Un asunto público no deja una escena para pasar a otra. Más bien, avanza simultáneamente en varios frentes, es decir, hacia múltiples escenas que responden unas a otras pero sin interrumpir su particular curso de acción y en un sentido en que la acción de uno no puede ser nunca interpretada como el simple resultado de la acción de otro. (Delvaux y Mangez, 2008: 17, traducción propia)

La analogía entre la interrelación de escenas y un concierto de una banda de jazz, que Delvaux y Mangez toman de Steve Sturdy (2008), es muy elocuente y se retomará aquí. Como en una banda libre de jazz, en la acción pública no hay un líder. Ninguno de los músicos sabe cómo los demás van a tocar ni a reaccionar frente a la música de los otros. Necesitan adaptarse tanto a cada uno de los músicos como a lo que se produce colectivamente. Por momentos, hay un músico que domina, dando las directivas generales a la improvisación. Pero su continuidad como líder no está asegurada. A su vez, nadie puede estar seguro de cómo va a terminar la pieza. En palabras de los autores:

> Al igual que sucede en una pieza musical de jazz, las escenas se adaptan unas a otras sin interrumpir su propia acción, y sin que una acción pueda verse como simple resultado de otra iniciativa.

En este sentido, la acción pública es fragmentada, flexible y su curso de acción imprevisible. (Delvaux y Mangez, 2008: 4, traducción propia)

La noción de "acción pública" hace énfasis en ciertos rasgos de la política púbica. En primer lugar, realza la multiplicidad de actores que pueden conducirla, resistiéndose a la idea de liderazgo de un poder gubernamental unificado, tan común en otras perspectivas. A través de esa premisa, tiene en cuenta los efectos de los procesos de globalización y de descentralización, contemplando la participación de actores locales, regionales e internacionales. Admite también la participación de actores que no son públicos así como de diversos actores dentro del Estado. Por ende, el Estado es entendido como un participante más en la co-construcción de la acción pública, pero no el único. Al igual que los enfoques que se describieron en el apartado anterior, desde esta perspectiva, el Estado se deja de percibir como un ente monolítico, homogéneo o actor todopoderoso para pasar a pensarse, en cambio, como un espacio influenciado por un conjunto de variadas y complejas organizaciones, diversas instituciones y mecanismos con lógicas contradictorias.

El segundo punto se refiere al reemplazo de la idea de relación jerárquica por la de interdependencia. Se abandonan las conceptualizaciones que dan especial importancia a la organización formal del poder burocrático estatal para proponer un enfoque multipolar y poliárquico, que no se da necesariamente de arriba hacia abajo. Si bien se acepta que hay espacios y actores con más influencia que otros, se acentúan las interdependencias entre actores y escenas antes que sus relaciones jerárquicas y de subordinación[23]. Estos dos puntos se vinculan directamente con otras dos ideas: la relativización de los procesos de implementación de políticas y la ausencia de linealidad de los procesos (non-linearity). Respecto del primer punto, se entiende la política desde una visión más amplia que la derivada del análisis de la aplicación de leyes/regulaciones por parte de una autoridad. Aunque las autoridades gubernamentales asumen en general un rol central, no puede soslayarse la intervención de otros actores –con principios y prioridades propios– que se comportan con cierta autonomía y cuya intervención podría modificar el curso de la acción. En relación con el segundo punto, las complejas interdependencias entre escenas y actores promueven un proceso de co-construcción de la acción pública que pierde linealidad. Ya no puede pensarse a la política pública como una secuencia lineal donde un actor poderoso define la agenda y crea la normativa que otros actores aplican.

Siguiendo estos principios, en palabras de Comaille (2004), tal como lo citan Delvaux y Mangez, la acción pública es:

> El resultado del entrelazamiento de las estrategias de los actores y de sistemas de acción guiados por un esquema de regulaciones negociadas, y tiende a obedecer al principio de horizontalidad o circularidad antes que a la linealidad y jerarquía. (2010: 417, traducción propia)

---

[23] Esta perspectiva aparece en los estudios de Ball sobre el funcionamiento de las políticas educativas y la organización de las ideas que las moldean. Ver, por ejemplo, Ball (2002, 2008) y Ball y Exley (2010).

En suma, la acción pública es de naturaleza flexible, fragmentada e incierta. Dada la multiplicidad y variedad de actores que participan en su desarrollo, la circularidad de los procesos (que no son lineales) y la organización de la horizontalidad (no jerárquica), esta noción desafía la verticalidad de la acción para proponer una mirada que admite contradicciones y ambigüedades. Propone así un análisis multifacético y complejo de los procesos de política pública en el interior del Estado.

4. Conclusiones

Las aproximaciones teóricas presentadas en la primera parte abrieron la posibilidad de analizar los vínculos entre la investigación social y la política trascendiendo la mirada lineal y racional propia de las Ciencias Duras que caracterizó estas discusiones hasta los años setenta. Desde diferentes enfoques, estas aproximaciones dieron un paso hacia un análisis de mayor complejidad de las relaciones entre las Ciencias Sociales y las prácticas políticas.

Las primeras tres perspectivas analizadas (utilización del conocimiento, tesis de las dos culturas y actores intermedios) se ubican entre los abordajes que se denominaron normativos y prescriptivos. Todas parten del supuesto de que los vínculos entre la investigación y la política son débiles, y de que su fortalecimiento es deseable para mejorar la efectividad de las políticas públicas. Sobre la base de esta apreciación, exponen un análisis que de forma simultánea describe, explica y –en mayor o menor medida– prescribe futuras líneas de acción. Intentan dar cuenta de cómo se plantean las relaciones entre las dos esferas para luego sugerir y recomendar direcciones para que estos vínculos sean más fuertes y fluidos. Detrás de los conceptos utilizados, está siempre presente la idea de que con la atención y los recursos necesarios, los vínculos entre estas dos esferas pueden intensificarse. De esta forma, se mejorarían las decisiones políticas, teniendo efectos directos sobre la eficiencia y la eficacia de los procesos de políticas públicas.

Asimismo, estas aproximaciones tienden a diferenciar de forma tajante el ámbito de la política y el de la investigación. Conciben el mundo de la política y el de la investigación como dos espacios específicos, independientes, relativamente autónomos y de fronteras precisas. La diferenciación entre estos dos espacios se sostiene sobre concepciones relativamente abstractas y esquemáticas de la "política" y de la "investigación". Son entendidos como principios trascendentales, independientes del tiempo y del espacio, como nociones que carecen de marcos histórico-temporales, geográficos o políticos que los contextualicen. Esto se revela con suma claridad en los estudios sobre la utilización de conocimiento y la tesis de las dos culturas. Aunque el análisis de los actores intermedios propone una mirada más centrada en los actores híbridos y en los espacios de yuxtaposición, lo cierto es que esta concepción también mantiene la distancia entre los dos ámbitos. Al ubicar a estos individuos como mediadores entre dos esferas, antes que como partícipes y productores de un espacio social complejo, se fortalece esa diferenciación.

En líneas generales, esos trabajos no incorporan el estudio de las diferentes formas que puede asumir la práctica política, ni cómo las estructuras y prácticas político-estatales funcionan en contextos particulares, moldeando las relaciones entre la investigación y la política. En cuanto al conocimiento, en esas visiones, los procesos de producción de conocimiento quedan invisibilizados, y los saberes se presentan como cajas negras ya cerradas. En relación con la política, como ya fue señalado, priorizan la linealidad de los procesos y las decisiones deliberativas de los altos funcionarios.

Algunas de estas cuestiones fueron superadas en los trabajos que avanzan sobre el estudio de las relaciones entre la investigación educativa y la política basándose en la noción bourdiana de campo social y los trabajos realizados desde esta perspectiva permiten un acercamiento histórico y crítico al problema. Son estudios que brindan un excelente marco para contextualizar esta investigación en términos temporales y espaciales, superando la mirada abstracta y prototípica de los otros tres enfoques analizados. En efecto, el recorrido por los antecedentes de la investigación presentado en la introducción general muestra el avance hacia una mayor comprensión del desarrollo histórico y de la morfología de las agencias productoras de conocimiento del campo educativo que propusieron estos trabajos. Sin embargo, poco han indagado sobre las prácticas y los procesos concretos a través de los cuales estas organizaciones y los individuos construyen el conocimiento educativo y cómo, en el propio proceso de construcción, delinean las relaciones con el ámbito de la política.

Proponemos aquí un giro en el modo de indagar las relaciones entre la investigación y la política. En lugar de partir de modelos y categorías abstractas para analizar la situación en nuestro país, decidimos ubicarnos en situaciones concretas y cotidianas. Explorando las prácticas de los actores en escenarios donde se despliegan diversas lógicas y determinaciones, se propuso una perspectiva comprensiva y atenta a dilucidar qué tipo de asociaciones aparecen en este espacio social particular. Interpretadas desde aproximaciones prescriptivas, resulta difícil comprender el sentido de esta producción. En contraste, se considera que para empezar a entender quién, dónde y cómo se desarrollan esos conocimientos es fundamental contar con otras herramientas teóricas que eviten, como señala Soprano, "establecer a priori fronteras y compartimentos estancos entre universos de relaciones e identidades" (2010: 19). Los procesos de producción de conocimiento, entendidos como las prácticas y las negociaciones sociales que se despliegan en el desarrollo de nuevos saberes, funcionan como una excelente vía de acceso para el análisis de las relaciones entre investigación y política desde situaciones cotidianas y concretas. Gracias al hecho de que partimos de la exploración de estos procesos hemos podido identificar a los actores que participan, sus roles y sus mecanismos particulares. El análisis de las cajas negras consolidadas se reemplaza por el de las prácticas cuando aún están en marcha.

El interés por el conocimiento educativo demandado desde el Estado, en particular desde el Ministerio de Educación, hizo necesaria también la introducción de conceptos teóricos para analizar el rol del Estado y de las políticas públicas. Los conceptos que surgen del estudio del estado como plural y con rostro humano y la noción de acción pública cubren esta necesidad. Pues brindan herramientas que permiten hacer el recorrido por los procesos de producción de conocimiento sin resaltar permanentemente las distancias entre lo observable y lo deseable, y sin enfatizar las desviaciones y las anormalidades del proceso por sobre su productividad, es decir, lo que efectivamente permite. La articulación de estas aproximaciones teóricas y los conceptos que se desprenden de ellas permite analizar entramados sociales para dar cuenta de sus sentidos, más allá de que muchas veces, en una primera instancia, no parezcan lógicos ni racionales.

2

Marco metodológico

1. Presentación

Esta investigación tuvo una doble inspiración. Por un lado, se vio influenciada por los estudios que, orientados a la Educación y desde una mirada macro social, se interesaron por el campo de la producción de conocimientos educativos (Palamidessi *et al.*, 2007; Gorostiaga *et al.*, 2012; Gorostiaga *et al.*, en prensa). Por el otro, encontró un fuerte estímulo en los trabajos etnográficos, tanto acerca de la producción de conocimiento científico (Latour, 1992; Knorr Cetina, 2005) como del accionar estatal (Neiburg y Plotkin, 2004; Bohoslavsky y Soprano, 2010; Delvaux, 2007; Morresi y Vommaro, 2011). Mientras una primera etapa de trabajo estuvo más influida por los antecedentes más directos al tema y por la línea de análisis en la que se enmarca, la segunda estuvo atravesada por un esfuerzo por armonizar esos intereses generales con una aproximación teórica que complejizara nuestro problema de investigación, así como muchos de los supuestos acerca de su funcionamiento.

El balance entre estas dos fuentes de inspiración varió a lo largo de la investigación. Las dos miradas se desafiaron, se enfrentaron y se combinaron. Finalmente, se congregaron a partir de la construcción de una nueva aproximación, que cambió la definición del objeto de estudio, su abordaje y, también, al propio investigador. Aunque las decisiones metodológicas reflejan vaivenes retrospectivos entre los puntos de partida y el trabajo final, se optó por un enfoque metodológico que combina dos dimensiones para abordar el problema de investigación. Este enfoque se evidencia también en la escritura y en la organización de esta obra. En efecto, la existencia de dos capítulos de resultados, uno orientado al análisis general de las trayectorias de los proyectos y otro a la exploración de un caso de estudio particular, refleja, en gran medida, la necesidad de incorporar dos dimensiones complementarias para abordar el análisis de estos procesos.

El ensayo de respuestas a las inquietudes de partida habilitó un camino metodológico que no tuvo linealidad o predeterminación. El itinerario fue fluido y flexible, y tuvo momentos de confusión y de incertidumbre (Mendizábal, 2007). A medida que se tomaba distancia de las categorizaciones más comunes para abordar la temática, aparecían disyuntivas sobre las que era necesario reflexionar para sostener las decisiones ya tomadas o para imaginar nuevas opciones y recorridos. El marco teórico adoptado –tanto en relación con la construcción de conocimiento como con el estudio del Estado y las políticas– nos impulsó a tomar un rumbo metodológico que, por momentos, resultó imprevisible y habilitó la aparición de nuevas preguntas. De este recorrido quisimos dar cuenta en las páginas siguientes.

2. El diseño de la investigación

Al referirse a las formas de abordar el estudio de lo social, Latour indica dos opciones:

Seguimos a los teóricos sociales y comenzamos nuestro viaje definiendo al principio en qué tipo de grupo y nivel analítico nos concentramos o seguimos los caminos propios de los actores e iniciamos nuestro viaje siguiendo los rastros que deja la actividad de formar y desmantelar grupos. (Latour, 2008: 49)

Esta cita condensa nuestro recorrido metodológico. Siguiendo a los teóricos sociales, durante los primeros años del trabajo se intentó abordar el tema de interés definiendo de antemano el espacio social a estudiar y su funcionamiento: las instituciones, el perfil de los actores entrevistados y el tipo de producción. Sin embargo, bastaron unas pocas entrevistas y observaciones para descubrir que el ámbito social estudiado era diferente al imaginado, y que por eso necesitaba de un abordaje alternativo.

Las delimitaciones a priori sobre qué instituciones tomar, qué tipo de investigaciones y qué actores entrevistar resultaban artificiales y forzadas. En cuanto al recorte institucional, se percibió que la mayor parte de los proyectos de investigación orientados a la política se desarrollan en entramados sociales de los cuales participa más de una institución (organismos estatales, think tanks, fundaciones privadas, organismos internacionales). De esta forma, resultaba forzado en una primera instancia exploratoria partir de un corte institucional que incluyera tan sólo algunas organizaciones. A su vez, las fronteras institucionales perdían definición frente al tipo de contratación (acuerdos temporarios e inestables) y frente al pluriempleo que caracteriza a varios de los actores. En el extremo de esta dificultad de catalogación, estaban los investigadores que, aun siendo empleados estables de una institución, participaban en estudios a través de la figura de consultores independientes. Esto complicaba también la categorización a priori del perfil de los entrevistados. Definirlos como burócratas, como técnicos, como investigadores, como analistas simbólicos, como intelectuales o como expertos resultaba impreciso pues esas categorías coincidían solo parcialmente con personajes que se caracterizan, justamente, por su yuxtaposición identitaria y por la superposición institucional[24]. Por último, un recorte sostenido en la definición del tipo de conocimiento (diagnósticos de políticas, estudios de los efectos, evaluaciones, etc.) también se mostraba ineficaz. En ese caso, la propia definición del tipo de producción estaba en permanente disputa y negociación.

En otras palabras, con el objetivo de comprender el funcionamiento de los procesos de producción de conocimiento demandado por el Estado, se comenzó la indagación priorizando el análisis de los marcos institucionales y/o profesionales[25]. Pronto apareció la necesidad de trascender esos marcos para prestar mayor atención al sentido que los propios actores otorgan a su quehacer cotidiano, "supuestamente normado" por estos procesos

---

[24] Como se verá a lo largo del capítulo, los entrevistados desplegaban trayectorias profesionales de acuerdo con el momento en que eran entrevistados o en relación con el proyecto de investigación específico del que estaban hablando. Esto obligaba a una recategorización permanente. Muchos de ellos habían sido demandantes y productores, habían estado en organismos estatales y no estatales, habían participado de los procesos desde posiciones de mucha influencia o desde sitios subalternos. Uno de ellos sintetizó esta situación explicando que "había estado de los dos lados del mostrador". Eran o habían sido técnicos, analistas, investigadores y burócratas. Eran difíciles de encorsetar.

[25] Esta primera aproximación quedó plasmada en dos documentos vinculados con la investigación. Por un lado, en el proyecto de investigación, titulado "Education research and policy-making in Argentina: a policy-sociology approach to the links between educational research and Education policy decisions", elaborado durante el primer año de estudios doctorales en la Universidad de Londres (Institute of Education) bajo la supervisión del Dr. Stephen Ball. Por otro lado, en el Proyecto de Tesis, titulado "Investigación y política educativa en Argentina: la construcción de conocimiento experto: lógicas institucionales, trayectorias personales y posicionamientos político-intelectuales" defendido en noviembre del 2007 frente a un tribunal conformado por la Dra. Mariana Heredia y el Dr. Pablo Kreimer. Sus comentarios fueron clave para la redefinición de la problemática y de la estrategia teórico-metodológica.

institucionalizados. Lo institucional se exhibía frágil a la hora de descubrir el significado que esos procesos tienen para los actores que participan de ellos y que, al mismo tiempo, los construyen. La institucionalidad parecía funcionar como un velo que revelaba y escondía a la vez: revelaba los propósitos más explícitos, pero, al mismo tiempo, ocultaba los sentidos propios que los actores (o grupos de actores) atribuían a sus prácticas, influenciadas a su vez por diversas referencias institucionales (burocráticas, académicas, técnicas, etc.).

La aproximación propuesta pretende contemplar lo institucional pero cuestionándolo, complejizándolo y trascendiéndolo por lo que las miradas antropológicas y las perspectivas etnográficas resultan muy valiosas. Como señala Guber:

... los antropólogos se entrenan en revelar normas y prácticas consuetudinarias, más que códigos explícitos y formalizados. Esto ha dado lugar a una particular destreza para detectar las pautas informales de la práctica social, ya sea lo que todos saben como parte del sentido común, sea aquello que, asimilado a la práctica, no se considera digno de ser registrado, sea el conjunto de prácticas y nociones que se alejan –por costumbre y/o contravención– de las normas establecidas. (Guber, 2004: 69)

Desde un enfoque holístico, se busca establecer la vida real de la cultura, que incluye lo informal, lo intersticial, lo no documentado, y sus particulares vínculos con lo establecido y lo formalizado.

Para trascender los marcos institucionales –en sus diversos formatos– es necesario partir de la perspectiva del actor y orientarse hacia la apertura de los sentidos de las acciones. En concordancia con las propuestas de investigación cualitativa, eso significa analizar los procesos de producción de conocimiento subrayando el papel del actor como agente y haciendo hincapié en el peso de sus actividades para la construcción y para el desarrollo de la realidad en la que intervienen. En este sentido, la vida social debe analizarse partiendo de lo que hacen los actores antes que de esquemas culturales/institucionales generales. En palabras de Long:

> ... un enfoque orientado al actor empieza con la simple idea de que en las mismas o similares circunstancias estructurales se desarrollan formas sociales diferentes. Tales diferencias reflejan variaciones en las maneras en las que los actores intentan encarar lidiar con las situaciones. (*apud* Menéndez, 2010: 354)

Ahora bien, si se comparte la idea de que los sujetos no pueden ser entendidos como simples cumplidores de normas preestablecidas y se subraya su activo papel en la interpretación, en la modificación y en la creación de normas, también hay que tener en cuenta que hay determinados mecanismos más generales –procesos que van más allá de cada sujeto o microgrupos– que deben ser considerados en el análisis. En este punto, siguiendo a Menéndez, se puede afirmar que "no somos cada uno de nosotros los que decidimos actuar respecto de hechos generados por cada uno de nosotros, sino que cada uno de nosotros actuamos/reaccionamos frente a hechos que se nos imponen" (2010: 360). El diseño propuesto aborda esta doble relación entre sujeto y estructura y busca comprender los entramados sociales y las lógicas de producción de una determinada forma de conocimiento, partiendo de la perspectiva de los actores pero sin dejar de contemplar las cuestiones sociales más generales que moldean sus acciones.

3. El objeto de estudio y las unidades de observación

En concordancia con la perspectiva relacional y situada señalada en la introducción general, los procesos de producción de conocimiento son la vía de acceso o el objeto de estudio que permite dar cuenta del entramado social analizado.

Tal como se profundizó en el capítulo teórico, los procesos de producción de conocimiento fueron utilizados desde la Sociología de la Ciencia por analistas interesados en abrir la "caja negra" que suponía la construcción de hechos científicos en los laboratorios (Lynch, 1985; Latour, 1992; Latour y Woolgar, 1995; Knorr Cetina, 2005). Estos autores fueron pioneros a la hora de explorar qué ocurría dentro de los laboratorios, de los que en general se conocía solamente lo que entraba (recursos) y lo que salía (publicaciones), pero no lo que había adentro. Esta línea de trabajos se interesó por la ciencia "mientras se hace", y no por la ciencia hecha y, en este sentido, resaltaron el carácter fabricado de la producción científica. Como señala Knorr Cetina, desde estas perspectivas, los productos científicos son entendidos como:

> Construcciones contextualmente específicas que llevan las marcas de la contingencia situacional y de la estructura de intereses del proceso por el cual son generales, y que no pueden comprenderse adecuadamente sin un análisis de su construcción. Esto significa que lo que ocurre en el proceso de construcción no es irrelevante para los productos que obtenemos. (Knorr Cetina, 2005: 61)

Desde esta mirada, explorar los procesos de producción de conocimiento implica analizar las prácticas siguiendo a los individuos, a las instituciones y a los productos implicados, para evitar así el etiquetamiento anticipado de las cuestiones que los investigadores creen apriorísticamente relevantes (Latour, 2008). De esta forma, se dejan en suspenso las categorizaciones para explorar, en cambio, los procesos de producción cotidianos y concretos. La imagen de una caja negra utilizada por estos autores resulta poderosa para pensar los procesos de producción de conocimiento demandado desde el Estado, un espacio que, como se verá, también se presenta como oscuro ante los ojos del observador. En este caso particular, además, muchos de los productos nunca salen a la luz, lo que vuelve más relevante la dimensión de la fabricación, incluso para comprender el porqué de su posterior "encajonamiento" o su escasa circulación.

Dado el interés del trabajo por el vínculo entre conocimiento y política educativa, se decidió orientar la indagación hacia los procesos de producción que tienen una relación directa con el organismo estatal responsable de la planificación y de la implementación de políticas educativas a nivel central: el Ministerio de Educación Nacional. Esta entrada asegura la posibilidad de observar la producción de "saberes del Estado" y este recorte permite el acercamiento al estudio del funcionamiento cotidiano del accionar estatal, aunque trasciende la cartera educativa y permite analizar, antes bien, los entramados institucionales que si bien parten del Ministerio (como demandante) incluyen variadas instituciones en sus procesos de producción[26].

---

[26] Si bien, como se argumentó en el capítulo teórico, las transformaciones recientes en la naturaleza del Estado condujeron a la emergencia de nuevas modalidades de producción de políticas, basadas en la participación de múltiples agencias y de diversos sitios de generación (Ball y Exley 2010), se considera que el Estado aún mantiene su papel como centro de gobernabilidad. Aunque dejó de ser la única fuente de actividad estatal, no puede negarse que sigue siendo la "usina fundamental de gobernabilidad" (de Marinis, 2009: 84) o un "*nodal point*" de las prácticas de gobierno (Garland *apud* de Marinis, 2009).

Para abordar los procesos de producción de conocimiento decidimos utilizar como unidades de observación los proyectos de investigación demandados por la "Secretaría de Educación" del Ministerio de Educación entre 1999 y 2009[27]. El seguimiento de estos proyectos habilitó, en la práctica, una entrada al campo abierta y flexible y fue definiendo y conformando el recorrido de la investigación: las locaciones, los escenarios y los sujetos relevantes. Así, el itinerario se definió sobre la marcha, en función de las asociaciones que indicaron las diversas fuentes utilizadas para seguir estos proyectos, y a los actores asociados a ellos.

Al tratarse de un estudio exploratorio acerca de la producción de saberes que han sido escasamente estudiados, se dispuso reunir estas producciones desde un concepto inclusivo y general, el de "producción de conocimiento",

---

[27] Una aclaración acerca del Ministerio de Educación Nacional. A grandes rasgos se puede decir que, entre 1999 y 2009, la estructura del ME ha estado dividida en dos ámbitos, bastante independientes entre sí, al punto que algunos entrevistados los describieron como "dos ministerios diferentes". Por un lado, está el ámbito dedicado a las políticas universitarias y, por el otro, el que se ocupa de las acciones orientadas a la Educación básica (Educación común y superior no-universitaria). En esta investigación se han excluido los estudios realizados desde el primer espacio, el de la "Subsecretaría de Políticas Universitarias", para centrarse únicamente en las producciones que se desarrollaron desde la "Secretaría de Educación" y en algunos organismos que de allí dependen, como el Instituto Nacional de Formación Docente, creado en 2006. De esta forma, los proyectos relevados y analizados dejan afuera a dos grupos de trabajos orientados a la política y que se desarrollan desde el ME. En primer lugar, se excluyeron todas las producciones que, desde el ME, analizan las políticas y el funcionamiento de las universidades de nuestro país y que se desarrollan, en general, desde la Subsecretaría de Políticas Universitarias. Por otra parte, quedaron marginados los estudios que se financiaron a partir de programas enmarcados en las políticas de Ciencia y Técnica nacionales, gestionadas desde el Ministerio de Educación hasta el año 2007, que pasaron a depender del Ministerio de Ciencia, Tecnología e Innovación Productiva, creado ese mismo año como un desprendimiento del Ministerio de Educación. En efecto, este segundo grupo de investigaciones se considera parte de la red de producción académica antes que de la red de producción orientada a la política, que es la que aquí interesa indagar (ver Capítulo 3, donde se explica esta distinción).

antes que desde una definición más precisa y particular[28]. Partir de la utilización de conceptos con significados más puntuales –como, por ejemplo, "diagnóstico", "evaluación", "línea de base" o "monitoreo"– hubiera implicado recortar el relevamiento de las producciones sobre la base de una clasificación y de un criterio de inclusión construido previamente por el investigador[29], cuando el interés de este trabajo reside, precisamente, en sumar al análisis aquellas producciones que los propios actores entienden y definen como estrechamente ligadas con la gestión de las políticas educativas.

Si esta unidad de observación admitió la construcción de un trabajo de campo abierto y flexible, y una estrategia metodológica de "ida y vuelta" entre teoría y análisis empírico, presentó también algunos desafíos. El primero radica en la propia delimitación de qué implica, en los hechos, un "proyecto de investigación". Mientras que en algunos casos los proyectos se corresponden con fuentes de financiamiento, en otros se presentan como unidades temáticas. A su vez, hay proyectos que reflejan la trayectoria del trabajo de un espacio institucional o de un grupo de investigadores, asociada o no a determinados contenidos temáticos o a una fuente particular de financiamiento. Además, algunos proyectos se vinculan a un solo producto, mientras que otros involucran muchas producciones. Como tantas otras

---

[28] En efecto, a lo largo de este texto se utilizará la expresión "producción de conocimiento" de forma intercambiable con "estudios", "trabajos" e "investigaciones", conceptos que también dejan un amplio margen para la incorporación de diferentes tipos de productos.

[29] A diferencia de otros conjuntos de producciones que se encuentran previamente relevadas y categorizadas en bases de datos, las producciones desarrolladas por el Ministerio de Educación no están compiladas en este tipo de fuentes de información. Para ejemplos de compilaciones de estudios, ver, por ejemplo, el trabajo de Maceira y Peralta Alcat (2008) para la producción en Salud en Argentina o el trabajo de Corvalán y Ruffinelli (2007) para la producción de investigaciones educativas en Chile.

cuestiones dentro de este entramado social, las fronteras de los proyectos tampoco son precisas. Además, las investigaciones demandadas por el Ministerio de Educación no son estables e invariables. Todo lo contrario, se trata de unidades de análisis difíciles de aprehender. Por momentos, se escapan como arena entre los dedos a medida que se transforman, redefinen, desdoblan o desaparecen. Este enredo se resolvió, una vez más y siempre que fuera posible, utilizando la propia definición de los actores en relación con la delimitación de las investigaciones.

El segundo desafío se relacionó con el acceso a la información. Por un lado, a las dificultades asociadas a la confidencialidad (más o menos explícita y normada, dependiendo del proyecto) que caracteriza a muchas de estas producciones. Como se explicará en detalle en el Capítulo 4, muchos de los informes finales de estas investigaciones no son de circulación abierta. Son varios los proyectos que no se publican o difunden, y sobre los cuales casi no existe información a disposición del público. Por otro lado, muchos de los procesos de producción presentan altas cuotas de informalidad y, en este sentido, se caracterizan por la ausencia de documentación acerca de su proceso de elaboración (documentos, contratos, publicaciones). Cabe señalar, a modo de ejemplo, que no hay en el ME ningún listado oficial de esas publicaciones, que esa producción no tiene asignado un rubro presupuestario y no existen regulaciones generales sobre cómo contratar a terceros, desde el Estado, para el desarrollo de esas tareas.

Fuertemente vinculado al punto anterior, el tercer desafío tiene que ver con la dificultad de trabajar con el contenido asociado a estas producciones. Este fue uno de los principales cambios de rumbo a los que se ajustó tanto el problema como el diseño de la investigación. Si entre las primeras intenciones estaba presente el interés por explorar la interrelación entre los enunciados (y su transformación en "hechos") y el contexto social en el que se producen, al avanzar con el trabajo de campo, se evidenciaba cada vez con más fuerza que tanto el contenido como su circulación eran objeto de permanentes disputas entre participantes y, también, entre los sujetos de la investigación y el investigador. En efecto, para acceder a varios de los estudios cuya circulación era restringida o incierta, se acordó no trabajar con su contenido ni divulgarlo[30]. Así, mientras se abría el camino a la posibilidad de analizar las condiciones y reglas en torno a la producción y a la circulación de estos contenidos se cerraba, en cambio, la posibilidad de explorar la relación entre los procesos de producción y sus contenidos.

4. Dos dimensiones analíticas

Para dar cuenta de las variadas instancias y niveles de asociación que conforman el universo de prácticas y de actores involucrados en la producción del conocimiento demandado por el Ministerio de Educación se decidió utilizar dos dimensiones analíticas. Las unidades de observación fueron abordadas a través de dos lentes, que exploran el objeto de estudio desde perspectivas que involucran tiempos, espacios y niveles de análisis diferentes. El primero consiste en un análisis general de los procesos de producción asociados a las investigaciones originadas en

---

[30] Para el caso de estudio realizado, por ejemplo, la participación quedó circunscripta a la firma de una nota declarando el compromiso de mantener los datos, resultados y conclusiones de la investigación en reserva. Se prometió también proteger el anonimato de las personas observadas y entrevistadas. No divulgar los contenidos de la investigación implicaba la renuncia definitiva a la posibilidad de explorar cómo los enunciados pasan a estabilizarse como un "hecho", como diría Latour (1992).

el Ministerio de Educación entre 1999 y 2009. El segundo propone el seguimiento minucioso de un caso de estudio, un proyecto particular de investig ación, mientras se desarrolla.

4.1. El análisis comparado de las trayectorias de las investigaciones

Esta primera dimensión se desprende del esfuerzo por captar la recurrencia de mecanismos y de estrategias en las trayectorias de los proyectos de investigación originados en el Ministerio de Educación entre 1999 y 2009. Para delinear estas tendencias, se realizó un trabajo simultáneo de relevamiento y de análisis de la información, a partir de distintas fuentes de recolección de datos.

El relevamiento de los proyectos de investigación demandados por el Ministerio de Educación entre 1999 y 2009 requirió, primero, un arduo rastrillaje del Centro de Documentación del Ministerio de Educación y de sus páginas de Internet, donde se encontró la mayor parte de las producciones de circulación amplia. En segundo lugar, para poder dar cuenta de los productos de circulación restringida o incierta, fue necesario complementar el rastreo de las producciones con entrevistas formales e informales con informantes clave, con la revisión de los CV de investigadores y funcionarios, con el rastreo de producciones publicadas en páginas de organismos internacionales, con la participación en eventos del Ministerio, etc. El trabajo en torno a este relevamiento se extendió desde fines de 2006 hasta fines de 2011, y fue una tarea minuciosa y artesanal.

Se relevó un total de 129 proyectos[31]. A partir de ese relevamiento, se construyó una matriz de datos donde se clasificó y comparó la información referida a 112 proyectos de investigación. Se incluyeron allí los proyectos sobre los cuales se contaba con suficiente información. La matriz explora las características y compara las trayectorias de esos proyectos y analiza cuestiones referidas a las instituciones y a los individuos participantes, así como los roles de cada uno a lo largo del proceso; las producciones; las temáticas abordadas y los objetivos centrales del estudio; su metodología y organización; su costo y tipo de financiamiento; su duración y las características de su circulación[32]. En la conformación de esta matriz fue fundamental triangular la información proveniente de diferentes fuentes de datos (documentales, entrevistas y observaciones). Se realizó un análisis integrado y crítico de los datos que se obtuvieron en diferentes momentos y espacios, provenientes de personas y grupos variados.

---

[31] Si bien esta fuente de datos fue producto de un relevamiento de información de más de cuatro años de duración, es posible que falten estudios. Estas ausencias se relacionan con las características de los procesos de producción: por un lado, con su carácter descentralizado y su tipo de circulación y, por el otro, con la discontinuidad y el poco registro escrito de este tipo de producción que, sumado a la fuerte circulación del personal, hace muy difícil rastrear productos que se desarrollaron en el marco de un área o bajo la conducción de un funcionario que hoy no se encuentra en la estructura ministerial.

[32] Las categorías utilizadas en el cuadro son: i) enfoque general; ii) temática específica; iii) nivel y/o modalidad educativa; iv) área del ME responsable; v) área más específica desde la cual se desarrolló el estudio; vi) tipo de responsable de la ejecución (externa / interna); vii) institución principal en la escritura del informe; viii) individuo responsable; tipo de trabajo tal como indica en el informe o por los entrevistados; ix) función; x) destinatarios; xi) metodología; xii) tipo de investigación (cualitativa y/o cuantitativa); xiii) fuentes utilizadas; xiv) actores involucrados y roles; xv) tipo de organización financiadora; xvi) financiamiento (monto); xvii) año de comienzo y de finalización; xviii) síntesis del trabajo realizado; xix) productos; xx) tipo de circulación (abierta/restringida); xxi) coordinadores / directores del proyecto; xxii) investigadores participantes; xxiii) cantidad total de participantes.

El análisis de los procesos de producción de estos proyectos se expone en el Capítulo 5. Allí, sobre la base de los datos relevados, se construye una primera tipología de las trayectorias de los procesos de producción de conocimiento surgidos en el Ministerio de Educación entre 1999 y 2009. Se realiza una primera reconstrucción de las conexiones de sentido y de las relaciones entre diferentes tipos de producciones, de acuerdo con el lugar en el que se originan. Se delinean tendencias –o "generalizaciones empíricas" (Becker, 2009)– que se desprenden del campo y que permiten avanzar en una mayor comprensión del tema.

4.2. Un caso de estudio: la evolución de un proyecto de investigación

Esta dimensión se inspira en los estudios de laboratorio de Latour (1992), Latour y Woolgar (1995) y Knorr Cetina (2005). Desde fines de 2006 –y de forma paralela al relevamiento de los proyectos de investigación– se empezó a imaginar, cada vez con más entusiasmo, la posibilidad de realizar el seguimiento de un proyecto de investigación[33]. La idea de estudiar el conocimiento "mientras se hace" –en vez del conocimiento ya producido– y de hacerlo con cierta sensibilidad etnográfica y en su lugar de producción, resultaba atractiva para abordar otra dimensión de la problemática propuesta[34].

---

[33] Este entusiasmo quedó reflejado en los objetivos del Proyecto PICTO presentado a la Agencia de Promoción Científica y Tecnológica en 2008, donde se propuso hacer el seguimiento de dos proyectos de investigación "en desarrollo", uno en el interior del Ministerio de Educación y otro solicitado a una institución externa.

[34] En los trabajos provenientes de la Sociología de la Ciencia citados, los laboratorios científicos cobraron fuerza como objeto de investigación y como lugar de observación. Tal como señala Kreimer (1999, 2005) los estudios de laboratorio se caracterizaron por las siguientes premisas: i) propusieron a los laboratorios como lugar "ordinario" y no sacralizado de la ciencia; ii) definieron una nueva

El interés por observar y por acercarse personalmente a las vicisitudes de la vida cotidiana y a los significados que los hechos tienen para las personas implicadas derivó en el estudio de casos, entendidos como un sistema delimitado en tiempo y espacio de actores, relaciones e instituciones sociales para dar cuenta de su particularidad en el marco de su complejidad (Neiman y Quaranta, 2006). En contraste con el nivel analítico anterior, aquí el acento se ubica en la profundización del conocimiento de las especificidades antes que en el delineado de tendencias más generales (Yin, 1994; Forni, 2010). Como señala Stake, "el objetivo primordial del estudio de caso no es la comprensión de otros. La primera obligación es comprender el caso" (1998: 17). Los casos así concebidos tienden a focalizarse en un número limitado de hechos y de situaciones que permiten abordarlos con la profundidad requerida para su comprensión holística y contextual.

Después de un engorroso proceso de búsqueda y de negociación al que se hará referencia más adelante, a mediados de 2008 se logró acceder al proceso de producción de un proyecto de investigación demandado por el Ministerio de Educación Nacional. Se trataba de un proyecto gestionado por el Ministerio de Educación, financiado por un organismo internacional y elaborado por un centro de estudios. Así, entre mediados de 2008 y mediados de 2009, se rastreó en profundidad el proceso de fabricación de un informe de investigación particular. Al indagar este proceso se fueron descubriendo los variados actores e instituciones participantes, sus roles y funciones en el proceso y, sobre todo, las maneras en que unos y otros

---

perspectiva metodológica, para estudiar "la ciencia mientras se hace"; iii) priorizaron el concepto de negociación de sentidos y objetos; y iv) se centraron en el carácter localmente situado de las prácticas.

se asocian y dispersan entre sí, negociando y definiendo el rumbo y los sentidos asignados a cada parte del proceso así como a su desenlace final. El análisis del caso se expone en el Capítulo 6, donde se presenta una descripción analítica con la idea de complementar lo expuesto en el Capítulo 5. Se trata de un texto que intenta mostrar las relaciones construidas mediante una "descripción extensa del hecho observado, reordenándolo de acuerdo con las categorías analíticas utilizadas, pero a la vez conservando sus detalles particulares" (Rockwell, 2009: 72). Los resultados se exponen de manera descriptiva, conservando las riquezas de los entramados particulares del momento y del lugar donde se desarrolló el estudio.

5. Recolección de datos: técnicas y fuentes[35]

El diseño de investigación se apoyó en un diseño multimétodo, que combinó la utilización de diversas técnicas y fuentes de recolección de datos, con el objetivo de captar "distintos puntos de vista sobre el objeto o fenómeno bajo estudio a partir de diversas fuentes de conocimiento" (Vasilachis de Gialdino, 1992: 15). A continuación se exponen las diferentes fuentes de recolección de datos.

---

[35] Si bien aquí se habla de "técnicas de recolección de datos", esta expresión no termina de dar cuenta del trabajo interactivo y articulado entre la problematización del problema, la definición metodológica y la "reunión de datos" que se realizó a lo largo del proceso. Sirve, sin embargo, para ordenar y sistematizar el trabajo realizado.

5.1. Documentos

La primera técnica de recolección de datos se basó en el relevamiento de material documental. Se recogieron, por un lado, todos los documentos que brindaban información acerca del espacio social estudiado. En cuanto al Ministerio de Educación, se analizaron sus memorias de gestión y la normativa legal referida a su organización así como a la estructura y funciones de las diferentes áreas, sobre todo aquellas orientadas a la producción del conocimiento. Se buscó también información referida a otras de las instituciones que participan de estos procesos. Se recorrieron sus páginas web, prestando especial atención a los empleados de cada una, así como a su producción y su posicionamiento en el campo educativo. A su vez, se reunió material documental ligado a las trayectorias de los actores que participaron de las investigaciones y la escritura de los informes finales, a través de sus CV (que se solicitó a cada entrevistado) así como de la información referida a su recorrido académico y profesional informado en distintas páginas de internet (Ministerio de Educación, universidades, información sobre congresos, páginas web personales, etc.).

Por otro lado, se reunió material más específico como, por ejemplo, los documentos ligados a los 129 proyectos de investigación analizados. Esto incluyó los informes parciales y finales de los proyectos; las publicaciones finales; los contratos que regulan la relación entre las instituciones o los actores participantes; los presupuestos de los proyectos; las menciones a proyectos o a sus resultados en diarios, revistas académicas y páginas web de instituciones del campo educativo. Para el análisis del caso de estudio, se trabajó también con el expediente del Ministerio de Educación, donde están las notas internas entre diferentes funcionarios del ME y con otras instituciones participantes; la licitación del estudio, los mecanismos y la justificación de selección de la institución; y los informes finales. A su vez, se accedió a los borradores de los informes parciales, a las correcciones y a la mayor parte de las comunicaciones vía correo electrónico entre los diferentes actores vinculados al proyecto analizado.

5.2. Entrevistas en profundidad

Se llevó adelante un total de 78 entrevistas a 58 entrevistados. La mayor parte de ellas se realizó entre octubre de 2007 y julio de 2009. Además se realizaron seis entrevistas exploratorias entre diciembre de 2006 y septiembre de 2007, que no se incluyeron entre las 78 mencionadas. Del total de las entrevistas, 41 fueron grabadas y transcriptas. En todas las demás se tomaron notas.

En cuanto al perfil de los entrevistados, como se adelantó, antes de definirlo de antemano se optó por entrevistar a personas que estuvieran relacionadas con los proyectos de investigación demandados por el Ministerio de Educación entre 1999 y 2009, independientemente de su rol en el proyecto o de la institución a la que pertenecieran en el momento de desarrollar el estudio o al ser entrevistados. El perfil de profesionales se asocia, en la mayor parte de los casos, con una formación académica en Ciencias Sociales (muchos de ellos con posgrados) y con trayectorias académico-laborales que combinan la alternancia y superposición de cargos y de instituciones. Del total de los entrevistados, 15 son varones y 43 son mujeres.

Todos los entrevistados tuvieron contacto con la producción de conocimiento en Educación que solicitó el Ministerio de Educación de la Nación entre 1999 y 2009. Lo hicieron desde diversas posiciones socio-laborales, dependiendo del proyecto de investigación analizado: como demandantes, productores, financiadores, directores, coordinadores, investigadores, consultores, asistentes de investigación, productores de datos, etc. Ocuparon posiciones de alta responsabilidad (ministros, viceministros, directores nacionales, etc.) y/o posiciones intermedias (coordinadores de un programa y área, burócratas de carrera, consultores, etc.). Respecto de las instituciones, algunos participaron desde la cartera educativa mientras que otros lo hicieron desde agencias internacionales, organismos no gubernamentales y/o instituciones de nivel superior. Respecto de su participación en los proyectos, la mayoría había estado en más de uno y, en muchos casos, cumpliendo con roles diferentes, dependiendo del proyecto del que se tratase y desde la institución y rol desde la cual participaban. La cuestión es que, como se ha adelantado, sus identidades y trayectorias profesionales se caracterizan por el movimiento y la alternancia o superposición de diferentes posiciones socio-laborales.

Las entrevistas realizadas consistieron en diálogos minuciosos y distendidos de entre una y dos horas, basados en preguntas más o menos abiertas, cuyos temas se organizaron previamente en guías de entrevistas específicas para cada entrevistado (Oxman, 1998). Se incluía, en general, una parte que indagaba sobre la trayectoria profesional del entrevistado y otra parte más orientada a las prácticas en torno a los proyectos desarrollados desde el Ministerio de Educación Nacional en los que el entrevistado había participado[36].

---

[36] En líneas generales, los temas indagados en las entrevistas fueron: i) Trayectoria académico-profesional, ii) Proyectos demandando por el Ministerio en los que participó, iii) Área del ME desde donde se financió/demandó el proyecto, iv) Información sobre el área/profesional desde la cual se desarrolló el proyecto, v) Gestación y origen del proyecto (motivación), vi) Construcción y definición de la agenda de investigación, vii) Tipo de contrato / reglas informales que regulan la relación entre los actores (instituciones e individuos), viii) Monto/recursos invertidos en el proyecto y modalidad de financiamiento, ix) Nivel de autonomía en la definición del abordaje por parte de los actores que desarrollan la investigación y escriben el informe final, x) Forma de contratación, sueldos y perfil de

En esta investigación, las entrevistas tuvieron una doble función: "documental" y de "opinión o personalidad" (Duverger, 1996: 282-289). La primera función hizo hincapié en el relevamiento de testimonios que sirviesen para completar y asignar significado a la información provista por otras fuentes (se indagó sobre lo que el entrevistado sabía acerca de los proyectos de investigación relevados). La segunda se centró en conocer tanto las prácticas y las acciones de los entrevistados (se preguntó acerca de lo que el entrevistado hizo en relación con los proyectos estudiados) así como sus trayectorias e identificaciones institucionales (de qué grupos sienten que forman parte).

A lo largo del proceso de investigación se dio un movimiento hacia entrevistas cada vez menos dirigidas, es decir, a conversaciones más orientadas a abrir los sentidos, a descubrir nuevas preguntas y relaciones (Guber, 2004). El pasaje de las preguntas directas a las indirectas, la transición hacia "responder" a lo observado (verbal, gestual o visualmente) más bien por conductas imitativas o de acompañamiento que por respuestas verbales y la incorporación de un estilo verbal alusivo (y de silencios) inauguraron un nuevo diálogo con los interlocutores, incluso con las mismas personas que ya habían sido entrevistadas antes. Así, las entrevistas comenzaron a desplegar, cada vez más, aspectos no directivos, que permitían corregir la imposición del marco del investigador, como resultado de

---

los investigadores contratados para el proyecto, xi) Tiempo y plazos de producción, xii) Actividades de investigación involucradas en el desarrollo del proyecto, xiii) Tipos y formatos de la producción, xiv) Modalidades de validación del conocimiento; xv) Publicaciones asociadas al proyecto y reglas de autoría, xvi) Circulación, xvii) Destinatarios de las producciones.

considerar cada encuentro como el producto de una relación socialmente determinada en la cual se tiene en cuenta la reflexividad de los actores y del investigador[37]. Al mismo tiempo, aparecían cada vez más situaciones cotidianas que desplegaban información muy valiosa, y que no se enmarcaban necesariamente en el contexto de la entrevista tradicional (con un temario, duración y lugar definido). Así, hacia mediados de 2008, muchas situaciones pasaron a ser ocasiones susceptibles de convertirse en entrevistas o, mejor dicho, en datos: una llamada telefónica a un entrevistado, las correcciones a documentos asociados con la escritura, las conversaciones en una reunión de gabinete en el trabajo, las charlas en un cumpleaños de un colega, la presentación de un libro, la visita a un amigo en el Ministerio, las reacciones de profesores y colegas a los productos del trabajo, etc.

5.3. Observaciones y registros

Las observaciones y los registros no quedaron fuera del proceso de transformación que sufrieron las entrevistas[38]. Si en un principio se pensaron como circunscriptas al caso de estudio y a un lugar específico (pus se imaginó que se

---

[37] En palabras de Guber (2004), esta no directividad implica "incorporar al campo de estudio al investigador y a las condiciones en las que produce la entrevista. La reflexividad en el trabajo de campo y, particularmente, en las entrevistas, puede contribuir a diferenciar los respectivos contextos, a detectar permanentemente la presencia de los marcos interpretativos del investigador y de los informantes en la relación, a elucidar cómo cada uno interpreta la relación y sus verbalizaciones, quizá así sea posible establecer un nexo progresivo entre ambos universos, pero no como resultado de observaciones aisladas sino del proceso global de aprendizaje en el campo" (2004: 211).

[38] Siguiendo a Hammersley y Atkinson (1994), las notas de campo se conciben como "descripciones más o menos concretas de los procesos sociales y de su contexto. La intención es capturar esos procesos y ese contexto en su integridad, anotando sus diferentes mecanismos y propiedades, aunque lo que se registra dependa claramente de cierto sentido general de lo que es relevante para la prefigurada investigación de problemas" (1994: 193).

observaría un espacio circunscripto: una especie de laboratorio de la investigación demandada por el ME), a medida que evolucionó la investigación, se descubrió que el relevamiento de datos se daba en espacios que no hubieran podido anticiparse jamás. El primer registro de esta cuestión se dio cuando, en la presentación de un libro de un colega, se reunieron muchas personas asociadas a los proyectos de investigación que se querían estudiar, que además en ese momento parecían tener tiempo y ganas de conversar sobre estos proyectos. Muchos de ellos habían participado tangencialmente en esos procesos y, al ser contactados para una entrevista formal, sentían que no ameritaba una reunión. Sin embargo, un encuentro informal y distendido parecía más pertinente para hablar de prácticas que, para muchos de ellos, habían sido tangenciales y de alta informalidad. Lo mismo pasaba con las visitas al Ministerio. Cuando se almorzaba con algún colega, sorprendía una sobremesa con coordinadoras, demandantes, productores de distintas investigaciones, de las cuales a veces no se conocía siquiera su existencia. A partir de ese momento, se dio un cambio de rumbo en relación con las observaciones y sus correlativos registros.

Los cuadernos de campo empezaron a engrosarse con notas de nuevas observaciones que ya no abordaban solamente las situaciones asociadas al caso de estudio específico, sino también a todas aquellas actividades que se relevaban como pertinentes para obtener información. Guber señala que "el eje de la supuesta indefinición y ambigüedad de la observación participante es, más que un déficit, uno de sus recursos distintivos" (2004: 171). En efecto, la flexibilidad que admite la observación reveló la imposibilidad del investigador para definir de antemano y unilateralmente qué tipo de actividades es necesario observar y registrar. Las notas comenzaron a incorporar aspectos relacionados con el espacio en el que transcurren las situaciones observadas, los actores participantes y sus diferentes roles, la actividad desarrollada, los objetos presentes, determinados actos y acontecimientos que llaman nuestra atención, el tiempo, los fines y también los sentimientos (Hammersley, 1994; Mendizábal, 2007).

Las observaciones se dividieron en cuatro cuadernos de notas. Los dos primeros tenían como objetivo dar cuenta de las situaciones observadas y son diarios del recorrido realizado, de cómo se concibió el estudio, qué personas se entrevistaron, las situaciones observadas, las fuentes a las que se accedió, todo indicado con fecha y horario. Los dos últimos fueron una bitácora de la investigación. En palabras de Latour se intentó documentar allí "la transformación que uno sufre al realizar el viaje" (2008: 194). Se tomó nota de las sensaciones y de las emociones a lo largo del proceso, de la sorpresa, la frustración, la incomodidad que causan algunos aspectos del trabajo de campo así como de las reacciones de terceros al estudio. Se documentó en detalle la cercanía y la extrañeza que provocaba introducirse en un nuevo estado de cosas.

6. El análisis de los datos

El análisis de los datos fue, en realidad, un proceso de articulación simultánea entre la temática de la investigación, los métodos y los datos relevados. Estas tres cuestiones avanzaron de forma conjunta hasta el momento en el que se escribió la última palabra. Siguiendo a Rockwell, se entiende que el análisis de datos:

Se inicia, de hecho, con las primeras decisiones tomadas en el proceso de observación (¿Qué mirar? ¿Qué registrar?), y no termina sino con las últimas fases de redacción y articulación de la descripción etnográfica. Entre el inicio y el fin, el análisis requiere de una serie de pasos intermedios conscientes en la elaboración de escritos sucesivos (notas, registros ampliados, cuadros o fichas, descripciones analíticas). (Rockwell, 2009: 64)

En este caso, los pasos intermedios se vieron facilitados por la utilización del Atlas Ti, un software para el análisis visual de datos cualitativos. Este software permitió congregar información admitiendo un orden cronológico de los datos y, simultáneamente, su organización en función de categorías. Así, se pudo preservar y acudir a los diferentes datos en cualquier momento y, al mismo tiempo, se logró organizarlos y reorganizarlos, una y otra vez, de diferentes formas y en relación con distintos temas.

El primer paso consistió en recopilar, preparar y organizar los datos relevados para incorporarlos al software. Se incluyeron en el análisis: i) textos de las entrevistas, tanto los de aquellas que fueron transcriptas como los de aquellas sobre las que se tomaron notas, ii) documentos, siempre que estuvieran en formato digital, y iii) y cuadernos de registro, tanto de observaciones como de reflexiones. Al preparar y asignar los documentos al programa se hizo una primera lectura, categorización y orden de los datos.

En segundo lugar se realizó el trabajo de construcción, definición y denominación de categorías, códigos y de relaciones entre códigos y categorías, también facilitado por el software. A partir de la lectura y de la relectura de los documentos incorporados, se distinguieron citas de los textos a las que se les asignaron –y reasignaron– códigos o palabras para identificar lo seleccionado. A su vez, con una opción del programa, algunas de estas referencias fueron asociadas con determinadas reflexiones (memos). Los memos y los códigos se vincularon de maneras diferentes para complejizar el análisis. La simpleza con la que se pudieron realizar anotaciones, codificar (y recodificar) y comparar segmentos significativos de entrevistas, registros y documentos facilitó el análisis. A su vez, la búsqueda rápida de palabras, la recuperación y la navegación por todos los segmentos de datos y las notas (memos) relevantes a una idea ayudó a pulir el armado de categorías. Esto habilitó un ir y venir, nombrar y renombrar, las categorizaciones y las ideas a lo largo del trabajo, y la posibilidad de leer y releer a partir de diferentes propuestas analíticas.

El trabajo de análisis y de categorización realizado a través del Atlas Ti, sumado al armado de la matriz de datos asociada al análisis de los proyectos de investigación descripta anteriormente, fueron las bases del proceso de análisis de datos.

7. El trabajo de campo

7.1. El acceso, la reflexividad y la importancia de la confianza

El proceso de negociación del acceso al campo[39] es crucial en una investigación. Allí se develan los primeros rasgos del espacio social estudiado. Hammersley y Atkinson explican que la obtención del ingreso al campo no es únicamente una cuestión práctica: "el descubrimiento de los

---

[39] Con "trabajo de campo" se hace referencia a una mirada que intenta comprender los fenómenos sociales en el escenario natural en el que se desenvuelven y a partir de diversas técnicas de recolección de datos. Como señala Guber (2004), desde una mirada antropológica, "el campo de una investigación es su referente empírico [...] es una cierta conjunción entre un ámbito físico, actores y actividades". Su delimitación, continúa la autora, se relaciona con dos cuestiones: el ámbito físico o la "unidad de estudio" y los "sujetos de estudio" o "unidades de observación" (117).

obstáculos que dificultan el acceso y también los medios efectivos para sortearlos, por sí mismos, aportan indicios de la organización social del lugar" (1994: 71). La lección más importante aprendida durante el recorrido fue la importancia del continuo confianza-desconfianza y su vínculo con la accesibilidad al campo. El primer registro de estas cuestiones se evidencia en las notas de campo que resumen el intrincado proceso de negociación en torno a la posibilidad de observar un proyecto de investigación particular (el caso de estudio):

> Por fin conseguí un proyecto para observar. Hace más de un año y medio que busco uno. Ya había hecho tres pedidos concretos de participación y me habían rechazado. Las justificaciones de las negativas iban desde generalidades acerca de la falta de espacio para observar hasta la "complejidad política" del pedido. Desde que supe de la existencia de este proyecto hasta que se aceptó mi participación pasaron cuatro meses. Necesité siete autorizaciones encadenadas, en tres instituciones diferentes. La primera en abrirme las puertas fue la directora de la institución a cargo del desarrollo del estudio, a la que advertí francamente interesada en la temática y con una sólida trayectoria, aspectos que seguro ayudaron a que mi presencia en el proyecto no se sintiera como una amenaza sino más bien como un "posible aporte al conocimiento". Conocí después a dos investigadoras principales, que empatizaron con mi entusiasmo –a esa altura desesperado– por conseguir un proyecto de investigación para observar (una de ellas estaba en su propia negociación de acceso al campo). Tras estas primeras autorizaciones, me indicaron que hablara con "la gente del Ministerio", en particular con Paula, la contraparte del proyecto. Antes de conocerme, Paula había averiguado quién era yo y de dónde venía. Parece haberla tranquilizado saber que había trabajado hasta hace tan poco en el Ministerio. De todas formas, Paula me advirtió que tendría que pedir tres permisos más antes de confirmar mi participación. Los dos primeros los tramitaría ella directamente: el de su jefa directa, la Directora de la UFI, y el de la Unión Europea, organismo que financiaba la iniciativa. Me adelantó que no veía inconvenientes por ese lado, y no los hubo. También señaló que tendría

que pedir una última autorización escrita al "área sustantiva" del Proyecto: la Dirección del Nivel Primario. Por suerte también conocía a la directora. Si bien nunca habíamos trabajado juntas de forma directa, había compartido oficina con una amiga mía durante dos años. La llamé por teléfono, le expliqué la situación y me dijo que antes de autorizarme necesitaba consultarle a su jefa. La Directora Nacional de Gestión Educativa era cercana a la persona que me había contratado a mí unos años antes, y esa confianza (transitiva) fue lo que posiblemente habilitó mi participación. Me pregunto si la dificultad para encontrar la llave de acceso en las oportunidades anteriores tuvo que ver con la ausencia de lazos personales que me sacaran del anonimato y me volvieran alguien familiar y confiable en ese entorno. [Notas de campo, julio de 2008]

Estas notas hacen hincapié en la importancia de la confianza (o cercanía) así como en la potencia –casi siempre implícita e imprevisible– de su actuación en el acceso al campo y a la información. Su funcionamiento parece depender más de las posiciones socio-laborales (e institucionales) de los actores y del investigador en un momento temporal específico que de los marcos normativos que supuestamente rigen el quehacer de las personas, sean estos institucionales, profesionales, burocráticos o académicos. Las razones detrás de la posibilidad de acceder a este estudio no estaban normadas ni formalizadas, y se vinculaban más bien con la confianza inspirada por el investigador producto de su posición socio-laboral y de su articulación con la posición socio-laboral del otro y, en este sentido, diferente en relación a cada interlocutor.

El paulatino descubrimiento de las formas que asumen las relaciones de confianza y desconfianza en este entramado social particular llevó a la necesidad de problematizar permanentemente aspectos asociados a la reflexividad. Si la introspección permanente acerca de la relación entre el investigador y los sujetos de investigación es central en las investigaciones cualitativas, en nuestro trabajo

particular esta reflexión se volvió aún más relevante. Estas
consideraciones repercutieron, a su vez, en la definición de
las precauciones a la hora de realizar el trabajo de campo,
de relacionarse con otros y de interpretar los datos relevados. En este sentido, la toma de conciencia de los diferentes "basamentos" del trabajo, el regreso a nosotros mismos
y a nuestra propia actividad como investigadores se constituyeron como las herramientas centrales para mejorar la
calidad de la investigación (Ghasarian, 2002).

A partir de cada una de las relaciones entabladas, se
hacía cada vez más evidente el peso (relativo/relacional)
de las distintas posiciones que asumía el investigador y
cómo cada posición, que abría o cerraba puertas de acceso,
se presentaba como una restricción o una oportunidad, o
ambas cosas a la vez. A su vez, estas consideraciones sobre
el propio investigador y su relación con el campo, estimulaban reflexiones sobre el espacio social explorado. Estas
cuestiones fueron atendidas permanentemente a lo largo
del proceso de investigación y quedaron ejemplificadas en
múltiples notas de campo:

> Al igual que mis entrevistados, yo también cuento con múltiples
> posiciones socio-laborales (cruzadas además por las cuestiones
> de la temporalidad y la localización) que se despliegan de manera diferente según el entrevistado, el momento y el lugar de la
> entrevista. Antes no comprendía bien el funcionamiento multifacético de mi actuación en el campo, pero de a poco voy descubriendo qué cosas abren o cierran puertas y cómo, además,
> estas cuestiones están atravesadas por lo situacional, están relacionadas con un contexto temporal y espacial particular. ¿Cuáles
> son mis diferentes posiciones? Yo puedo enfatizar mi trabajo
> en instituciones escolares como maestra y, si mi interlocutor
> es "progre", suma agregar el nombre de los colegios en los que
> trabajé; puedo poner el foco en mi trayectoria académica, resaltando la carrera de Sociología en la UBA, la maestría realizada
> en Londres y, sobre todo, mi cercanía al Dr. Stephen Ball; puedo
> resaltar mi trayectoria en el ámbito de lo estatal (mi educación

en la universidad pública, mi trabajo como coordinadora de un programa doctoral compartido entre tres universidades del conurbano) o en el ámbito de lo percibido por algunos como "privado", mi trabajo como profesora y doctoranda en la Universidad de San Andrés o mi trayectoria en CIPPEC. Puedo subrayar mi posición en el Ministerio de Educación, como asesora del Viceministro (entre 2006 y 2007) o del Ministro (2008) o inclinarme hacia mi posición como becaria del Instituto de Educación de Londres (2004) o de CONICET (entre 2008 y 2010). En fin, todas, algunas o ninguna de estas cuestiones pueden ser mencionadas. Cada una de estas posiciones se articula de manera diferente de acuerdo con el entrevistado y con el particular momento del encuentro, acercan o alejan, brindan confianza o desconfianza. A veces puedo adelantarme a los efectos y otras no. [Notas de campo, febrero de 2011]

De las notas de campo presentadas se desprende que, al igual que los sujetos entrevistados y/u observados, el investigador tampoco está anclado en una sola institución ni sus prácticas se rigen por un esquema normativo único. En contraste, su posición registra un acopio y la posibilidad de movilidad entre posiciones socio-laborales diversas. Esas posiciones están pregnadas, además, por tramas o redes relacionales que cada actor gesta de acuerdo con su posición en un momento determinado. El punto es que la manera en la que se establecen y actúan estas posiciones sociales (jerarquizadas) depende de aspectos relacionales.

Estos movimientos socio-laborales a los que se hizo referencia tienen tres componentes que interesa resaltar en relación con las entrevistas realizadas: el relacional, el temporal y el espacial. El relacional –vinculado a los procesos de reflexividad– tiene que ver con la relación entre la posición del entrevistador y el entrevistado en el momento en que se produce el encuentro. La dimensión temporal se refiere a la cercanía o a la distancia respecto de determinada posición socio-laboral en el momento en el que se relevan los datos. El eje espacial se vincula con el lugar donde se realiza este relevamiento (sea una entrevista o una observación). Estas tres dimensiones están, además, interconectadas. Se puede ver un ejemplo de esta articulación en las siguientes notas de campo:

> Hace unos días entrevisté a Martín de nuevo. Hablamos una hora y media en un bar de la zona de Pacífico. Hace más de un año que no lo veía. La última entrevista había tenido lugar en su oficina en el Ministerio, cuando él coordinaba un área y yo era asesora del Viceministro. Ahora él vive en el extranjero y yo tengo una beca de finalización de Doctorado del CONICET. Releo una y otra vez la desgrabación de la entrevista y no dejo de asombrarme. Parece otra persona. Si bien siempre tuvimos una buena relación –de cierta complicidad y confianza–, en la primera entrevista había contestado mis preguntas de forma esquiva y general. En esta oportunidad se desplegó lo contrario. Recorrimos juntos los procesos de producción de varias de las investigaciones desarrolladas desde el Ministerio, con lujo de detalles. Me explicaba las marchas y contramarchas de cada proyecto, y hacía un esfuerzo por poner de manifiesto las causas que explicaban las diversas e impredecibles trayectorias de las investigaciones y las decisiones en torno a su circulación. Me aclaró en varios momentos "esto no se puede decir", "ojo con esto", pero seguía hablando tranquilo y confiado frente al grabador. A los dos días me pasó documentos a los que nunca creí que tendría acceso. [Notas de campo, febrero de 2009]

En cuanto a la dimensión temporal, el hecho de que Martín no ocupara un cargo político en el Ministerio lo habilitaba a hablar sobre los mismos procesos desde otra perspectiva. Había una distancia temporal que permitía otro tono de conversación. A su vez, en relación con el componente relacional, que la investigadora fuera becaria del CONICET y no asesora de un alto funcionario de un Ministerio proponía sin duda un vínculo diferente entre ambos. A su vez, esta dimensión temporal se articula con una geográfica. Posiblemente, el hecho de que Martín viviera a cientos de kilómetros de Buenos Aires, en otro país, también cambió su perspectiva en relación con los temas abordados en la entrevista. La dimensión geográfica también se ponía de manifiesto al acordar el lugar para desarrollar las entrevistas. Por ejemplo, entrevistar a un investigador del Ministerio en un bar resultaba mucho más fructífero que hacerlo en el propio Ministerio. En el bar de la esquina del ME se desplegaban múltiples pertenencias (académicas, profesionales, políticas, etc.) mientras que dentro del Ministerio se posicionaban como "investigadores del Ministerio" y hablaban de los procesos de producción de conocimiento predominantemente desde esa perspectiva. Las locaciones neutras, es decir, los espacios geográficos que no formaban parte de una institución particular habilitaban el despliegue de las diversas posiciones socio-laborales del entrevistado, volviendo más productivos los encuentros.

La relevancia de los aspectos asociados al binomio confianza/desconfianza en la entrada al campo provocó que, por momentos, el recorrido fuera arduo, incierto y difícil de sostener. Lo no documentado, lo implícito y lo informal de este espacio social se cristalizaba en emociones, muchas de ellas desagradables y difíciles de explicitar. Cuando el continuo estaba más cerca de la confianza, el campo se mostraba amigable, pero cuando aparecía el extremo de la desconfianza las sensaciones eran muy incómodas. Esta incomodidad era producto, por ejemplo, de los "ningunos", expresión utilizada por los propios actores para dar cuenta de las situaciones en las que una persona ignora a otra. Fueron recurrentes y se expresaban en la ausencia de respuestas, en las contestaciones formales pero apenas conducentes, en la derivación a otras personas o sectores (también poco conducentes), en los silencios y hasta en el hecho de que, en determinados momentos, nos evitaran físicamente. Muchas de estas sensaciones quedaron apuntadas en los cuadernos que funcionaron como un espacio de registro detallado de vivencias, como un diario íntimo del investigador. No es este el lugar para confesiones o catarsis desmedidas de las frustraciones (y pequeñas alegrías) a lo largo del proceso de investigación, pero sí interesa poner de manifiesto que, como señala Godelier:

> El modo en el que se construye un proyecto de investigación no se aproxima ni a lo arbitrario ni a pura racionalidad: una parte esencial corresponde a lo sensible, a la intuición y a la movilización de recursos personales gracias a los que se establecen los primeros contactos de los que depende la posibilidad de permanecer en el campo y la calidad de las informaciones reunidas. (Godelier, 2002: 62)

En esta investigación, los aspectos sensibles y la movilización de recursos personales fueron centrales.

Una segunda lección, vinculada a lo ya mencionado, se relaciona con la distancia del investigador respecto de las reglas del espacio social estudiado y la reflexión sobre cómo esta cercanía/lejanía puede condicionar su análisis. Si, por un lado, el conocimiento de las lógicas particulares de funcionamiento de la producción de conocimiento demandado por el Ministerio permite una captación de sentidos que a otros investigadores le quedarían ajenos; por el otro, dispone un acercamiento a la problemática cargado de presupuestos que fue necesario reconocer para poder avanzar sobre una comprensión más profunda. Así, si hubo algunas posiciones institucionales del investigador –como, por ejemplo, ser asesora del ministro de Educación– que posibilitaron el acceso a escenarios particulares y a información privilegiada; existieron otras –como ser becaria de CONICET, por ejemplo– que permitieron un mayor distanciamiento y una profundización sobre el objeto de estudio.

7.2. Anonimato, credibilidad y ética

Una de las particularidades de esta investigación es que la diferencia entre lo público (aquello de acceso amplio y abierto) y lo "privado", "secreto" o "confidencial" no es siempre clara. Entre esos dos polos, una vez más, aparecieron fronteras terriblemente difusas, algunas de ellas documentadas, pero la mayor parte definidas informalmente y sobre la marcha. Además, estas cuestiones se definen de acuerdo con el contexto en el que se solicitan. No es lo mismo pedir un informe final de investigación una vez que la persona o la gestión que lo solicitó ya no está en el Ministerio que pedirlo cuando todavía está en funciones. No es lo mismo pedírselo al demandante, al productor, al investigador contratado que participó en el armado del campo o al director de la institución que lo llevó adelante. Su circulación "abierta" o "restringida" dependerá de quién lo pida, para qué, a quién se le pida y cuándo (este tema se abordará en detalle en el Capítulo 4, apartado 4).

Además, la complejidad entre lo público y lo privado no tiene únicamente que ver con los informes de investigación y/u otros documentos, sino también con la información provista a través de entrevistas o recaudada a partir de observaciones. En este punto, mientras a algunos informantes no les importaba ser identificados, otros explicitaban abiertamente su preocupación por que se los mantuviese en el anonimato[40]. Ya se señaló también que para

---

[40] Una entrevistada, por ejemplo, escribió un correo dos días después del encuentro diciendo: "Estoy segura de tu profesionalismo, pero te pido que tengas especial cuidado si vas a usar textuales de la entrevista, porque dado que no hay muchas [su profesión] dando vueltas por el Ministerio, el anonimato no es fácil

acceder al caso de estudio se firmó un compromiso de no divulgación de los datos así como de preservación de sujetos observados.

En función de las complejidades señaladas, se resolvió preservar el anonimato de absolutamente todos los informantes así como de los datos que cada uno de ellos aportó. Es decir, se evitó identificar no sólo las identidades de los informantes sino también la asociación entre referencias específicas rescatadas de entrevistas y observaciones y las personas que las aportaron. Este cuidado implicó, por momentos, la necesidad de obviar detalles asociados a proyectos particulares, a determinadas instituciones, a cargos específicos o a determinadas fechas o sucesos. Si, por un lado, se consideró que esta decisión no afectó la posibilidad de comprender las lógicas detrás del funcionamiento de las prácticas ligadas a la producción de conocimiento demandado por el Estado, es cierto que presenta algunos inconvenientes en torno a la credibilidad de lo expuesto.

La pregunta sería: ¿cómo fortalecer aspectos asociados a la credibilidad del trabajo cuando no se pueden identificar las fuentes de los datos que se analizan y se exponen? La necesidad de explicitar este problema se hizo evidente en un encuentro con un colega en marzo de 2015. Se trataba de una persona con harta experiencia en el campo, que trabajó como funcionario en el ME. Había leído los dos capítulos asociados a los resultados del trabajo y manifestó sus dudas en relación con la confiabilidad de la investigación. A continuación se detallan las notas de campo de este encuentro:

---

de resguardar". Frente a una pregunta asociada a las formas de contratación de un proyecto otra entrevistada aclaró: "Yo tengo dos respuestas: una anónima y otra expresa, por si no es anónimo". Abundaron también las situaciones en las entrevistas en las que, a pesar del acuerdo de confidencialidad propuesto, los entrevistados señalaban su preocupación por que no se asociaran algunas frases con sus nombres.

Empezó contándome qué le había parecido el capítulo sobre los proyectos. De pronto, me dice "Esta cita es muy fuerte, si no explicitás quién lo dijo, ¿cómo sé que no te la inventaste?". Mi primera reacción fue de indignación. ¿Cómo puede siquiera pensar que me lo inventé? Trabajó conmigo más de cuatro años. Los 20 minutos que siguieron me la pasé justificando el trabajo realizado. Le hice un rápido recorrido por los documentos de mi computadora: mis archivos de campo, las desgrabaciones de las entrevistas, los cuadernos de notas, abrí el Atlas Ti y le mostré los códigos, sus relaciones y los memos, las entrevistas marcadas, los fragmentos de textos analizados y asociados a otros. Me hubiera gustado mostrarle también las impresiones de las entrevistas y documentos en cuadernillos de más de 400 páginas, marcados con colores, que me acompañaron de un lado para el otro durante dos años. Quería mostrarle las notas y las reflexiones en los costados de las páginas. Los borradores de los capítulos que todavía guardo, con los comentarios y las notas de lectores. La biblioteca de casa, donde hay un estante completo invadido con los documentos de los proyectos analizados, que se negaron a darme en formato digital. No, no me lo inventé, pero tampoco te puedo decir quién me lo dijo ni cuándo. Lo siento. [Notas de campo, febrero de 2015]

A lo largo de la investigación se tomaron varios recaudos en relación con la calidad, la confiabilidad y la credibilidad del trabajo, que contrarrestan la necesidad de mantener a los informantes en el anonimato. En primer lugar, se triangularon permanentemente los datos y las categorías. La triangulación de las fuentes de información implicó la comparación de la información referida a un mismo fenómeno pero obtenida en diferentes fases del trabajo de campo, en distintos puntos de los ciclos temporales o, como ocurre en la validación solicitada, en la comparación de relatos de diversos participantes de campo, incluido el etnógrafo (Hammersley, 1994). De forma paralela, se triangularon diferentes técnicas de recolección de datos (observación participante, entrevistas, documentos), cada una de ellas con distintas amenazas para la validez. En segundo lugar, también se hizo un control de miembros y de otros investigadores, que implicó la lectura de por lo menos dos personas de cada uno de los capítulos (Mendizábal, 2007). Más allá de las precauciones tomadas, las cuestiones antes señaladas en torno al anonimato y a la credibilidad se funden en cuestiones éticas. Es claro que algunos de los argumentos presentados pierden fuerza al "lavar" los datos en su especificidad y contexto, pero la preocupación por respetar a los informantes, sus palabras, sus temores y sus pedidos explícitos de anonimato resulta más importante. Además, como se señaló en la introducción, el interés de este trabajo está orientado a descubrir los sentidos que estas acciones tienen para los actores, antes que de denunciar o cuestionar moralmente sus acciones. En este sentido, como resume Godelier, "a partir de un momento, ya no se analiza solo a los individuos; se busca explicitar, a través de ellos, los procesos que forjan lo social, su mundo social" (2002: 197). Es por ello que, a lo largo de estas páginas, se optó por resaltar sus posiciones sociales (temporales y relacionales) antes que sus nombres y apellidos.

3

Notas para una historia de las relaciones entre producción de conocimientos educativos y el gobierno de la educación en Argentina

1. Presentación

Este capítulo propone una reconstrucción de las relaciones entre el campo de la producción de conocimientos educativos y el gobierno de la Educación en Argentina. Se parte de la idea de que esas relaciones no pueden analizarse independientemente de los cambios en el desarrollo y de las formas que van asumiendo, por un lado, el Estado y, por el otro, las instituciones que conforman el campo de la producción de conocimiento en Educación. A su vez, tanto las transformaciones estatales como los desarrollos intelectuales están atravesados por los cambios político-institucionales de las sociedades, y viceversa. La relación entre ambas esferas no puede entenderse sin dar cuenta de esos cambios más generales y de cómo, en cada momento histórico, varió la conceptualización de cada uno de los dos términos de la relación (Wagner, 2001: 296).

Desde una perspectiva que trasciende el análisis del sector educativo, Weiss y Wittrock exploran las relaciones entre la Ciencia Social y el Estado, resaltando la importancia de una mirada hacia el pasado para comprender el presente. En sus palabras:

La historia determina las relaciones entre el centro y la periferia, el grado de conflicto interno y madurez de las instituciones: si las ciencias sociales están más establecidas, si y donde están incorporadas a la universidad y el respeto que se les dé son cosas que están influidas, todas ellas, por circunstancias históricas. Asimismo, la historia afecta la naturaleza de las cuestiones de la agenda de políticas, y las tradiciones dentro de las cuales se les considera. Los legados del pasado influyen sobre el tipo de personas reclutadas en la vida política y la administración [...] La riqueza natural de la Nación, su temprana o tardía llegada a la época industrial, su historia de colonización, revolución y guerra: todo ello ejerce un enorme impacto sobre la relación entre la ciencia social y la acción del Estado. (Weiss y Wittrock, 1999: 435)

No es la intención desarrollar aquí las múltiples dimensiones señaladas por los autores. Interesa más bien resaltar los aspectos del desarrollo del Estado y del campo de la producción de conocimiento en Educación en Argentina que permiten contextualizar los aportes de esta investigación. Frente a las variadas propuestas analíticas que modelizan las relaciones entre el conocimiento social y la política pública independientemente de los contextos específicos en los que tienen lugar (ver apartado 2 del Capítulo 1), se considera fundamental prestar atención a la configuración socio-histórica de nuestro contexto particular. Para dilucidar las modalidades de articulación entre estas dos esferas no se puede prescindir de una mirada que se dirija hacia la conformación, el desarrollo y la configuración actual del espacio social estudiado.

El delineado socio-histórico que se propone está basado en el análisis de los procesos de institucionalización y profesionalización del campo de la producción de conocimiento en Educación, tanto dentro de la esfera estatal como en otros espacios de producción, especialmente, en la universidad. Históricamente, el campo de la Educación se estructuró a partir de dos bases institucionales: por un lado, los organismos centrales de gobierno del sistema educativo y, por el otro, las instituciones universitarias y de formación superior docente. La exploración de estos dos procesos (institucionalización y profesionalización) en estos dos ámbitos –el del Estado y el de las universidades– permite dar cuenta del grado de diferenciación y de especialización de saberes, de agentes y de instituciones del campo educativo en cada momento histórico[41] (Weiss y Wittrock, 1999: 176).

Por institucionalización se entienden aquellos procesos por los cuales determinados grupos o prácticas se recortan como específicas, se regularizan, se sancionan y se construyen como autónomas y legítimas (Suasnábar y Palamidessi, 2007). Las instituciones funcionan en la sociedad como un conjunto de reglas que apuntan a resolver conflictos de coordinación y de distribución. Distribuyen poder y recursos y son, a la vez, producto de la lucha de actores desiguales. Operan, además, en contextos en los que existen otras instituciones y variables sociales (Acuña, 2013). La creación de una carrera universitaria, el cambio en un plan de estudios, la apertura de una cátedra, la formalización de un nueva agencia en el ámbito estatal, la sanción de una Ley de Educación serían algunos ejemplos de instituciones relevantes en nuestro análisis.

Los procesos de profesionalización están, en cambio, más ligados a los agentes y a su formación. Suponen la emergencia de ciertos puestos de trabajo o de posiciones institucionales. Para ocupar estas posiciones "se requie-

---

[41] En esta línea, Camou señala que la historia de los saberes y actores expertos debe trazarse teniendo en cuenta, por un lado, el fortalecimiento del Estado como entidad central de regulación estatal y, por el otro, el desarrollo, la especialización y la profesionalización de las disciplinas científicas, en especial las Ciencias Sociales. Mientras el Estado se convierte en un "creciente demandante de expertos y técnicos para cumplir las cada vez más diferenciadas tareas propias de la condición de *Welfare State*" (2007: 141), son las nuevas disciplinas científicas las que proveerán esos técnicos así como los analistas en ese proceso de articulación entre saber y poder.

ren saberes, calificaciones y titulaciones específicas" y, en general, los ocupantes reivindican el control y la regulación exclusiva de ese conjunto de prácticas y conocimientos" (Suasnábar y Palamidessi, 2007: 41). Son dos los requisitos fundamentales para que exista la profesionalización: el primero, la creación de una carrera o trayecto cuyo ingreso está determinado por reglas que son conocidas y aceptadas por todos, y el segundo, la existencia de recursos para proveer los medios de subsistencia a los profesionales que transitan ese recorrido (Kreimer, 1999: 20).

La consideración de estas dos dimensiones (la institucionalización y la profesionalización) a lo largo de la historia de la Educación en Argentina permite delinear tres patrones de relación diferentes, que reflejan configuraciones socio-históricas distintas en las relaciones entre el gobierno de la Educación y la producción de conocimientos educativos en nuestro país[42]. En cada una de estas etapas varían las estructuras político-estatales así como la forma y las agencias productoras de conocimientos educativos orientados a la gestión, conformando vínculos diferentes entre ambas esferas. Esta periodización permite una comparación esquemática al enfatizar las características generales de tres tipos de vínculos. Sin embargo, deja de lado, por una parte, el análisis más preciso de las rupturas, las contradicciones y las discontinuidades en el interior de cada uno de esos momentos. Al ofrecer una mirada panorámica se tiende a sobreestimar su unidad y descuidar su dinámica práctica. Por otra parte, al centrarse en los procesos de institucionalización y profesionalización asociados con la producción de conocimientos educativos, quedan

---

[42] La periodización planteada se basa en el trabajo realizado por Suasnábar y Palamidessi (2007). Se retoma también en los trabajos de Palamidessi (2010) y de Tedesco (2012).

en segundo plano también los debates más ligados a las ideas y contenidos que se desarrollaron en el campo de la Educación[43].

A través de una revisión de esos tres momentos históricos, se persigue un doble propósito. Por un lado, se propone contextualizar histórica y temporalmente el problema. Por otra parte, el recorrido propuesto ayudará a dar cuenta de algunas de las tendencias que se evidencian en el campo de la producción de conocimiento sobre Educación en el período estudiado.

2. Construcción del Estado Nacional: creación del sistema educativo

El análisis de la emergencia de los diferentes dominios de conocimiento social se inscribe, tanto en los países centrales como en los periféricos, como parte de un proceso más general de racionalización que caracterizó la expansión de los estados modernos y el desarrollo del capitalismo en las sociedades modernas. Los procesos de conformación de los estados nacionales y de su capacidad para gobernar estuvieron acompañados por una progresiva demanda y generación de saberes orientados a las tareas de gobierno y, a su vez, a la conformación de elites técnicas estatales.

---

[43] Hay todavía un reducido cuerpo bibliográfico que aborda los debates intelectuales de la Educación a lo largo de la historia argentina. Sobre la primera etapa, se pueden consultar los trabajos de Puiggrós (1990), donde se analizan en detalle las corrientes pedagógicas dominantes y alternativas del período; el de Diker (2006), que desarrolla un análisis de la producción pedagógica de los docentes entre 1880 y 1940; y el de Dussel (1997), donde se exploran los variados discursos pedagógicos presentes entre 1863 y 1920 en torno a la enseñanza media. Para la segunda etapa, puede consultarse Suasnábar (2004), que analiza la relación entre las universidades, los intelectuales y la política entre 1955 y 1976; y, por último, para la tercera, se encuentra el libro de Palamidessi *et al.* (2007), en el que, más que los discursos educativos, se describen las instituciones y la producción educativa entre 1883 y 2003.

Así, el crecimiento, la diferenciación y la especialización de funciones y agentes estatales fue paralela al desarrollo de dominios de conocimiento específicos ligados a las acciones gubernamentales. Plotkin y Zimmermann resumen este proceso con las siguientes palabras:

> Históricamente, las redefiniciones de los espacios de intervención del Estado no han sido sólo el resultado de cambios ideológicos (grandes narrativas, o cosmovisiones, tales como el liberalismo o el socialismo), sino que han ocurrido también a partir del desarrollo de saberes específicos y de reformulaciones que los mismos produjeron en percepciones sociales más amplias, las que a su vez han influido de manera dialéctica en la evolución de estos saberes. (Plotkin y Zimmermann, 2012: 11)[44]

En el terreno educativo, el surgimiento y la expansión de los sistemas de escolarización masivos a fines del siglo XIX generó una demanda de conocimientos, de funcionarios burocráticos y de agentes especializados en la regulación, el control y la legitimación de los nuevos sistemas escolares. Si hasta el momento la Educación había estado principalmente a cargo de la iglesia, de asociaciones y de particulares, a partir de entonces el Estado Nacional comenzó a concentrar las tareas de administración y de provisión de la Educación, y a regular de forma sistemática y exhaustiva las prácticas de los agentes burocráticos y de los docentes. Este proceso fue conducido centralizadamente por los nuevos estados nacionales.

---

[44] Sobre las imbricadas relaciones entre conocimiento social y el proceso de construcción del estado moderno así como la conceptualización de las elites técnico estatales en esta etapa en Argentina, cabe señalar la importancia de los libros compilados por Neiburg y Plotkin (2004) y por Plotkin y Zimmermann (2012). Cada uno de los artículos expuestos analiza esta articulación desde una perspectiva relacional y situada para diferentes áreas de conocimiento.

En Argentina, el inicio de esta etapa podría ubicarse en la década de 1880, momento en el que el Estado Nacional y las provincias comienzan a desarrollar sistemas educativos como piezas fundamentales de sus estrategias de control social. Con un objetivo fundamentalmente político, que hizo hincapié en la homogeneización social y en la construcción del ciudadano argentino, en ese período se instauró un régimen de escolarización masivo. Brevemente expuesto, el sistema educativo tradicional implicó:

...la definición de una forma determinada de articulación entre una estructura del sistema por niveles (primario, secundaria, superior), su organización institucional (que incluye las formas de gobierno), el papel de los actores del proceso pedagógico (particularmente los docentes), la definición de contenidos y de la estructura curricular y las modalidades de acción pedagógica (la didáctica). (Tedesco, 2012: 25).

Al compás de estas definiciones, se sucedieron importantes cambios en la estructura del Estado y sus agentes.

2.1. Las primeras agencias y agentes estatales

Con el propósito de expandir la Educación Primaria hacia toda la población, hacia fines del siglo XIX y comienzos del siglo XX se gestan, estructuran y consolidan los órganos de gobierno del sistema educativo nacional. Dos hitos marcan el comienzo de esta etapa: la sanción de Ley de Educación Común (1884), que declara a la Educación Primaria obligatoria, graduada, gratuita y laica, y la creación del Consejo Nacional de Educación (CNE), como el órgano responsable de la conducción y del gobierno del sistema educativo[45]. Este proceso de ampliación se reflejó en las cifras de crecimiento del sistema: en 35 años, entre 1880 y 1915, la cantidad de alumnos de la escuela primaria pasó de 108.319 a 909.979, y la cantidad de docentes de 3.043 a 26.874. A su vez, el número de escuelas se cuadruplicó, pasando de 1.833 instituciones educativas a 7.595 (Gandulfo, 1991). La tasa de asistencia escolar de la población de entre 6 y 14 años pasó del 30% en 1895 al 56% en 1914 (Tedesco y Cardini, 2007). Junto a esta expansión se fueron institucionalizando los organismos, los aparatos y las burocracias gubernamentales tanto nacionales como provinciales, a cargo de la conducción, la administración y el control del sistema de Educación Primaria.

Como era de esperar, la magnitud y el ritmo de expansión del sistema educativo trajo aparejado un importante crecimiento y una incipiente especialización de distintos agentes educativos. Para regular centralizadamente la Educación, se sumaron nuevos funcionarios y técnicos estatales, tanto en las tareas de docencia como en las de administración y control del sistema. Así, comenzó a instaurarse una división jerárquica entre tres funciones del Estado: la administración política y central del CNE, los inspectores y los docentes[46].

---

[45] Si bien es cierto que la Ley de Educación Común regía el funcionamiento de la Educación básica para la Capital Federal y los Territorios Nacionales, logró establecer también una intervención indirecta sobre las provincias. Al determinar que los inspectores provinciales pasarían a depender del Consejo Nacional de Educación quedó consagrada la centralización del control y la supervisión del sistema educativo nacional (Marengo, 1991).

[46] En este proceso de especialización entre los diferentes agentes del campo, fueron centrales las normativas sancionadas hacia fines de siglo XIX. La propia Ley de Educación Común separa las funciones de conducción e inspección del sistema al quitarles a los vocales del Consejo Nacional de Educación las tareas de inspección y transferirlas a los inspectores, que pasan a ser los responsables de la vigilancia de las escuelas en relación con la enseñanza, el edificio y las rutinas administrativas. Por su parte, la separación de tareas de supervisión y de control de las escuelas de las tareas docentes y directivas se fueron cristalizando en otras

El rol del cuerpo especializado de inspectores fue central en este período y fueron confirmados en calidad de nuevo agente del campo. Si bien este cuerpo había sido fundado en 1871 a través de la Ley de Subvenciones Nacionales, recién en 1890 comenzó a funcionar en torno a un reglamento preciso y bajo la coordinación de una Jefatura General (Marengo, 1991), diferenciándose tanto de los docentes como de los funcionarios políticos. Los inspectores eran técnicos subordinados a las decisiones políticas. Funcionaban como un "control controlado" ubicado entre el poder central y los docentes, actuaban como "bisagras entre el gobierno escolar y los maestros" (Dussel, 1995: 63). Su trabajo cotidiano de administración y de control del sistema estuvo acompañado por una novedosa demanda y producción de saberes expertos específicos, tanto del gobierno del sistema (técnicas presupuestarias, arquitectura escolar, estadística educativa) como de cuestiones pedagógicas[47].

En relación con la producción de datos cuantitativos sobre el sistema educativo, el trabajo de los inspectores en esta etapa fue fundamental. En efecto, la estadística educativa de la época se sostuvo principalmente sobre los

---

normativas de menor rango. En 1899, por ejemplo, se prohíbe el ejercicio docente por parte de los inspectores y, cuatro años más tarde, se impide también su desempeño como directores de escuela (Marengo, 1991).

[47] Se sabe que durante esta etapa se consolidó un cuerpo de saberes específicos relacionados con la práctica educativa concreta, difundidos principalmente a través de las publicaciones de la época (*El Monitor de la Educación Común*, *Memorias del Consejo Nacional de Educación*, Informes de los inspectores, generales y de inspección). Sin embargo, con excepción del trabajo de Dussel (1995) que se centra en las tareas de inspección en la Provincia de Buenos Aires, hay muy pocos estudios sistemáticos que aborden el análisis de la producción de saberes expertos relacionados con el gobierno del sistema educativo en este momento histórico.

informes de los inspectores[48], que se ocupaban de fiscalizar aspectos generales de la estadística escolar (cantidad de alumnos, titulación de docentes, nacionalidad de alumnos y docentes, etc.) y de la infraestructura, la higiene y los recursos de las escuelas. Hacia 1900, sumaron a sus actividades una función más pedagógica y con poder punitorio, cuyo objeto fueron las prácticas de enseñanza y los "agentes de la Educación", es decir, los maestros. En el marco de esos procesos, se fueron jerarquizando el rol del inspector y su saber específico, y pasaron a desarrollar la doble tarea de "vigilar/examinar y prescribir/enseñar las prácticas correctas" (Dussel, 1995: 66).

Por su parte, los docentes de las escuelas primarias se conformaron como un cuerpo de especialistas relativamente homogéneo, dotados de tecnologías y saberes específicos, vinculados principalmente a los discursos normalistas (Dussel, 1997). Con la intención de formar maestros preparados para reemplazar a las personas que cumplían este rol sin capacitación específica, entre 1871 (momento en el que se creó la primera Escuela Normal en la Ciudad de Paraná) y finales del siglo XIX, se creó un total de 38 escuelas normales en el territorio nacional (Tedesco, 2003). Como en el caso de los inspectores, la formación docente trajo aparejada la institucionalización de ciertas organizaciones –las escuelas normales– así como de saberes específicos, que fueron consolidando a su vez a los docentes como profesionales portadores de esta formación y conocimientos particulares. Como señala Pineau:

---

[48] Durante esta etapa, la producción de saberes sobre la población escolar estaba más ligada a los relevamientos realizados por los inspectores que a los censos estadísticos. En efecto, el primer censo educativo se llevó adelante en la Provincia de Buenos Aires en 1870 y el primer censo nacional en1909.

La tenencia monopólica de saberes específicos para comprender, controlar y disciplinar a los alumnos –método correcto, tablas de calificación y clasificación, baterías de tests, aparatos psicométricos, etcétera– otorgó identidad a los maestros y les permitió diferenciarse de otras figuras sociales con las que se fundía en épocas anteriores, como las del anciano, clérigo o sabio. (Pineau, 2001: 34)

Comienza a darse, así, una incipiente diferenciación entre dos saberes técnico-pedagógicos: por un lado, un saber cotidiano asociado a los docentes y las tareas de enseñanza y, por el otro, un saber experto vinculado con las actividades de inspección, que encontró su legitimidad en la pedagogía (Dussel, 1995; Suasnábar y Palamidessi, 2007).

En el interior del cuerpo docente, sin embargo, comenzó a delinearse otra diferenciación. Si, por un lado, se iba consolidando un cuerpo de maestros primarios formados en las recientemente creadas escuelas normales, por el otro, la formación de los docentes secundarios se daba en el marco de otras instituciones, principalmente la universidad[49]. Se fueron construyendo y articulando dos circuitos vinculados con la enseñanza. El primero asociado a la enseñanza primaria y a las escuelas normales (primaria-normal) y el segundo vinculado con la enseñanza secundaria y la formación universitaria (secundaria-superior) (Dussel, 1995; Pinkasz, 1992). Esta diferencia tenía sus raíces en la estructura social sobre la que se construía el sistema educativo. Como señala Tedesco (2003), las escuelas normales tendían a reclutar a sectores sociales de menos recursos que la universidad, y principalmente a

---

[49] En 1902 y 1907 se crearon los profesorados de enseñanza secundaria, normal y especial en la Universidad de Buenos Aires y en la Universidad de La Plata, respectivamente. Como consecuencia, se definió un nuevo agente, el "profesor secundario diplomado". Hasta el momento esta tarea era cumplida por profesionales con título universitario (Dussel, 1997 y Pinkasz, 1992).

las mujeres. La formación de magisterio no era concebida como una etapa previa a los estudios superiores y esta característica la hacía menos prestigiosa, limitando el interés de los sectores medio-altos. Así, el campo profesional de los maestros quedó restringido a la enseñanza en escuelas primarias y normales, mientras que los profesores formados en la universidad estaban habilitados a dar clases en las prestigiosas Escuelas Secundarias Nacionales[50]. Las funciones de supervisión, seguimiento y control cotidiano del sistema educativo ejercidas por los inspectores no solo se diferenciaban de las tareas de docencia, a cargo de los maestros y profesores, sino también de las funciones de conducción general del sistema, responsabilidad de los funcionarios políticos. Las diferencias entre inspectores y funcionarios se manifestaban en dos sentidos. En primer lugar, el proceso de profesionalización de los cargos de inspectores (su selección por concurso público) trajo aparejada una mayor permanencia y estabilidad en sus cargos, dotándolos de una mayor cuota de autonomía. En segundo lugar, el saber pedagógico del que disponían los ubicaba en funciones de asesoramiento técnico de las figuras políticas. De hecho, durante ese lapso (1900-1915), entre los inspectores escolares se encontraban destacados pedagogos que tuvieron una participación decisiva en la confección de reglamentos escolares y normas, así como también en la definición de rituales pedagógicos y planes de estudio. La base de la autonomía de este cuerpo era la posesión de un saber técnico-pedagógico del que eran los representantes legítimos.

---

[50] Las batallas en torno a la definición de los títulos necesarios para dar clase en los distintos niveles e instituciones educativas dan cuenta de las luchas por la diferenciación profesional (y social) de cada uno de los circuitos de enseñanza (ver Dussel, 1997 y Pinkasz, 1992).

2.2. El espacio universitario: desarrollo de la producción de conocimientos educativos

En los párrafos anteriores se enfatiza la importancia del aparato estatal en la producción de saberes educativos y de conocimientos técnico-pedagógicos en esta etapa, tanto a partir de la creación de organismos gubernamentales con el objetivo de administrar y controlar el sistema (el cuerpo de inspectores), como en las instituciones responsables de la formación de docentes primarios (escuelas normales). Sumado a esto, a principios del siglo XX, aparecieron los primeros grupos especializados en temas educativos en el marco de las universidades. Tanto en la Universidad de Buenos Aires como en la Universidad de la Plata se gestaron núcleos orientados a la producción de conocimiento, ligados principalmente a la formación de profesores secundarios que, como se indicó, no gozaban de una titulación específica en ese momento.

Los procesos de institucionalización de saberes educativos en las universidades se dieron, primero, a través de la creación de cátedras (asignaturas) asociadas a saberes educativos y, más tarde, con la inauguración de las carreras específicas de Educación. En 1896 se crea la cátedra de Ciencias de la Educación, en la Facultad de Filosofía y Letras de la Universidad de Buenos Aires, y, en 1905, la Sección Pedagógica en la Universidad de La Plata. La inauguración de la Facultad de Ciencias de la Educación en 1914 completó este proceso de incipiente institucionalización universitaria. Si bien existieron algunos intentos por delinear una universidad centrada en la investigación (y la Sección Pedagógica de la Universidad de La Plata podría inscribirse en esta línea), estos avances:

... no dejaron de inscribirse en el modelo tradicional de universidades, donde los criterios de reconocimiento se fundaban en el prestigio derivado de la actividad profesional o de la pertenencia a una elite dirigente y no en el de una comunidad académica. (Suasnábar y Palamidessi, 2007: 46)

Fueron las características elitistas y oligárquicas de la sociedad las que, en este período, pusieron muchos de los límites a los intentos de cientifización del campo de la Educación en la universidad. Las universidades en Argentina surgieron y se afirmaron sobre un doble juego de, por un lado, sostener y consolidar una clase política y, por el otro, formar profesionales orientados a responder a las demandas de desarrollo del Estado y del nuevo sistema educativo. Poco espacio quedó, así, para las actividades sistémicas de investigación (Krotsch, 2003).

2.3. La profesionalización de los agentes educativos

En términos de profesionalización, durante esta etapa se inicia un proceso de diferenciación entre los diversos agentes que conformaban el nuevo y creciente sistema educativo. Como se señaló, cada uno de los roles necesarios para concretar y expandir la escolaridad estuvieron asociados, por un lado, con la creación de nuevas instituciones y, por el otro, con la adopción y producción de saberes específicos. De esta forma, durante estos años se fueron conformando, simultáneamente, los docentes de nivel primario (escuelas normales-normalismo); los docentes de nivel de secundario (universidad-humanismo); la burocracia controladora (agencias estatales – cuerpo de inspectores-saber pedagógico) y los funcionarios políticos.

Esta diferenciación no fue tan evidente, como sería más adelante, entre los inspectores y los docentes universitarios. En efecto, muchos de los personajes más ilustres del campo educativo y los hombres de letras, durante este período, ocuparon cargos de inspección. Otros, además, tuvieron una doble inserción como funcionarios burocráticos (inspectores y miembros del Consejo Nacional de Educación) y docentes universitarios en materias pedagógicas[51]. Caracterizados como "pedagogos humanistas", por el tipo de intervención político intelectual que representaban, estos hombres pertenecían a grupos de elite, tenían una formación clásica, centrada en la reflexión filosófica, y no tuvieron inconveniente en insertarse en la gestión política construyendo su legitimidad desde el lugar universal que representaba la pedagogía (Suasnábar, 2004; 2009).

3. Impacto del desarrollismo en las relaciones entre conocimiento, políticas y planificación

En los países centrales, la consolidación de los Estados de Bienestar en los años de postguerra propuso una nueva configuración en las relaciones entre el Estado y los saberes sociales. El modelo intervencionista de elaboración de políticas, que había comenzado en el campo de la Economía con el keynesianismo, se extendió a todos los sectores de gobierno. La expansión del intervencionismo político estuvo acompañada, a su vez, por un fuerte crecimiento de la administración pública, que modificó los principios operantes de la gestión y generó una nueva demanda de conocimientos sociales, incluyendo el de

---

[51] Entre 1900 y 1915 destacados pedagogos ocupan cargos de inspección: por ejemplo, Víctor Mercante, Pablo Pizzurno, Andrés Ferreira, y literatos, como Leopoldo Lugones y Horacio Quiroga (Dussel, 1995). Por su parte, las biografías de personajes como Francisco Berra, Carlos Octavio Bunge y Horacio Rivarola dan cuenta de una doble inserción profesional. Todos ellos desempeñaron cargos en el Consejo General de Educación, como miembros o inspectores, y ocuparon además la primera cátedra de Ciencias de la Educación de la Facultad de Filosofía y Letras de la Universidad de Buenos Aires (Suasnábar, 2004; 2009).

nuevas disciplinas como la Educación. Wittrock, Wagner y Wollman dan cuenta de esta nueva relación entre Estado y saber social señalando: "En esta época de crecientes programas públicos e intentos de planeamiento racionalista, se estaban forjando nexos directos entre la ciencia social de orientación hacia las políticas y la intervención en las políticas" (1999: 87).

La idea de que el saber experto puede vincularse directamente con los procesos de administración estatal para alcanzar una reforma social determinada se expande con fuerza. Se crea una suerte de coalición entre la política pública y el desarrollo de las Ciencias Sociales, con el doble resultado de renovar las instituciones políticas y la ciencia social. La planificación empieza a resonar como una nueva tecnología de intervención social y la investigación es percibida como un insumo clave del proceso. En el cuanto a la investigación educativa, que a diferencia de otras disciplinas –como la sociología y la economía, por ejemplo–, había tenido una relación más bien lejana con las preocupaciones políticas inmediatas, comienza lo que de Landsheere denomina la etapa "dorada", caracterizada por el aumento de la inversión estatal destinada a la producción de conocimiento[52] (de Landsheere, 1996; Husén, 1988).

La fuerte confianza depositada en la racionalidad científica, como un instrumento clave para planificar la organización futura de la sociedad, trajo aparejada la creación de nuevas instituciones, formas organizativas e instrumentos de política en materia de producción científica. A medida que se aumentaban los fondos públicos destinados a la producción de conocimiento académico, se

---

[52] En efecto, en el contexto europeo y norteamericano, muchos países promovieron y financiaron ambiciosos programas de investigación y evaluación orientados a la formulación y a la implementación de políticas educativas (Husén, 1988; Karabel, 1977)

realimentaba el lazo entre estos conocimientos y las decisiones políticas. Tanto en los países centrales como en los periféricos, hubo un movimiento de ampliación de la base institucional dedicada a la investigación especializada y orientada hacia las políticas. Se inauguraron instituciones de investigación especializada, muchas de las cuales se enfocaron en campos o problemas específicos de política. En algunos países se introdujeron mecanismos especiales para regular los vínculos entre la investigación y la política[53] y se crearon cuerpos especialmente coordinados para vincular la "demanda" de investigaciones con la "oferta" (Wittrock *et al.*, 1999).

En América Latina, la coalición entre instituciones dedicadas a la investigación y los espacios de decisiones políticas se articuló con los discursos desarrollistas, que se presentaron a fines de los años cincuenta como una alternativa reformista y progresista a la revolución, frente a los problemas que aquejaban a la región. Entre el núcleo básico de estas ideas, estaban la industrialización acelerada, la tecnificación del agro y la reforma agraria moderada, todos elementos que permitirían un crecimiento económico sostenido y una distribución más equitativa de los ingresos (Neiburg y Plotkin, 2004). En este programa, se le asignaba un papel esencial al Estado como promotor central del desarrollo y se lo postulaba como el responsable de llevar adelante la modernización institucional y

---

[53] En los Estados Unidos se estableció la política de "solicitud de propuestas" en conexión con los programas de la Guerra contra la Pobreza y de la Gran Sociedad. En Inglaterra se regularon las relaciones entre clientes y contratistas a través de los principios Rothschild, que otorgaron a los ministerios de gobierno herramientas y procesos detallados para encargar investigaciones que consideraran pertinentes a sus preocupaciones. En Francia las "políticas de contrato" se definieron durante los años setenta. Por último, en Suecia se generaron las llamadas "políticas de ciencia sectorial" (Véase Wagner *et al.* (1999) para un detallado relato de estas transformaciones en países de Europa y en los Estados Unidos).

social. A su vez, el Estado debía apoyar el desarrollo de las Ciencias Sociales, que producirían los saberes y herramientas para diagnosticar y planificar las transformaciones sociales necesarias. Los nuevos saberes sociales requeridos para estimular el desarrollo social y económico tendrían dos características. En primer lugar, al igual que otros saberes aplicados a distintos campos de la política pública, eran esencialmente interdisciplinarios. Como señalan Neiburg y Plotkin, "en la consecución del desarrollo tendrían que actuar una constelación de nuevas formas de conocimiento científico sobre la sociedad, en la que habría lugar no sólo para economistas, sino también para sociólogos, antropólogos, psicólogos sociales" (2004: 238). A la lista de profesionales que enumeran estos autores, se podrían agregar los licenciados de Ciencias de la Educación. Por otro lado, para alcanzar el desarrollo se requería que esos saberes fueran específicos y especializados. Apareció entonces "toda una gama de tecnologías aplicadas a las Ciencias Sociales y en especial a la Economía que permitirían producir instrumentos adecuados para el diagnóstico de la situación y la programación y planificación" (238). A su vez, en cuanto a los nuevos perfiles profesionales, "el manejo de estas tecnologías requería un conocimiento que sólo una formación específica con reglas propias podía otorgar" (238).

En la mayor parte de los países de la región, el proceso de modernización institucional y social postulada por el desarrollismo se canalizó institucionalmente mediante dos procesos simultáneos: la modernización burocrática estatal –que incluyó la creación de nuevos organismos gubernamentales a cargo de la producción y difusión de conocimiento para la gestión–, y la institucionalización de nuevas carreras universitarias y de sistemas estatales para promover la ciencia y la tecnología. Sin embargo, como se desarrollará más adelante, estos proyectos concretos de modernización quedaron truncos como consecuencia de la inestabilidad política de la región, reflejada en los sucesivos golpes militares que instauraron gobiernos autoritarios.

3.1. La modernización del Estado: complejización y diferenciación de las funciones gubernamentales

En Argentina, y en especial en el terreno de la Educación, las transformaciones en torno a la modernización del Estado –que formaban parte de un proceso de mayor complejización, ampliación y diferenciación de funciones gubernamentales– se enmarcaron en un contexto de crecimiento exponencial del sistema educativo. Esta expansión se expresó, entre otras cosas, en el aumento de la matrícula de todos los niveles escolares. Entre 1952 y 1970, la matrícula de la Educación pre-primaria llegó a triplicarse, pasando de 63.314 alumnos a 229.025; el nivel primario amplió la cantidad de alumnos en un 43%, que pasó de 2.394.538 a 3.425.288; y, por último, el nivel medio estuvo cerca de triplicarlos, pasando de 353.973 a 974.167 alumnos (Paviglianiti y Tiramonti, 1988). Este crecimiento del servicio educativo trajo aparejada la contratación de nuevos docentes y la construcción de numerosos edificios escolares.

La administración de un sistema educativo cada vez mayor requirió de la creación de nuevos organismos especializados en el interior de la cartera educativa. Así, se inició un proceso de reconfiguración y diferenciación entre tres tipos de funciones gubernamentales que se mantuvieron hasta nuestros días. En primer lugar, se crearon agencias dedicadas a la prestación de servicios educativos cada vez más especializados. Se fueron conformando direcciones de inspección, responsables de impartir y supervisar la enseñanza. Más allá de las dependencias y denominaciones específicas de cada área –que fueron variando a lo largo de estos años–, durante esta etapa se institucionalizaron en direcciones nacionales o consejos especiales distintos niveles y modalidades educativas que, hasta ese momento, no contaban con funciones y objetivos propios[54]. En segundo lugar, se consolidaron áreas a cargo de la gestión administrativa, de la organización presupuestaria y contable, del desarrollo de la infraestructura y de la gestión del personal docente y no docente del sistema. Por último –y especialmente relevante para el tema que interesa–, se inauguraron dentro de la cartera educativa organismos técnico-pedagógicos y oficinas de planeamiento, responsables de la producción y de la difusión de nuevos tipos de conocimiento[55].

Si, hacia el año 1950, dentro del Ministerio existía únicamente la Dirección de Biblioteca e Información Educativa, responsable principalmente del desarrollo de las estadísticas del sector, en la década del sesenta se inauguraron dos nuevos organismos bajo la dependencia de la Subsecretaría de Educación: i) el Departamento de Documentación e Información Educativa y ii) el Departamento de Estadística Educativa[56]. Además, unos años más tarde,

---

[54] Durante esta etapa, se estructuraron, entre otras, las áreas responsables por la educación primaria, educación de adultos; educación especial; educación media y superior; educación técnica; educación privada; educación agrícola, educación artística y educación técnica.

[55] Para una cronología detallada de la evolución interna de los organismos responsables de la Educación entre 1950 y 1983 ver Paviglianiti (1988: 171). Para el análisis más específico de los órganos responsables del planeamiento educativo Pavigliniti se basa en Aguerrondo (1987).

[56] Según el Decreto Nro. 7.568/60 que crea estas nuevas dependencias, el Departamento de Documentación e Información Educativa tendría como funciones la de centralizar la documentación docente y normativa nacional y extranjera; preparar y difundir informes y respuestas a los interesados en la actuación educativa; y establecer intercambio de datos, informes y publicaciones con organismos educativos nacionales e internacionales. Por su parte, las tareas del Departamento de Estadística fueron las de registrar el movimiento estadístico de las actividades educativas, realizar estudios estadísticos destinados al planeamiento

se puso en marcha el Servicio Nacional de Planeamiento Integral de la Educación, que tenía como objetivo "el estudio, sobre bases científicas, de los servicios educativos para adecuarlos a las necesidades de la cultura y del desarrollo económico y social de la Nación" (Paviglianiti, 1988)[57]. Siguiendo la tendencia internacional hacia la ampliación de las instituciones dedicadas a la investigación especializada y orientadas hacia las políticas, cabe señalar que en Argentina ese proceso se dio, principalmente, a través de la creación de agencias estatales, tanto dentro de la cartera educativa como fuera de ella. Además de las dependencias mencionadas que se crearon en el Ministerio de Educación, se inauguraron otras agencias que se ubicaron por fuera. En 1961, se creó el Consejo Nacional de Desarrollo (CONADE), dependiente de la Presidencia de la Nación, que llevó adelante el primer diagnóstico socioeducativo del país (CONADE, 1966). En 1959 se había creado el Consejo Federal de Inversiones (CFI), pensado como un organismo de investigación, coordinación y asesoramiento, responsable de recomendar medidas para una mejor utilización de los recursos económicos en las provincias. A partir de 1966, en el marco de la reorganización del Sistema

---

integral y difundir los resultados en el área nacional e internacional (Paviglianiti, 1988: 153). Es interesante señalar que ninguno de los organismos encargados de la prestación y supervisión de servicios educativos contaba con un organismo técnico. La única excepción fue el Servicio Nacional de Enseñanza Privada que en 1961 creó dentro del servicio pedagógico un "gabinete de expertos" integrado por seis especialistas de la Educación para las tareas de estudio e investigación técnico científicas que sirvieran de base a las decisiones que adoptare el Servicio Nacional en materia pedagógica (154).

[57] Esta tendencia a la creación de nuevos organismos técnico-pedagógicos en el ámbito de la Educación siguió profundizándose a lo largo de la década del sesenta. En 1970, a través de una reforma ministerial se creó la Subsecretaría Técnica que comprendía a la Oficina Sectorial de Desarrollo "Educación", a la Dirección general de Servicios Educativos, al centro Nacional de Investigaciones Educativas y al Departamento de Cooperación Internacional para la Educación, Ciencia y Cultura. La tendencia hacia su jerarquización y centralización comenzó a revertirse a partir de 1972 (Paviglianiti, 1988).

Nacional de Planeamiento y Seguridad Nacional, se descentralizó la planificación del ámbito nacional en ocho oficinas regionales de planeamiento y catorce oficinas sectoriales de desarrollo. En este contexto, se creó la Oficina Sectorial de Desarrollo "Educación" (OSDE), que entró en funcionamiento en 1970 y que luego pasó al Ministerio de Educación (Paviglianiti, 1988).

Las ideas que delineaban la actividad de estas instituciones estaban fuertemente ligadas al desarrollismo que, en el plano educativo, articulaba una relación estrecha entre la planificación, los recursos humanos y el crecimiento económico y social, basándose en las teorías del capital humano y de la formación de recursos humanos (Tedesco, 2012). Esquemáticamente expuestas, estas ideas sostenían que el nivel educativo de la población estaba directamente asociado a su productividad y al desarrollo. En este sentido, los recursos asignados a la Educación dejaron de considerarse un gasto para pasar a analizarse como una inversión, tanto a escala individual como social. Estas inversiones debían organizarse en función de la demanda de mano de obra sugerida por los planes de desarrollo económico y social (Carciofi, 1987). Basándose en conocimientos de Economía, algunas de las herramientas conceptuales y políticas más comunes durante este período fueron los estudios de las tasas de retorno, que permitían identificar los sectores más rentables para las inversiones educativas[58].

---

[58] Aguerrondo (1990) señala las múltiples limitaciones que presentaron los enfoques economicistas para una concepción más amplia del planeamiento educativo. Por un lado, estas visiones se caracterizaron por una "escasa comprehensividad de la definición del objeto a planificar, del cual se desconocieron [...] los aspectos que no fueran aprehensibles con los esquemas economicistas" (29). Por otra parte, explica que la utilización de enfoques y metodologías originadas en el campo económico –como las de recursos humanos o la de tasas de retorno– brindaron aproximaciones muy parciales a la planificación educativa.

3.2. El planeamiento y la fuerte influencia de los organismos internacionales

El papel de los organismos internacionales creados en el marco de los procesos de paz y desarrollo fue clave para la difusión de estas ideas. La Comisión Económica para América Latina y el Caribe (CEPAL) y, más adelante, el Instituto Latinoamericano de Planificación Económica y Social (ILPES), que dependía de la CEPAL, influyeron decisivamente en la formulación de políticas y en la planificación en la región. En el terreno educativo, tuvieron un rol fundamental la Organización de las Naciones Unidas para la Educación, la Ciencia y la Cultura (UNESCO) y la Organización de Estados Americanos (OEA). Más entrada la década del sesenta, la Organización de Cooperación y Desarrollo Económico (OCDE), aunque se trataba de un organismo intergubernamental ajeno a la región, tuvo una influencia significativa en el enfoque ligado a los recursos humanos (Aguerrondo, 1990). La orientación conceptual y metodológica de la planificación, así como la formación de cuadros técnicos, fueron aspectos centrales de las acciones que desarrollaron los organismos internacionales durante estos años.

El rol de estos organismos fue fundamental tanto en términos técnicos como políticos. Tedesco advierte la importancia de su papel con las siguientes palabras:

> En términos técnicos, introdujeron metodologías de diagnóstico basadas en datos e informaciones estadísticas que obligaron a mejorar los sistemas nacionales de información. Asimismo, incorporaron al análisis educativo todo el soporte técnico de las Ciencias Sociales y de la Economía, lo que permitió superar el enfoque filosófico pedagógico dominante hasta entonces. Desde el punto de vista político, crearon un espacio de discusión supranacional, en el que era posible arribar a ciertos consensos que no necesariamente se traducían en decisiones nacionales.

El prestigio político y técnico de los organismos internacionales brindaba legitimidad a los postulados modernizadores sostenidos por los actores locales. (Tedesco, 2012: 53)

Sin menospreciar la importancia de la propagación de estas ideas y de las acciones de estos organismos, nos gustaría señalar algunas de sus limitaciones. La más importante tiene que ver con la crisis del Estado planificador y el modelo desarrollista, y será retomada en el último aparatado de esta sección. Hay otra de menor envergadura relacionada con los propios agentes "planificadores". Lamarra y Aguerrondo (1978) señalan que si bien en un primer momento la "ideología" planificadora –es decir, la concepción de la planificación como solución para el cambio social– ayudó a instalar mayor racionalidad técnica a los diagnósticos y definición de políticas, al mismo tiempo los llevó al aislamiento de los niveles de decisión política y administrativa. Según los autores, ellos mismos parte de este grupo, los planes y productos de la planificación respondían, en algunos casos, más a las concepciones políticas de los planificadores que a concepciones vigentes en ese momento en el país. Estas teorías no encontraron la posibilidad de anclarse ni de direccionar las prácticas políticas concretas.

3.3. La universidad, el impulso a las políticas de Ciencia y Técnica y la creación de los centros de investigación

Las transformaciones y los cambios que tuvieron lugar en los órganos de gobierno de la Educación, y las ideas centrales que los impulsaban, se empezaron a dar en un período en el que las disciplinas sociales todavía no estaban ampliamente reconocidas, establecidas y consolidadas en términos académicos. Las condiciones políticas iniciadas con la caída del peronismo en 1955, sumadas a las nuevas demandas de conocimiento orientado a la gestión que se desprendían del proyecto desarrollista, fueron clave en el proceso de extensión y de modernización de las capacidades universitarias y científicas que caracterizó a esta etapa. Tal como se explicó al comienzo de este aparatado –aunque con características diferentes a las presentadas en los países centrales–, en nuestro país también se dio una suerte de coalición entre la política pública y el desarrollo de las Ciencias Sociales, lo que derivó en la renovación de las instituciones políticas y en la producción de conocimiento social.

En el ámbito de la universidad, la reformulación de los planes de estudio y el pasaje de campos disciplinarios a carreras universitarias implicó un proceso de institucionalización que incluyó la creación de nuevas identidades disciplinares. En la Universidad de Buenos Aires, por ejemplo, entre 1956 y 1958, se convirtieron en carreras universitarias campos disciplinares como la Geografía, la Sociología y la Psicología, y se reformularon los planes de estudio de las carreras de Historia y Filosofía. En 1957, se aprobó el plan de estudios de la carrera de Ciencias de la Educación, que reemplazó los estudios de Pedagogía (Buchbinder, 1997). En el marco de disputas, negociaciones y acuerdos acerca del núcleo central de conocimientos que se transmitiría a los alumnos en cada carrera (definición curricular y de los programas específicos de las materias), se definían las aproximaciones de cada una de las disciplinas. En el caso de las Ciencias de la Educación, en su programa convivieron conflictivamente los nuevos temas que introducían las disciplinas especializadas con aquellos saberes y tradiciones propias de la formación general anterior (Suasnábar y Palamidessi, 2007)[59].

La creación de nuevas carreras universitarias, relacionadas con la Educación, se asocia con la aparición de un tipo de profesional moderno, cuyos saberes especializados fundamentan científicamente las nuevas tecnologías de intervención estatal. En este sentido, la mencionada fundación de la carrera de Ciencias de la Educación permitió avanzar un paso más en el proceso de profesionalización del campo a través de la creación de un nuevo agente: el licenciado en Ciencias de la Educación, lo que derivó en una mayor diferenciación entre una formación más tradicional orientada a la docencia secundaria (muy fuerte en el período anterior) y otra más técnica. El licenciado en Ciencias de la Educación se constituye como un especialista que se diferencia de los maestros, de los profesores universitarios y de los funcionarios políticos.

La emergencia de este nuevo agente es clave para el tema que nos interesa. Tal como señalan Suasnábar y Palamidessi (2007), el "especialista en Educación" basa su legitimidad en el conocimiento empírico y sistemático, en la expertise técnica, en la racionalidad instrumental y en la neutralidad científica. Así, se distancia cada vez más del "pedagogo humanista", aquel intelectual de la Educación que se había consolidado a comienzos de siglo y que expresaba una matriz generalista del saber (Suasnábar, 2004; 2009). En palabras de Suasnábar:

---

[59] Ver, por ejemplo, Blanco (2004) para un análisis de las disputas entre los dos grupos que reclamaban la identidad de los sociólogos en el momento en que la disciplina se moderniza e institucionaliza en la universidad, a partir de la creación del departamento y la carrera de Sociología en la Universidad de Buenos Aires en 1957.

Es en la ductilidad y funcionalidad del especialista en Educación donde "se encuentran las razones de la declinación de aquel modelo intelectual residual que caracterizamos como el "pedagogo humanista", el cual no necesariamente estuvo asociado a determinada corriente político-pedagógica sino que encarnaba un tipo de intervención que no rehuyó a insertarse en la gestión práctica pero que a diferencia de los especialistas buscó construir su legitimidad desde el lugar de lo universal que representaba la pedagogía. (Suasnábar, 2009: 5)

De forma paralela al desarrollo de nuevas disciplinas universitarias, en esta etapa nace un fuerte interés por fomentar la investigación y por orientar las políticas de Ciencia y Técnica, ahora percibidas como una estrategia clave para el desarrollo económico y social. Al afianzarse la confianza en la Ciencia y en la racionalidad técnico-instrumental como medios de transformación social, el desarrollo de la investigación y la creación y regulación de una carrera científica se volvió una necesidad. En las universidades, el impulso a la investigación se expresó: i) en el aumento de la cantidad de profesores e investigadores de dedicación exclusiva a la docencia; ii) en el número de becas para investigación y perfeccionamiento de estudiantes y graduados; y iii) en el apoyo sistemático a la labor de los institutos y centros de investigación (Buchbinder, 1997). A escala nacional, en 1958 se creó el Consejo Nacional de Investigaciones Científicas y Técnicas (CONICET), una agencia estatal responsable de la instauración y regulación de un sistema nacional de Ciencia y Tecnología. La creación del CONICET, basado en el modelo francés de una carrera científica independiente y autónoma de los gobiernos de turno, fue uno de los hitos más importantes del proceso de constitución de una profesión académica de Argentina.

Ahora bien, la producción de conocimiento social en nuestro país encontró lugar también en un pequeño núcleo de instituciones privadas e independientes de los fondos estatales. A diferencia de otros países, donde el surgimiento de los centros especializados estuvo principalmente ligado a las universidades, las características particulares del proceso de modernización universitaria en Argentina estimularon la creación de espacios de producción que no dependieron de la universidad. La fragilidad institucional sumada a la dominación de la formación de profesionales liberales en las universidades impidió que se consolidaran las tendencias modernizadoras de la época, generando un espacio de acción para los centros independientes. La inauguración del Instituto Di Tella en 1958 y del IDES (Instituto de Desarrollo Económico y Social) en 1960 refleja esta tendencia.

La expansión de los centros independientes se aceleró a partir del golpe militar de 1966 y hasta los años ochenta, en el marco de un fuerte conflicto político y de inestabilidad institucional. En ese momento comenzaron a funcionar como un refugio y como un ámbito de supervivencia para muchos docentes-investigadores universitarios y como un espacio alternativo para la formación de nuevos profesionales (Suasnábar y Merodo, 2007). En 1971, se creó el Centro de Estudio e Investigaciones Laborales (CEIL); en 1974 empezó sus actividades el Centro de Estudios e Investigaciones Laborales (CENEP); y en 1975 el Centro de Estudios de Estado y Sociedad (CEDES). En el ámbito regional, en 1966 se creó el Consejo Latinoamericano de Ciencias Sociales (CLACSO) y, en 1974, se funda la sede argentina de la Facultad Latinoamericana de Ciencias Sociales (FLACSO). En el ámbito más específico de la Educación, en 1966 se inauguró el Centro de Investigaciones en Ciencias de la Educación (CICE) como centro asociado del Instituto Di Tella y, en el ámbito católico, a comienzos de los setenta se funda en Centro de Investigaciones Educativas (CIE). La participación e importancia de los centros independientes de investigación –que muchas veces desarrollan investigación orientada a la política– es una característica que, con variaciones a lo largo del tiempo, se instaura en ese período y continúa hasta nuestros días.

3.4. La crisis del Estado planificador

En los países centrales, la coalición entre la intervención política y la producción de conocimiento social comenzó a desmoronarse hacia fines de los setenta y comienzos de los ochenta, cuando el intervencionismo estatista fue sometido a un creciente escrutinio y cesaron las grandes expectativas con relación a la utilidad del conocimiento social (Wittrock *et al.*, 1999). En Argentina, en cambio, esta alianza apenas empezaba a esbozarse cuando en 1966 comenzó un período que se caracterizó por una fuerte crisis política, un alto grado de inestabilidad y profundos conflictos ideológicos.

El golpe militar de 1966 marcó un primer momento de ruptura de los impulsos modernizadores. El proceso de profesionalización académica que se había iniciado la década anterior se vio interrumpido por la intervención de las universidades, las renuncias masivas de profesores, la migración de científicos –llamada "fuga de cerebros"– y las represiones a profesores, entre otros conflictos (Suasnábar y Palamidessi, 2007). Así, quedaron definidos "los límites políticos, sociales y culturales que existían en nuestro país para el despliegue de este proceso de modernización institucional y para el desarrollo autónomo de la investigación social" (52).

La dictadura militar de 1976 fue más allá. Instauró un modelo de gobierno represivo y violento, que tuvo un fuerte impacto sobre la vida universitaria. Hubo una intervención directa de las autoridades militares sobre la conducción de las universidades; se instauraron mecanismos de severo control ideológico que desmantelaron el pensamiento científico autónomo; existieron persecuciones y cesantías del cuerpo docente, así como también expulsiones de estudiantes. Durante este período existió una total impunidad para la imposición de mecanismos, procedimientos y prácticas represivas en las universidades (Kaufmann, 2001; 2003)[60]. Además, en el ámbito de la Educación, las severas limitaciones impuestas por los gobiernos militares para la discusión política hicieron que los investigadores que continuaron su carrera en el país viraran hacia estudios de cuestiones psicopedagógicas, didácticas o psicológicas. Así, los temas vinculados con el ámbito más privado de la enseñanza y el aprendizaje cobraron fuerza en desmedro de temáticas orientadas a la política educativa.

Estos rasgos terminaron por destruir las debilitadas relaciones que se habían forjado entre el conocimiento educativo y la política. Así, la posibilidad de crear una cultura de cooperación entre las universidades y el Estado quedó obturada por el conflictivo lugar en que quedaron las universidades y los centros de investigación. La necesidad de salvaguardar las condiciones básicas de supervivencia y la defensa de espacios mínimos de autonomía por parte de las universidades limitó, por mucho tiempo, el armado de una nueva coalición de intereses entre ambos espacios (Palamidessi, 2010). Este punto es clave en nuestro tema de estudio ya que sienta las bases para una

---

[60] Para un relato minucioso de los distintos efectos de la dictadura militar sobre el ámbito universitario se pueden consultar las compilaciones de Carolina Kaufmann (2001, 2003).

tensa y paradójica relación entre el Estado y las universidades en lo referido a la producción de conocimiento orientado a la política. Los procesos de diferenciación, modernización y profesionalización de las funciones estatales también fueron severamente afectados por los conflictos y la discontinuidad que caracterizó estos años. Los órganos de gobierno y la burocracia estatal sufrieron cambios permanentes y se fueron debilitando. A partir de 1976, la situación empeoró notablemente con la instauración del terrorismo de Estado, el congelamiento del debate público y la desestructuración de los proyectos modernizadores. En el marco de las agencias estatales, los organismos técnicos se desmantelaron a través de procesos de fusión y de la reubicación del personal[61]. Aunque existieron algunos intentos modernizadores posteriores[62], cuando se recupera la democracia, en 1983, la universidad y la investigación social estaban muy endebles.

---

[61] Paviglianiti (1989), citando a Aguerrondo (1986), da cuenta de los procesos de desmantelamiento de las áreas técnicas en el Ministerio de Educación cuando señala que "con el derrocamiento del gobierno constitucional en 1976 [...] se lleva a cabo una política de desmantelamiento de los organismos técnicos oficiales, particularmente los de planificación. La oficina de planeamiento de la Educación a nivel nacional (OSDE) sufrió del mismo modo una serie de avatares. En 1976 se la desintegró utilizando el cargo de su Director para un asesor del Subsecretario de Educación, y adscribiendo al equipo técnico a la Dirección Nacional de Políticas y Programación Presupuestaria y al resto del personal al Área de Seguridad Nacional del Ministerio de Educación. Posteriormente, en 1979, se dio pase a todo el grupo técnico que estaba en presupuesto adscribiéndolo nuevamente, esta vez a la Dirección Nacional de Investigación, Experimentación y Perfeccionamiento Educativo (DIEPE) donde se conformó el Sector Planeamiento, pero donde nunca se le asignaron funciones específicas" (158).

[62] De la mano de un gobierno militar, en 1970, existió un intento por seguir modernizando la universidad enmarcado en lo que se llamó el Proyecto Taquini. Esta política universitaria incluyó la expansión del sistema de Educación Superior y la regionalización de la oferta. En el marco de este proyecto, se crearon universidades en muchas capitales provinciales sobre la base de un modelo más orientado a la investigación y al desarrollo de vínculos con actividades productivas. En el plano de la formación docente, este gobierno también avanzó en la transformación de las Escuelas Normales en Institutos Superiores de Formación Docente, creando una división entre los estudios superiores universitarios y los estudios superiores no universitarios.

4. Estado y políticas educativas desde el retorno a la democracia

En Argentina, la finalización de la dictadura militar y de sus mecanismos de censura y persecución posibilitaron el retorno del debate político. En ese nuevo contexto, se dio un movimiento de reactivación cultural acompañado de un fuerte interés por la discusión educativa, acallada durante la década anterior. Comenzó una tendencia –que se fue profundizando a lo largo de las últimas tres décadas– hacia la reconfiguración, expansión y diferenciación del campo educativo.

Los años del gobierno radical (1983-1989) significaron un importantísimo avance en pos de la democratización de la sociedad y del Estado que, en el ámbito educativo, se manifestó tanto en cambios en los organismos estatales como en las universidades. Sin embargo, esas transformaciones quedaron contenidas por la crisis económica, por la presión de las fuerzas armadas, por la oposición creciente en el parlamento y por el activismo sindical. En ese sentido, recién durante el gobierno de Carlos Menem, en 1989, en el marco de nuevas condiciones económicas y políticas, comenzó a entablarse un nuevo rumbo en relación con los vínculos entre la producción de conocimiento en Educación y la política.

Durante la década del noventa se intensificaron los procesos de globalización, reconfigurando las relaciones entre el Estado, la sociedad civil y el mercado. Se observó entonces un giro neoliberal que se expresó en acciones políticas y económicas orientadas hacia el mercado, la privatización, la apertura económica y la desregulación. En este contexto, se inauguraron fuertes transformaciones en el sistema educativo así como en el papel que comenzó a tener la producción de conocimiento orientado a la política. Si bien a mediados de la década del 2000 se modificaron algunas tendencias de política educativa, la nueva estructura de regulación del sistema educativo inaugurada en los años noventa se mantuvo.

4.1. La reforma de los años noventa: hacia una reconfiguración de las funciones asociadas a la producción del conocimiento educativo

El tipo de vínculos entre la investigación y la política encontró un punto de inflexión en la década del noventa. Fue un momento signado por un cambio profundo en los discursos y en las orientaciones estatales en el ámbito educativo, alrededor de los conceptos de reforma, equidad-calidad, eficiencia y rendición de cuentas. La primera transformación se dio en 1992, con la descentralización del sistema. Con la Ley de Transferencia Educativa, las instituciones secundarias y terciarias que estaban todavía en manos del Estado Nacional pasaron a las provincias. Producto de estos cambios, el Estado Nacional dejó de tener entre sus responsabilidades la provisión y el financiamiento del servicio educativo de nivel básico y terciario. Pasó, en cambio, a tener un papel vinculado con la regulación del sistema nacional, a través de dos dispositivos centrales: la evaluación del sistema y la compensación de las diferencias. Este nuevo rol quedó en evidencia también con la sanción de la Ley Federal de Educación en 1993, en la que se plasmaron los ejes centrales del cambio, que se detallarán en el capítulo siguiente.

En este nuevo contexto de transformaciones en las relaciones entre el Estado y la Educación cambió la función de la producción de conocimiento orientada a la política y se instaló una mirada que continúa hasta la actualidad. Esta producción empezó a moldearse a la medida de políticas particulares antes que universales. En vez de centrarse en la provisión del servicio educativo y en su efecto sobre el desarrollo económico y social en términos más generales (característica que compartían los trabajos desarrollados desde los primeros órganos de planificación en la década del sesenta), se empezó a trabajar de forma más diferenciada y dispersa sobre los variados temas que involucran a las políticas educativas específicas (por ejemplo, la formación docente, la Educación Secundaria, los costos de una acción política particular, etc.). Mientras que, como señalan Wittrock *et al.* (1999), en el marco de un Estado intervencionista y de bienestar la mayor parte del conocimiento intentaba "optimizar el producto" (es decir, mejorar las prestaciones de las políticas públicas educacionales para favorecer su crecimiento y expansión), con su decaimiento se vislumbra la aparición de una segunda generación de estudios, centrados más bien en la implantación y en la evaluación de políticas, con la intención de mejorar su eficiencia (96). En esta misma línea, Tiramonti señala:

> Ya no se trata de profundizar y ampliar la propuesta de la modernidad para que alcance a toda la población, sino de revertir algunas de sus tendencias, juzgadas como perniciosas para el cambio desde un Estado que asume una posición de evaluador y emancipador. (Tiramonti, 2007: 92)

El cambio en el rol que se le asigna al Estado en Educación provocó que las actividades de producción de información estadística, la elaboración de investigaciones educativas y el desarrollo de evaluaciones centralizadas y estandarizadas de los aprendizajes se desarrollaran con más fuerza. Estas tres tareas (estadística, investigación y evaluación) se complementaron para asumir una función clave de gobierno: brindar el conocimiento necesario para diagnosticar las condiciones del sistema educativo y orientar su coordinación (Galarza, 2007b). La importancia asignada a cada una se vio reflejada en los cambios en la organización del Ministerio de Educación y en la asignación de nuevas funciones en el organigrama. Asociados a cada una de estas funciones, se reconfiguraron o crearon nuevos espacios institucionales en el interior de la cartera educativa (Landau, Pini y Serra, 2006; Galarza, 2007b). La producción estadística comenzó un proceso de reformulación y de reorganización. Entre 1990 y 1992, la cartera educativa encaró un trabajo de (re)diseño del sistema estadístico educativo nacional. En 1993 se aprobó el documento sobre el cual se construyó la Red Federal de Información Educativa (ReDFIE), organismo que concentró estas actividades hasta 1999. En 1994 se reinició la producción de bases estadísticas con la realización de un Censo Nacional de Docentes y Establecimientos Educativos. Dos años más tarde, se pusieron en marcha los Relevamiento Anuales (RA) de datos estadísticos del sistema educativo, que relevaron y proveyeron datos sobre los establecimientos, los alumnos y los docentes del sistema educativo durante ese período y hasta el año 2002. En 1998 se realizó un Censo Nacional de Infraestructura Educativa. Además, durante esos años, Argentina participó de experiencias de producción de información transnacionales.

La elaboración de investigaciones educativas también cobró fuerzas y la mayor parte del trabajo se concentró en tres espacios (Galarza, 2007). El primero fue la Dirección General de Investigación y Desarrollo Educativo (DGIyDE), creada en 1993 como un organismo dependiente de la Subsecretaría de Programación y Evaluación Educativa. Su trabajo estuvo ligado, principalmente, a la necesidad de orientar y fundamentar las decisiones vinculadas con la implementación de la Ley Federal de Educación. El segundo fue el Programa de Costos del Sistema Educativo (PECSE) inaugurado a mediados de la década para responder a los desafíos presupuestarios que implicaba la reforma. Además del desarrollo de investigaciones desde ámbitos con funciones orientadas hacia esta tarea, durante la década del noventa fueron varios los programas del Ministerio que hicieron estudios sobre el sistema educativo, de forma más bien dispersa. Dando cuenta de esta tendencia, Aguerrondo, Núñez Prieto y Weinstein Cayuela (2010) señalan que "se abrió una línea de producción de documentos previos a la toma de decisiones relativos a cada aspecto de la reforma" (34), elaborados por los equipos profesionales contratados por el Ministerio, para discutir entre los grupos de decisores nacional y provinciales, y sus asesores[63].

La última actividad relacionada con la producción de conocimientos educativos fue la elaboración de mecanismos para evaluar la calidad del sistema, a través de la aplicación y del seguimiento de pruebas de los aprendizajes de los alumnos. Respondiendo a las tendencias internacionales y regionales de evaluación de la calidad, en 1993 se creó el Sistema Nacional de Evaluación de la Calidad Educativa (SINEC), dependiente de la Dirección Nacional de Evaluación de la Calidad. La aplicación de los Operativos Nacionales de Evaluación (ONE) comprendió tanto pruebas estandarizadas de conocimiento maestrales y censales para los alumnos como cuestionarios complementarios dirigidos a alumnos, docentes y directivos, que reunieron datos para contextualizar los resultados de las pruebas (Gvirtz, Larripa y Oelsner, 2006).

4.2. Los cambios en la organización del sistema universitario

En el ámbito universitario también se instalaron nuevos mecanismos de control y de evaluación de las instituciones, en el contexto de una redefinición más amplia de las

---

[63] Según Aguerrondo *et al.* (2010) estas producciones evidencian tres novedades en relación con la utilización de fuentes en las producciones de la cartera educativa: las experiencias previas nacionales y de las provincias, las tendencias internacionales y los avances académicos.

relaciones entre el Estado y la universidad. En los años ochenta se había iniciado un proceso de reconstrucción de la producción y de la difusión académica, en un contexto más general de normalización de la vida universitaria, destruida durante la dictadura. En los años noventa, en cambio, desde el Estado se viró hacia la descentralización del sistema universitario, y se implementaron incentivos a la productividad. Estos procesos profundizaron la autonomía y la "regulación a distancia", a través de políticas de evaluación de la calidad (Palamidessi, 2007).

La sanción de Ley de Educación Superior (1995) impulsó esas acciones, asociadas a su vez con la creación de nuevos organismos de coordinación en el nivel superior del sistema –como la CONEAU (Comisión Nacional de Evaluación y Acreditación Universitaria)–, centrados en la acreditación de carreras de grado y de posgrado. Se amplió la burocracia gubernamental asociada al ámbito universitario, se sancionaron instrumentos regulatorios y nuevos mecanismos de asignación de recursos. En relación con la investigación y con el desarrollo técnico, cabe destacar la creación y puesta en marcha de la Agencia Nacional de Promoción Científica y Tecnológica (ANPCyT) en 1996. Desde ese espacio, se establecieron áreas prioritarias para las actividades científicas y tecnológicas, a través de la asignación de fondos para el desarrollo de investigaciones, por los que compitieron las distintas universidades.

En cuanto a la formación universitaria ligada a la investigación, esta etapa se caracterizó por una fuerte a expansión de los posgrados. Según los datos de la CONEAU, aproximadamente el 50% de los posgrados fueron creados a partir de 1995, 25% entre 1989 y 1994, con una tasa promedio de crecimiento anual del 17% en el período 1989-94, y del 18% en el período 1995-2000 (de la Fare, 2008). Los posgrados en Educación representaban un pequeño porcentaje del total. Más allá de este crecimiento, estos espacios no lograron articularse entre sí, ni recibieron apoyo del sistema científico-técnico. Esto, sumado a las características de la profesión académica ligada a la Educación (su organización, grados de discusión y escasas regulaciones), limitó la posibilidad de fortalecer el nivel de posgrados como un eje de profesionalización del campo educativo (Isola, 2014b: 239).

4.3. La ampliación y las nuevas sinergias en el campo de la investigación: protagonismo de organismos internacionales y de centros independientes de investigación

La tendencia hacia una ampliación del campo de la producción de conocimiento en Educación (evidenciada en el aumento de espacios institucionalizados en el Estado y en la universidad, en la cantidad de profesionales involucrados –docentes e investigadores– y en la cantidad de egresados en áreas afines, entre otras cosas) fue acompañada por un proceso de pluralización y de diversificación. Hacia finales de los años ochenta, pero principalmente en los noventa, nuevas organizaciones empezaron a tener incidencia en el campo de la producción de conocimientos educativos: los organismos internacionales y los centros de investigación independientes o privados, es decir, aquellos centros que no dependen (directamente) del financiamiento estatal.

Los organismos internacionales –especialmente los nacidos de acuerdos económico financieros como el BM y BID– fueron muy influyentes, no sólo como ideólogos de algunos aspectos de la reforma educativa, sino también en su papel de financiadores, consultores y asesores técnicos de proyectos nacionales y provinciales, que involucraban la contratación de especialistas y el desarrollo de tareas de producción de conocimientos educativos (Coraggio y

Torres, 1999; Gvirtz y Beech, 2007; Beech, 2010). En cuanto a otros organismos, cabe mencionar el rol de la UNESCO a través de la Oficina Regional de Educación para América Latina y el Caribe (OREALC) y, hacia finales de la década, el del Instituto Internacional de Planeamiento de la Educación (IIPE) que instauró una sede en Buenos Aires en 1997[64] (Galarza, Suasnábar y Merodo, 2007). De todas estas agencias, las que fueron adquiriendo más importancia en la configuración de agendas de debate, en la producción y difusión de conocimiento, y en la definición de escenarios y políticas educativas, fueron FLACSO e IIPE, "en su doble y complejo carácter de organismos con redes y legitimidad internacional pero con un fuerte arraigo y compromiso local" (Palamidessi *et al.*, 2007: 235).

Por su parte, la presencia de las organizaciones de la sociedad civil se ha ido incrementando desde el regreso a la democracia. Los liderazgos, orientaciones y estilos de cada una varían fundando un espacio heterogéneo de instituciones. Durante la década del ochenta el Área de Educación de la Fundación de Investigaciones Económicas Latinoamericanas (FIEL) fue la primera de un pequeño grupo de organizaciones financiadas por el empresariado que se caracterizaban por su intención de intervenir en la definición de las políticas educativas. En la década de 1990 ese lugar lo ocuparon la Fundación Gobierno y Sociedad, el IERAL (Fundación Mediterránea) y el Grupo Sophia. Hacia fines de los noventa, el Centro de Implementación de Políticas Públicas para la Equidad y el Crecimiento (CIPPEC) fue construyendo un lugar protagónico entre las organizaciones de la sociedad civil, que se consolidó

---

[64] Aunque con menos fuerza, también se podría incluir el trabajo desarrollado desde el Programa de Promoción de la Reforma Educativa en América Latina (PREAL) y desde el Instituto internacional de la UNESCO para Educación Superior de América y el Caribe (IESALC).

en los 2000, proponiendo una diversificación en los temas, orientaciones y estrategias y procurando legitimar sus producciones también en ámbitos académicos (Simón y Palamidessi, 2007). La influencia privilegiada que fueron adquiriendo estos nuevos espacios se asocia, según varios analistas, a la flexibilidad que presentan para acomodar sus agendas de investigación a las demandas del mercado. En esta línea, Gorostiaga *et al.* (2006) señalan que se da un movimiento desde una forma de hacer investigación autónoma e interdisciplinaria hacia una modalidad que responde a los criterios de solución de problemas y de aplicabilidad. Los autores afirman que la "libertad académica y la autonomía que los investigadores solían tener en la elección de los temas a investigar parecen haber sido reemplazadas por lo que el mercado (incluyendo los fondos gubernamentales) demandan" (129, traducción propia). Por su parte, Tiramonti explica:

> Ya no se trata de una esfera autónoma que produce un saber determinado sobre la realidad que puede ser o no ser utilizado en la tarea de gobernar, sino del reclamo de un saber cuya producción se justifica por su utilidad en la esfera del gobierno, por su capacidad de ser instrumental a las capacidades de gobernar. (Tiramonti, 2007: 15)

Estas dos afirmaciones resaltan el hecho de que en la década del noventa se enfatizaron los aspectos relacionados con la utilidad del conocimiento y, en este sentido, se revalorizaron las investigaciones que pudieran brindar conocimiento sobre aspectos específicos de la gestión del sistema. La revalorización de los trabajos orientados hacia la política trajo aparejada la activación de una nueva red de productores de conocimiento, conformada por agencias estatales, organismos internacionales y centros privados de investigación, que hasta el momento no habían tenido tanto protagonismo[65]. Por su parte, la universidad sufrió trasformaciones en dirección hacia una regulación centrada en los incentivos y la competencia y, al menos en el discurso, hacia una mayor valoración del conocimiento útil y aplicable, perdiendo la posibilidad de producir conocimiento de forma autónoma.

En la práctica, sin embargo, cabría preguntarse si más que un avance de estas nuevas instituciones en detrimento del tipo de trabajo y de la influencia ejercida por las universidades, no se profundizó en Argentina un proceso –que se había iniciado en la década del setenta– de diferenciación entre dos tipos de saberes, uno "académico" y otro "estatal", basados en redes de producción y de circulación relativamente diferentes. El hecho de que esta diversificación no haya llegado a institucionalizarse o a consolidarse, sobre todo en lo concerniente a las demandas de conocimiento realizadas desde el Estado, pareciera generar un espacio social complejo y conflictivo, de fronteras sumamente difusas entre dos tipos de conocimientos relacionados con la Educación. Este punto se retomará en las conclusiones.

4.4. Conformación de nuevos perfiles profesionales

El aumento de la producción de conocimiento sobre Educación y su incipiente diferenciación no fue acompañada por el desarrollo de comunidades profesionales especializadas, ligadas con las dos formas diferenciadas de saber que se mencionaron en el apartado anterior. Más allá de los sucesivos intentos, no llegaron a consolidarse cuerpos

---

[65] A diferencia de otros sectores de políticas donde se desarrollaron análisis pormenorizados de los sujetos y de las instituciones vinculadas con esta nueva forma de intervención, en Educación son muy pocos los trabajos que abordaron estas cuestiones. Ver, por ejemplo, Heredia (2011) y Beltrán y Strauss (2011) para el análisis de los economistas, Pereyra (2011) en el sector anticorrupción y Vecchioli (2011) para abogados de derechos humanos.

profesionales diferenciados dedicados a la producción de datos e investigación sistemática en temas educativos, ya sea como docentes-investigadores en las universidades o como burócratas y/o técnicos en el Estado. Desde los años sesenta, la formación de investigadores y de profesionales especializados así como la construcción de espacios institucionales ligados con la investigación educativa atravesaron un proceso interrumpido y discontinuo. Como resumen, Palamidessi *et al.*:

> Las alteraciones políticas e institucionales afectaron fuertemente la trasmisión de capacidades profesionales y el *ethos* de la producción sistemática de conocimientos iniciada en algunas pocas universidades nacionales y en un núcleo de organismos estatales de planificación. (Palamidessi *et al.*, 2007: 239)

El ámbito estatal fue escenario de sucesivos intentos por profesionalizar la burocracia pública. En los ochenta, la reforma administrativa del radicalismo estuvo centrada en la calificación del personal y en el mejoramiento de la carrera administrativa. En este contexto, se crearon el INAP (Instituto Nacional de Administración Pública) y el Cuerpo de Administradores Gubernamentales (Oszlak, 1994). Sin embargo, los esfuerzos por conformar una carrera administrativa a través de la instauración de concursos y promociones más transparentes encontraron serias limitaciones (Iacoviello y Tommasi, 2002). Durante los noventa se desarrollaron nuevas políticas de empleo estatal ligadas, al menos en el discurso, a la profesionalización de los agentes estatales y a la "modernización" estatal. Aunque se destacan algunos efectos positivos, en la práctica, las políticas de empleo público derivaron, entre otras cosas, en un aumento de la heterogeneidad contractual, en una reducción constante del empleo permanente (a través de retiros voluntarios, de jubilaciones anticipadas y del congelamiento de las plantas funcionales), en el aumento de la brecha en la pirámide salarial y en una tendencia progresiva a la utilización del tiempo parcial en los contratos de trabajo[66]. Las acciones pensadas y realizadas para profesionalizar la burocracia se vieron limitadas principalmente por la crisis fiscal, que derivó en la imposibilidad de contratar nuevos empleados para cargos públicos (vigente desde 1993) y en la rigidez salarial del personal de carrera. Pero, además, estas medidas entraron en contradicción con la introducción, en 1995, de la posibilidad de incluir personal en organismos estatales nacionales por un tiempo determinado, a través de contratos que no garantizan ni estabilidad ni beneficios sociales. A estos contratos llamados "basura" se sumó una suerte de "burocracia paralela", ligada a los organismos internacionales, que empezó a superponerse con los agentes tradicionales preexistentes en la década del noventa. Como advierten Zeller y Rivkin:

> La administración se fue poblando con un numeroso contingente de personal contratado[67], cuyos salarios –financiados con créditos de organismos internacionales– son mucho más elevados

---

[66] La mayor parte de estos cambios quedaron plasmados en la Ley de Reforma del Estado (Ley 23.696) y se implementaron a través de la creación a comienzos de la década del Sistema Nacional de la Profesionalización Administrativa (SINAPA), que reemplaza el Decreto 1428 del año 1973, que estaba vigente en ese momento para la mayor parte del personal civil de la Administración Pública Nacional.

[67] Los autores señalan además que esta modalidad expresa un sesgo muy fuerte de la reforma: "la presencia de planteles tecnocráticos que conforman una suerte de 'enclaves' en la administración con condiciones y controles muy diferentes a las del resto del personal y que responden exclusivamente a las más altas autoridades políticas de turno, contrarrestándose así toda posibilidad de configurar un verdadero cuerpo burocrático de carrera que transfiera su experiencia y habilidades al conjunto del sector público y de manera duradera" (Zeller y Rivkin, 2005: 199-200).

que los del personal de planta permanente, y no necesariamente transparentados a través de los rubros presupuestarios que computan el gasto en personal. (Zeller y Rivkin, 2005: 199)

Este fenómeno también se evidenció en el sector educativo. En un estudio sobre la institucionalidad en los Ministerios de Educación, Aguerrondo *et al.* (2010) señalan que en los noventa:

> La novedad consistió en que se dio un lugar dentro del ME nacional (y luego en los Ministerios provinciales) a perfiles técnico-profesionales puestos al servicio de la elaboración e implementación de las políticas educativas [...] La incorporación de este personal no seguía los procedimientos tradicionales de la administración pública. Los programas recibían de manera directa fondos para contratación de personal, lo que generó un doble circuito de cuadros, evidente por ejemplo en la diferencia en la estabilidad del puesto, pero también en las funciones, en los salarios y en los perfiles. (Aguerrondo *et al.*, 2010: 39)

Así, en términos de profesionalización en el interior de Estado, hacia fines de los noventa ya estaba instaurada una pérdida de estabilidad en el empleo público, dejando cada vez más espacio para contratos variados, que introdujeron condiciones de trabajo flexibles y discontinuas, y que limitaron la consolidación de una burocracia estable y jerarquizada. Está claro que estos modelos de contratación flexible van acompañados de problemas tanto en lo que respecta a los empleados, que no cuentan con estabilidad ni con los beneficios regulares asociados al empleo (vacaciones, aportes jubilatorios, obra social, etc.), como en cuanto a las políticas, que no logran consolidar equipos sustentables a lo largo del tiempo[68]. Además, este

---

[68] No encontramos datos sobre las características del empleo estatal en el sector educativo, pero un estudio sobre el empleo de la Administración Pública Nacional señala que pese a los esfuerzos por consolidar la normativa del empleo

mecanismo de contratación se torna más problemático cuanto mayor es la inestabilidad política, tanto en relación con los cambios anticipados de gobiernos como en relación con los cambios de los funcionarios políticos de los ministerios. Esta tendencia no se revirtió con el gobierno que llega al poder en 1999. La persistencia de la crisis fiscal fue enfrentada por las autoridades con nuevos ajustes en el gasto público, que redujeron una vez más la planta de funcionarios de la Administración Pública Nacional mediante un nuevo programa de retiros voluntarios en el año 2000, y la reducción de los salarios a partir de mediados de 2001. La crisis hacia finales de 2001, con la correlativa sucesión de tres presidentes provisorios entre 2001 y 2003, se caracterizó por una virtual inmovilidad de los organismos públicos, característica de los gobiernos transitorios, en los que los proyectos de reformas quedan sujetos a los resultados de las próximas elecciones (Iacoviello y Tommasi, 2002: 8).

En cuanto a la universidad, si bien hacia mediados de los noventa se establecieron políticas para promover las actividades de investigación académica como una dimensión inseparable de la docencia, estos esfuerzos no llegaron a constituirse como una base sólida para la profesionalización académica. La figura de docente-investigador es muy limitada en términos numéricos y las condiciones institucionales para el desarrollo de investigaciones son muy

---

público, sigue habiendo una gran dispersión en los regímenes de empleo. En el año 2000, de los casi 115.000 cargos civiles presupuestados, cerca del 40% del total estaban comprendidos dentro de la Ley Marco y de la Ley de Negociaciones Colectivas del Sector Público, que representan las dos normas básicas que buscan dar consistencia al sistema. Pero quedan más de 24.000 empleados que si bien se rigen por la Ley Marco, no están convencionados bajo ninguna de las dos leyes de negociación colectiva y algo más de 36.000 empleados están sujetos a la Ley de Contrato de Trabajo, y de ese total la gran mayoría están sujetos a convención colectiva bajo la Ley del Sector Privado (Iacoviello y Tommasi, 2002: 6).

precarias. Como señalan Palamidessi *et al.* (2007), según un cálculo optimista (considerando docentes universitarios con dedicaciones exclusivas y altamente categorizados y profesionales que se desempeñan en otras agencias), a mediados del año 2000 el número de investigadores en Educación no superaría los 150-250 profesionales. Así, el desempeño profesional de buena parte de los profesionales de las universidades públicas y de casi todos los de las universidades privadas está basado en el pluriempleo (universitario y/o profesional; diversas posiciones en la misma y en diferentes instituciones, etc.), dificultando las tareas de investigación y obstaculizando la reproducción de cuadros académicos (240).

En relación con los perfiles profesionales, son varios los autores que analizan la paulatina aparición de un nuevo profesional ligado a la expertise académica pero con una fuerte conexión con las funciones estatales. Se lo denominó "analista simbólico", "intelectual reformador", "tecnopolítico" (ver, por ejemplo, Brunner, 1996; Braslavsky y Cosse, 1996; de Marinis, 2009; Isola, 2010, 2014). Las características que se le adjudican a este agente han sido abordadas en el apartado 2.3. del Capítulo 1, ya que su categorización funciona simultáneamente como una perspectiva teórica para comprender las transformaciones recientes de los vínculos entre investigación y política en la actualidad (los actores intermedios) y como una explicación/justificación de un nuevo rol profesional de nuestros tiempos.

Aunque principalmente señalada para las figuras de alto rango, la contratación de especialistas por parte del Estado, sin embargo, no se limitó al pasaje de reconocidos investigadores a altos cargos como funcionarios públicos (ministros; secretarios de Educación o subsecretarios), como señala la mayor parte de la bibliografía sobre la temática[69]. Además de este movimiento, se evidenciaron otras trayectorias, más extendidas y con consecuencias menos estudiadas. En este período aparecen nuevos perfiles profesionales menos llamativos, desde especialistas que desarrollaron de forma simultánea (o en saltos) una carrera académica menos reconocida y cargos intermedios de la gestión pública (directores o coordinadores de áreas) hasta jóvenes profesionales que saltaron de un lugar a otro buscando mejores oportunidades laborales en roles más ligados a ayudantías en docencia o a la investigación en ámbitos académicos y a cargos de menor jerarquía en las oficinas estatales (coordinadores de tareas menores, asistentes de programas, asesores, etc.).

En un contexto de ampliación del mercado laboral, especialistas en Educación de distintas edades y con diversas formaciones empezaron a circular cada vez más entre el Estado y los organismos internacionales y regionales, inauguraron sus propios centros de trabajo o consultoras estableciendo lazos con varias y diversas instituciones y sectores, comenzaron a trabajar simultáneamente en diversas instituciones (organismos internacionales o regionales, el sector estatal, agencias del tercer sector, etc.). El movimiento o la simultaneidad entre actividades relacionadas con la consultoría, la asesoría o la gestión, así como tareas académicas y de producción de conocimiento en ámbitos públicos y privados, académicos o estatales, ligados a organismos internacionales o al tercer sector,

---

[69] A modo de ejemplo del traspaso de académicos al ámbito del Estado en general se proponen altas figuras, reconocidos académicos que llegaron a ocupar altos cargos en la gestión. Suasnábar (2010) analiza las trayectorias de Daniel Filmus, Juan Carlos Tedesco, Mariano Narodowski, y Adriana Puiggrós; Gorostiga *et al.* (2006) proponen a Daniel Filmus como ejemplo. De Isola (2014) analiza, para el período que comienza en los años 2000, las figuras de Daniel Filmus, Juan Carlos Tedesco, Silvina Gvirtz y Adriana Puiggrós.

aparece como una tendencia que se instaura con fuerza en la década del noventa y que se profundiza en los años siguientes.

Estos movimientos dificultan la creación de una identidad profesional propia de los especialistas en Educación, identidad que no encuentra su base de consolidación en la carrera de Ciencias de la Educación ni en la trayectoria profesional dentro de una institución. En un trabajo dedicado al análisis de los procesos de profesionalización en Educación entre 1955 y 2013, Isola (2014) concluye en que, dentro del espacio académico de la Educación, se profundizó:

> Una conformación identitaria más regida por el autodesarrollo y las redes de relaciones (incluidos los contactos con la política) que por una noción de profesionalización tendiente a un enfoque moderno de la disciplina en un mundo científico internacional altamente codificado. De este modo, la divergencia del campo se mantuvo al calor del fomento de prácticas más personales que institucionales asentadas en la lealtad y dependencia personal o grupal, que dejaban como resabio un cierto escepticismo y desconfianza, fruto de un reconocimiento no alcanzable por el sólo camino de la producción científica de calidad. (Isola, 2014: 316)

La existencia de procesos "inacabados" de profesionalización en el ámbito universitario y estatal, sumada a la ampliación del mercado laboral relacionado con la producción de conocimientos educativos, profundizó la cantidad de estos movimientos en esta etapa. Su expansión durante la reforma educativa y los años 2000 debe leerse también en el marco de los efectos de la crisis de la política y de los partidos políticos sobre el campo profesional de la Educación. Esta crisis provocó la aparición de intelectuales y especialistas en un estado de "disponibilidad política". Tal como señala Suasnábar (2004), durante estos años surge una "masa de graduados en Educación y de Ciencias Sociales que sin filiaciones ideológicas fuertes ni compromisos político partidarios se encuentran en disponibilidad para insertarse en el ámbito público-estatal o privado". Este fenómeno, sumado a la ampliación de la base institucional y a la nueva demanda de conocimientos ligados a la reforma educativa, provocó la aparición de un nuevo "mercado profesional de venta de servicios de consultoría, asistencia técnica y producción de investigación orientada hacia la generación de políticas" (38-39).

La precaria –aunque sostenida– profesionalización del campo incitó el desarrollo de carreras laborales que combinaron tareas diversas (académicas, gestión, consultorías) en el mismo o en distintos ámbitos profesionales (universidades, el Estado, otros centros de producción). El crecimiento de la profesionalización académica en las universidades se manifestó en la aparición de más cargos de tiempo completo y en incentivos para la investigación. Sin embargo, las bajas remuneraciones y las limitadas condiciones institucionales para el desarrollo de la investigación en esos ámbitos, acentuaron el estado de disponibilidad de estos intelectuales y especialistas. En el sector estatal, aunque se crearon y desarrollaron áreas con funciones ligadas a la generación de datos y conocimientos sistemáticos sobre Educación, en líneas generales y salvo algunas excepciones, no se destacaron por proveer condiciones profesionales que aseguraran cierta continuidad, posibilidad de ascenso profesional y buenas remuneraciones. En este contexto, se expandió el fenómeno de tránsito y/o de coexistencia de profesionales de la Educación entre dos o más actividades vinculadas a diferentes funciones y/o ámbitos institucionales.

4.5. La apertura de un mercado de investigaciones educativas

Las tendencias señaladas en los apartados anteriores abrieron un nuevo y amplio mercado de producción de conocimientos educativos. Pero este mercado no se dio en un contexto de reglas claras, diferenciadas e institucionalizadas que permitieran regular la producción. En contraste, los intercambios se dieron de manera heterogénea, informal y ambigua. Varios autores definen esta forma de coordinación aludiendo a la integración frágil y a la baja estructuración del campo. Palamidessi *et al.* (2007) utilizan estos conceptos para referirse a las dificultades que presenta la extensa y compleja trama de agencias y agentes que conforman el campo educativo para estructurar un mercado de producción, de circulación y de consumo de datos y conocimiento diferenciado e institucionalizado, nacionalmente integrado y con redes de intercambios fluidos con el exterior.

Con respecto al conocimiento que demanda el Estado, no hay ninguna normativa que defina los términos generales de la contratación externa, ni procedimientos que delineen las condiciones de producción, de publicación y/o de circulación dentro del Ministerio. Este tema será retomado con más detalle en el capítulo referido al análisis de proyectos de investigación demandados por el ME, pero cabe mencionarlo aquí como una de las cuestiones que refleja y a la vez explica la baja estructuración del campo. En cuanto al espacio universitario, siguiendo a Palamidessi *et al.* (2007), cabe mencionar sucintamente algunas cuestiones que dan cuenta de la débil integración a la que los autores hacen referencia: i) las fuertes diferencias entre los grados de consolidación de las distintas áreas disciplinares, ii) la discontinuidad de los espacios de comunicación, de intercambio y de validación de productos (interrupción de la publicación de las revistas académicas del sector y mínima institucionalización de congresos y encuentros), iii) la insuficiente atención al desarrollo de estándares mínimos de calidad aceptados como legítimos y, por último, iv) la escasa existencia de asociaciones permanentes y reconocidas con un funcionamiento regular en disciplinas especializadas (238). Estas cuestiones toman especial relevancia cuando se compara el desarrollo del campo de la producción de conocimiento en Argentina con el de otros países de la región (Gorostiaga *et al.*, 2012).

La débil integración que por momentos dificulta incluso la posibilidad de referirse a un campo unificado está aún más debilitada por su baja estructuración, fenómeno que ya había sido señalado a fines de la década del ochenta y principio de los noventa por Tenti Fanfani (1988). Retomando lo expuesto en el capítulo teórico, el autor advierte que "no existe un conjunto de reglas de juego que regulen la competencia de los profesionales o productores de conocimiento respecto a la Educación" (126). Afirma que se trata más bien de un campo que está aún en vías de conformación, muy desestructurado y con baja autonomía relativa, donde los requisitos de entrada son laxos y las puertas de ingreso son múltiples y dependen más de la voluntad de los propios actores que de requerimientos definidos desde adentro. Estas ideas escritas hace más de 25 años (Wainerman, 2010) conservan su actualidad.

Para Tenti Fanfani, la débil estructuración del campo dificulta, en gran medida, la posibilidad de consolidar una producción de conocimiento autónoma de los poderes políticos. "La autonomía", explica, "quiere decir que el investigador tiene tanto la capacidad de elegir sus estrategias de trabajo como el derecho a ser evaluado por sus pares y según los criterios que se imponen como legítimos en el interior del propio campo" (1993a: 153). En este sentido, señala que "la lógica de la investigación contratada significa, entre otras cosas, una limitación severa a la necesaria autonomía del trabajo intelectual" (1993b: 24). Explica también:

> La desestructuración y baja autonomía relativa hacen que los criterios de la producción (qué se investiga y cómo) y de evaluación de los productos vengan impuestos desde afuera del propio campo. En general, se produce para el cliente (instancias de gobierno, entes financieros de investigación, etc.). (Tenti Fanfani, 1993a: 149)

En este sentido, consideraba necesario insistir en el reconocimiento de códigos propios con espacios de validación precisos para el poder político, por un lado, y para la autoridad científica, por otro. Con el objeto de lograr el respeto por "la especificidad funcional y la autonomía (siempre relativa) de ambos tipos de prácticas" (Tenti Fanfani, 2007: 259).

Siguiendo esta línea de pensamiento, pareciera que es justamente la falta de reglas y de espacios de validación específicos y diferenciados para la producción de cada uno de estos tipos de conocimiento (el académico y el orientado a la política) lo que dificulta la conformación de un campo intelectual autónomo del poder político. La débil integración y la escasa estructuración del campo, íntimamente ligada con el deficiente proceso de profesionalización académica y burocrática señalado en el parágrafo anterior, reflejan los límites que enfrenta la consolidación de un campo especializado en la producción de saberes educativos con mayores grados de autonomía y con continuidad en su funcionamiento.

5. Reflexiones finales: la conformación de una red de producción de conocimiento orientado hacia la política

En las páginas anteriores se recorrieron tres modelos vinculares entre la producción de conocimientos educativos y el gobierno de la Educación, asociados con tres contextos históricos particulares. Podríamos concluir que durante el primer período se delineó un proceso que combinó la creación de, por un lado, un sistema masivo de escolarización y, por el otro, de los saberes necesarios para llevar adelante las tareas profesionales asociadas al nuevo sistema. Ambas cuestiones en el marco más general de la creación del Estado Nacional y de las nuevas demandas de calificación profesional. Así, como señalan, Suasnábar e Isola, en esta etapa, "la producción teórica no sólo expresaba la demanda por legitimar la ideología educativa y de regulación que suponía el gobierno de la Educación sino también respondía a la necesidad de formación y certificación" (en prensa: 4). Se dio un proceso simultáneo e imbricado de creación de saberes, perfiles profesionales e instituciones educativas.

La producción y el uso de conocimientos moldearon la creación de los primeros espacios y de las instituciones ligadas a la profesionalización del campo educativo. Esto trajo aparejada, a su vez, una incipiente diferenciación profesional entre los maestros primarios (asociados a las escuelas normales), los profesores secundarios (vinculados con las universidades), los burócratas ministeriales con funciones de supervisión y los funcionarios políticos (en esta primera etapa también asociados a la universidad). En este contexto, la diferenciación entre perfiles profesionales y saberes estuvo íntimamente ligada a la conformación del sistema educativo y al sostenimiento de determinado orden social, antes que a una diferenciación más moderna entre distintos tipos de saberes. En efecto, no había en esta etapa un discurso explícito en torno a la voluntad de intervención de los conocimientos en la esfera político-estatal. En el segundo período, se empezó a esbozar una nueva forma de articulación entre el conocimiento y la política que marca, en muchos sentidos, el problema que nos interesa. En el contexto del desarrollismo y de las ideas ligadas al planeamiento, se da un giro en la forma de concebir las relaciones entre la investigación y la política: se propone un lazo de influencia más directa entre ambas esferas a través de estudios orientados a diagnosticar o a planificar el rumbo de las decisiones de política pública. Se establece una suerte de coalición entre las dos esferas, que se basa en un proceso de legitimación simultánea entre las prácticas de gobierno y los saberes sobre el Estado:

> Por un lado, los especialistas ofrecen un cierto número de instrumentos obtenidos en ámbitos académicos que ordenan el mundo social y que pueden sustentar las acciones del Estado, legitimando el diagnóstico de problemas sociales y la formulación de soluciones a estos que sólo ellos estarían en condiciones de ofrecer. Por otro lado, el reconocimiento de esos saberes por parte de las instituciones estatales contribuye a legitimar socialmente (e incluso a dotar de autoridad científica) a esos especialistas. (Neiburg y Plotkin, 2004: 20)

Esta coalición de intereses entre el saber sobre el Estado y las prácticas gubernamentales se expresó en incipientes cambios en el desarrollo de las instituciones estatales y de las universidades. En el ámbito estatal se crearon organismos técnicos y de investigación bajo el paradigma de la planificación. También se ampliaron y diferenciaron las funciones de gobierno, promoviendo cambios en la conformación de la burocracia estatal. Por su parte, el sistema universitario se expandió, se diversificó y empezó a formar nuevos profesionales. Además, emergieron los primeros centros privados de investigación. Estos tres procesos simultáneos produjeron importantes cambios en el campo de la Educación argentina, que comenzó a ampliarse profesional e institucionalmente. Aunque fuertemente relacionados, en esta etapa empezó a vislumbrarse una mayor diferenciación entre los saberes de tinte más académico y los saberes de Estado[70] y se estableció una rudimentaria demarcación entre dos formas de conocimientos, con perfiles profesionales y circuitos institucionales de producción y difusión conectados, pero diferentes.

Estos avances se vieron amenazados por la inestabilidad política e institucional que caracterizó la vida política desde 1966, y que volvió "discontinuo e incompleto" el proceso modernizador (Suasnábar, Palamidessi y Gorostiaga, 2012). La discontinuidad de los gobiernos y las dificultades para definir marcos de referencia claros y permanentes impidieron que se consolidaran pautas profesionales e institucionales estables, tanto en el ámbito del Estado como en el de la universidad. En el campo estatal, emergieron organismos técnicos y de investigación que –con mucha dificultad– lograron sobrevivir al conflicto político, a la inercia burocrática o a la oposición de diversos sectores e intereses. Sin embargo, estos intentos no llegaron a reemplazar a las tradiciones y prácticas de las burocracias precedentes y su institucionalización fue menospreciada frente a los imperativos y urgencias de la lucha política.

Estas cuestiones socavaron la consolidación de una interacción y de un diálogo fluido entre universidades, centros independientes y organismos estatales. Al mismo tiempo, limitaron las posibilidades de que la producción

---

[70] La compilación de artículos realizada por Neiburg y Plotkin (2004) muestra la íntima y constante articulación entre estas dos esferas en diversas disciplinas sociales.

de información y de conocimiento sistemático pudiera utilizarse para diagnosticar, formular y planificar políticas educativas (Palamidessi, 2010; Palamidessi *et al.*, 2012). Las particulares características de institucionalización de muchos de los dispositivos definidos en este período parecen haber sido decisivos –a mediano y largo plazo– en el particular desarrollo de la burocracia estatal, en la comunidad científica así como en la capacidad de dialogar y de interactuar entre estos espacios en Argentina (Gorostiaga *et al.*, 2012).

El regreso a la democracia representó una reconstrucción de varios de los procesos que habían quedado truncos, pero recién en la década del noventa aparece una nueva forma de vinculación entre el conocimiento y la política. Las nuevas relaciones propuestas entre el Estado, el mercado y la sociedad marcan el inicio de una etapa en la que el Gobierno Nacional deja su rol de proveedor del servicio educativo para centrarse en su papel de regulador del sistema. En este nuevo contexto, se da un proceso de expansión, de pluralización y de profesionalización del campo educativo, en el marco de la apertura de un "mercado" de producción de conocimiento en Educación. Más allá de las diferencias de las orientaciones políticas de cada gobierno y de las limitaciones que encontraron, a partir de ese momento se empiezan a dar transformaciones, tanto dentro del Estado como en las universidades, hacia una mayor institucionalización y profesionalización del campo.

A su vez, durante esta etapa se consolida y profundiza una tendencia que había comenzado en los sesenta: la expansión de un "tercer sector" muy heterogéneo en su composición. Organizaciones internacionales e intergubernamentales, organismos de crédito, think tanks, centros de investigación y desarrollo vinculados a sindicatos, empresas, consultoras, ONG se expanden y cobran cada vez más fuerza en el campo educativo. Se trata de un grupo de instituciones –que no pertenecen ni al ámbito institucional estatal ni al universitario– que, a través de la movilización de distintos tipos de recursos (políticos, financieros, intelectuales) tienen una fuerte influencia en la producción de conocimiento y en la formación de profesionales (Palamidessi *et al.*, en prensa).

El recorrido realizado manifiesta una tendencia –especialmente visible a partir de la década del sesenta– hacia una mayor diferenciación en el interior del campo de la producción de conocimientos educativos entre dos tipos de saberes: los saberes académicos y los saberes orientados a la política. Se argumenta aquí que la diferenciación entre estos dos tipos de conocimientos demarca, a su vez, dos redes institucionales y profesionales fuertemente conectadas pero distintas. En Argentina estas dos redes presentan, además, fronteras particularmente difusas.

La primera red está conformada por los saberes "del Estado" y "para el Estado", es decir, por los conocimientos directamente ligados a la gestión y a la administración del sistema educativo. Los productores de este tipo de saber trabajan de forma más directa con la política pública, ya sea porque se encuentran dentro del Estado –tanto en organismos de planificación como de ejecución–, o porque, aunque ubicados fuera del aparato estatal, sus productos responden a demandas más o menos explícitas del Estado. Una porción de esta producción se realiza en agencias estatales o a través de la tercerización de trabajos de investigación desde el Estado. Otra parte es producida por grupos interesados en el gobierno de la Educación –como, por ejemplo, partidos políticos, candidatos políticos, organismos internacionales, etc.–. Este tipo de saber es el que se denomina, en general, "experto" u "orientado hacia la política".

En cuanto a las instituciones que conforman la red de producción de este tipo de conocimiento están, por un lado, las agencias estatales. Como se mostró, desde la década del sesenta, se crean y reformulan dependencias estatales con el fin de sistematizar información y de generar conocimientos vinculados a la gestión política. Si bien no se puede negar su crecimiento, profesionalización y continuidad durante los últimos años, Palamidessi *et al.* señalan que, en líneas generales, se caracterizan por:

> ... lógicas recurrentes de corto plazo, inestabilidad de los cuadros técnicos, superposición de funciones, falta de coordinación de las diferentes agencias, imposibilidad de sostener en el tiempo agendas de trabajo y dificultades para sostener contactos fluidos con universidades y otros organismos del exterior. (Palamidessi *et al.*, 2007: 237)

Por otro lado, íntimamente conectadas con el Estado –aunque, como se desarrollará en el Capítulo 4, no siempre con las áreas con funciones de producción de conocimiento– también forman parte de esta red las agencias intergubernamentales con sede local, los centros de investigación privados y algunos espacios institucionales o sujetos de las universidades públicas y, en menor medida, privadas. Estas agencias "se consolidaron como actores influyentes en la producción de conocimientos vinculados con la construcción de problemas, la generación de diagnósticos y la proposición de políticas" (Palamidessi, 2007: 325;

Palamidessi *et al.*, en prensa)⁷¹. Según estos autores, comparten un conjunto de rasgos comunes, entre los que se encuentran su flexibilidad para contratar profesionales y para adaptarse a los nuevos mecanismos y estímulos de financiamiento; su capacidad para producir un tipo de conocimiento que se aleja de las agendas disciplinarias para enfocarse, en cambio, en la resolución de problemas; el desarrollo de fluidos intercambios con universidades, centros de investigación y organizaciones internacionales así como con agencias estatales; y el despliegue de estrategias para difundir y "poner en valor" la producción de sus agentes (2007: 236).

La segunda red se organiza en torno a la producción de saber de tipo "científico" o "académico" desarrollado por investigadores de manera relativamente independiente del Estado (aunque fuertemente influenciado por el financiamiento estatal universitario y por las políticas de Ciencia y Técnica que se definen desde el Estado), principalmente, desde las universidades. A lo largo de la historia de nuestro país ha sido el sector universitario el que ha desarrollado la mayor parte de la producción de conocimientos educativos, desde una lógica académica. Actualmente, el conocimiento académico se produce en el marco de una red que incluye fundamentalmente a las universidades estatales pero también privadas, a los docentes e investigadores que se desempeñan allí, y a los organismos gubernamentales ligados a las universidades y a la promoción de la Ciencia y la Técnica.

---

71 En un artículo todavía en prensa, Palamidessi *et al.* ubican entre las agencias productoras de conocimiento orientado a la política en la primera década de 2000 a tres organismos internacionales (UNICEF, IIPE y OEI), tres centros políticos (CEPP, CIPPEC y Educación para Todos) y un centro académico (FLACSO).

Entre los organismos gubernamentales de promoción de la Ciencia y la Técnica nos gustaría resaltar el rol del CONICET que, desde fines de la década del cincuenta, creció como espacio destinado a financiar investigadores, becarios y proyectos de investigación; la Secretaría de Políticas Universitarias que regula el financiamiento de las universidades estatales y ofrece programas de fortalecimiento universitario y becas e incentivos a la investigación; y el Ministerio de Ciencia, Técnica e Innovación Productiva que, desde 2007, es responsable de orientar el desarrollo de la Ciencia y la Técnica a través de programas destinados a fortalecer la investigación y a equipar a las instituciones. Estos organismos son los que sostienen financieramente la mayor parte de la producción académica ligada a la Educación. Sus acciones gozan de altos grados de institucionalidad, que se manifiestan en las leyes y en las resoluciones que las respaldan, en los organismos que las implementan y en las partidas presupuestarias que las sostienen, asegurándoles cierta continuidad.

Ahora bien, esta tendencia hacia una demarcación entre dos redes de saberes que se ha esquematizado en las páginas anteriores está inmersa en un contexto particular que hace por momentos muy difícil delimitar las fronteras entre una y otra. En Argentina, los procesos de institucionalización y de profesionalización se dieron en contextos políticos de fuerte discontinuidad política e institucional, que afectaron profundamente el desarrollo y la continuidad de las iniciativas. Esto dejó un panorama de políticas públicas discontinuas, incompletas y duplicadas. Por lo que los procesos delineados se manifiestan, en la práctica, de manera confusa, contradictoria, informal e implícita.

El primer aspecto que merece atención, en este sentido, son las peculiares características de los procesos de institucionalización. Ha habido una fuerte tendencia hacia la expansión, la ampliación y la diferenciación institucional en el campo de la Educación. Sin embargo, las condiciones institucionales de estos espacios son muy inestables y difusas. Esta cuestión queda menos de manifiesto en un análisis socio-histórico como el que se realizó, pero sale a la luz en cualquier estudio más minucioso de procesos específicos. En cuanto al funcionamiento institucional dentro de las organizaciones, parecieran ser muy pocas las que cuentan con condiciones adecuadas para el desarrollo de actividades de investigación (formación académica, salarios razonables, continuidad en la inserción institucional, oficinas, bibliotecas, intercambios con el exterior).

El segundo aspecto tiene que ver con las consecuencias de los particulares procesos de profesionalización estatal y universitaria. Más allá de los sucesivos intentos por crear carreras para los funcionarios públicos o los docentes-investigadores, y de algunas excepciones, los investigadores del campo educativo no encontraron una formación y puestos de trabajo de cierta autonomía, identidad y sustentabilidad en esos espacios. En cambio, esta etapa se ha caracterizado por la aparición de profesionales pluriempleo que presentan saltos o yuxtaposiciones laborales entre las distintas oportunidades que ofrece un mercado educativo, en el que las reglas cambian permanentemente.

Los procesos de institucionalización y de profesionalización del campo de la producción de conocimiento en Educación aquí analizados son parte del contexto sociohistórico y, tal como señalan Acuña y Chudnovsky (2013), la relevancia –si importan, por qué importan y las implicancias de esa importancia– de las instituciones señaladas solo cobrará sentido a la luz de los procesos sociales espacio-temporalmente acotados: en este caso, los procesos de producción de conocimiento orientado a la política y demandado por el Ministerio de Educación entre 1999 y 2009. Sólo en un espacio empírico-temporal delimitado se podrá ponderar qué instituciones y de qué manera específica permiten explicar los procesos sociales que interesa dilucidar.

4

Un análisis de los estudios originados en el Ministerio de Educación de la Nación (1999-2009)[72]

1. Presentación

Establecidas las coordenadas histórico-institucionales, en este capítulo se propone un análisis comparado de los procesos de producción de 112 investigaciones demandadas por el Ministerio de Educación entre 1999 y 2009. Más que centrarse en lo distintivo y singular de cada investigación, se intentará dar cuenta de aquellas cuestiones que tienen en común. La intención es delinear ciertas generalidades acerca de los procesos de producción o, en palabras de Becker, encontrar "historias típicas, historias que funcionen más o menos de la misma manera cada vez que ocurren" (2009: 88). Si bien las narrativas de los procesos nunca tienen un final predeterminado, a lo largo del recorrido permiten analizar "qué factores de fondo o conjunto de circunstancias vuelven más o menos probable que la historia se desarrolle de modo que conduzca a determinado final" (89). La intención es buscar tendencias en estos procesos que, a primera vista, parecen fragmentados y difíciles de organizar bajo un eje.

El capítulo presenta, en primer lugar, un breve recorrido por los principales cambios en las políticas educativas durante el período analizado, haciendo énfasis en

---

[72] Una primera versión de este capítulo fue publicada en Cardini (2018).

los espacios creados en el Ministerio de Educación para abordar ese tipo de producción. Este recorrido pretende enmarcar espacial y temporalmente los procesos de producción explorados. En segundo lugar, se analizan las trayectorias de los proyectos de investigación relevados a partir de tres dimensiones. La primera indaga su surgimiento, prestando atención a las razones y motivaciones detrás de su origen, tal como son percibidas por los entrevistados. La segunda analiza su desarrollo, dando cuenta de las reglas y condiciones de trabajo en los espacios donde se elaboran estas investigaciones (tanto dentro del Ministerio como en instituciones externas). La tercera indaga los circuitos de circulación de esas producciones, haciendo una reconstrucción de sus recorridos y de las lógicas que los guían. Por último, en las reflexiones finales se presentan las tendencias que se observan al compararlos así como algunos aspectos generales que caracterizan esa producción.

El período abordado no se corresponde con un proyecto político único ni con una situación económico-social estable. Todo lo contrario, se trata de un eje temporal que combina distintas gestiones y partidos gobernantes, en el que se suceden momentos de transición, de crisis y de recuperación y estabilización. En relación con las políticas educativas, se observan períodos de mayor y de menor orientación.

La etapa se inicia con la asunción presidencial de Fernando de la Rúa. Su partido político, la Alianza, planteaba una reorientación de las políticas en general y de las políticas educativas en particular. Si, en el terreno educativo, la década del noventa se había caracterizado por la implementación de la reforma educativa, el cambio de gobierno planteaba dejar atrás los años del menemismo y la reforma educacional. Sin embargo, el gobierno de la Alianza llegó al poder en un contexto económico complejo, del que no logró recuperarse. A los meses de haber asumido empezó a perder popularidad y libertad de acción para gobernar. En relación con el sistema educativo, no contó con la fuerza suficiente como para dar marcha atrás en las transformaciones y las diferencias en relación con la aplicación de políticas educativas alternativas dentro de la coalición que había llegado al poder tampoco permitieron nuevas definiciones al respecto. Las acciones propuestas por la transformación educativa (cambio de estructura, financiamiento, capacitación a docentes, etc.), que había generado fuertes resistencias en el sistema educativo y en las universidades, quedaron en un impasse: no llegaron ni a modificarse ni a asumirse como propias por el nuevo gobierno.

Si bien es cierto que en las cuestiones más estructurales no se tomaron definiciones, sí se propusieron medidas -aunque parcialmente aplicadas- para transformar la organización y las funciones del Ministerio de Educación orientadas a la producción de estadísticas y de investigaciones educativas. En 2001 la producción de información y de conocimiento dentro de la cartera educativa intentó concentrarse bajo un nuevo organismo, el Instituto para el Desarrollo de la Calidad Educativa (IDECE). Se buscaba concentrar las funciones de producción de estadísticas, evaluación de la calidad e investigación en una institución autónoma que permitiera potenciar las posibilidades de producir conocimiento para evaluar el sistema educativo. En efecto, desde este organismo se avanzó sobre la utilización de la evaluación de calidad de los alumnos como mecanismo de presión selectiva sobre el sistema, aunque este no logró afianzarse y fue fuertemente resistido desde varios sectores[73]. Su corta duración (el decreto que lo conformaba fue abolido en 2002 por el tercer presidente previsional), sumado a la inestabilidad del período (reflejada en la sucesión de tres ministros de Educación en menos de dos años) no permitió, sin embargo, que se consolidara una significativa reorganización de las áreas específicas ni un funcionamiento autónomo del Ministerio de Educación.

Como se verá, las actividades ministeriales asociadas a la investigación nunca llegaron a desarrollarse desde el IDECE y tuvieron lugar, en cambio, desde la nueva Unidad de Investigaciones Educativas, organismo de baja jerarquía institucional formal, que había sido creado por el subsecretario de Educación, bajo su dependencia, con la idea de tener un equipo técnico que llevara adelante tareas de asesoramiento, de investigación y de producción de informes para acompañar la gestión. El personal que había estado en la DGIyDE en la década del noventa, sumado a algunos nuevos empleados, pasó entonces a depender de la UIE. Pero la crisis económica puso un freno a toda la actividad y recién en 2002, cuando se disolvió el IDECE y se creó la Dirección Nacional de Información y Evaluación de la Calidad Educativa (DINIECE), el personal de la UIE pasó a integrar la nueva área junto con el área de estadística y de evaluación de la calidad del sistema.

Pasados dos años de dificultades económicas y escasa gobernabilidad, la situación del país estalló hacia finales de 2001 con la renuncia del presidente. A la retirada de la Alianza le siguió una problemática sucesión, que implicó la alternancia de tres presidentes provisionales con funciones

---

[73] A fines de diciembre de 2001 se publicaron listados de escuelas organizados de acuerdo a su desempeño en las pruebas de calidad realizadas a los alumnos en el año 2000. La publicación de un "ranking" de escuelas fue una novedad muy resistida.

interinas. Visto desde hoy, podría considerarse que la "crisis" extendió su duración entre 2001 y 2003, años en los cuales el conflicto económico, social y político y los índices de pobreza, desempleo y desnutrición ocuparon el centro de las iniciativas del gobierno y de la discusión política. En ese contexto, la agenda del gobierno provisional de 2001-2003 quedó definida en torno a la asistencia social y las políticas sociales y educativas pasaron a centrarse en el alivio de la grave situación de pobreza, alimentación y desempleo.

Recién en 2003, con la llegada de Néstor Kirchner al poder, empiezan a vislumbrarse las primeras señales de recuperación económica. Ese gobierno heredó una situación social y económica difícil pero que comenzaba a mostrar francos signos de recuperación y generaba las condiciones para un relanzamiento de políticas sociales y educativas. El discurso de las nuevas autoridades buscó diferenciarse de los tópicos que dieron sentido a las políticas de la década de 1990 y promovió un nuevo clima de confianza y centralidad estatal, facilitado por la desconfianza de importantes sectores de la población respecto de las políticas que habían caracterizado la década anterior.

En ese contexto, se propuso un cambio en la dirección de las políticas educativas que se manifestó, principalmente, en la febril actividad legislativa que derivó en la sanción de diversas leyes vinculadas al sector. Entre 2005 y 2006 se sancionaron la Ley de Educación Técnico Profesional (N° 26.058), la Ley de Financiamiento Educativo (N° 26.075) y la Ley de Educación Nacional (N° 26.206). Esta última reemplazó a la Ley Federal de Educación proponiendo reformas significativas en el gobierno del sistema educativo, en la formación docente, en la estructura de niveles y en la definición de nuevas modalidades de la Educación Básica, manteniendo muchos de los organismos que se habían creado a partir de la aplicación de la Ley Federal. La política educativa de ese período se vio caracterizada por un incremento significativo de la inversión educativa, un énfasis en la necesidad de reconstruir la infraestructura y el equipamiento del sistema, una política activa de recuperación y nivelación de los salarios docentes y una reformulación de los mecanismos de apoyo a la escolaridad de los niños y a la actividad de las escuelas, especialmente en los sectores más vulnerables de la población.

En relación con la producción de conocimiento desde organismos burocráticos estatales, a partir de 2005 se evidencia un lento proceso de recomposición de la capacidad de planificación de los ministerios, que se manifiesta, por un lado, en el incremento de las publicaciones realizadas desde los organismos técnico-burocráticos estatales y en las demandas externas de productos de investigación asociados con los procesos de toma de decisiones y, por el otro, en la creación de nuevos espacios productores. La realización o demanda externa de estudios e investigaciones ligadas a las demandas vinculadas con las funciones de gobierno y gestión del sistema educativo que se habían paralizado entre 2002 y 2003 empezó a recomponerse a la par de la definición de las nuevas normativas del sector.

En 2002, el gobierno de Duhalde había creado la DINIECE, espacio responsable del desarrollo y la sustentabilidad del Sistema Federal de Información Educativa, de las acciones de evaluación del sistema educativo nacional, y del diseño y desarrollo de investigaciones vinculadas con la formulación de las políticas educativas. Para llevar adelante esas tareas, se dividió en tres áreas: el Área de Información Estadística, responsable del desarrollo del Sistema Federal de Información Educativa; el Área de Evaluación de la Calidad Educativa, a cargo de las acciones de evaluación de los aprendizajes del sistema educativo nacional; y por último, el Área de Investigación, responsable del diseño y del desarrollo de investigaciones. La creación de la DINIECE concentró por primera vez las funciones de investigación, estadística y evaluación de la calidad educativa en un mismo organismo con jerarquía de Dirección Nacional dentro del Ministerio. Con la sanción de la Ley de Financiamiento Educativo a fines de 2005, la DINIECE pasó de depender de la Secretaría de Educación a la recientemente creada Subsecretaría de Planeamiento Educativo. Además, al calor del armado de los primeros convenios bilaterales de financiamiento entre la Nación y las provincias propuestos por la ley, se creó una pequeña área, relativamente informal y de dependencia directa del subsecretario de Planeamiento, que se interesó por la producción de informes sobre el sistema educativo orientados a la implementación de la Ley de Financiamiento Educativo, aunque su trabajo parece haber perdido impulso frente a los cambios de gestión ministerial de 2009.

La renuncia del ministro de Educación a mediados de 2009 trajo aparejado otro cambio ligado con las funciones de planeamiento educativo. El ministro saliente pasó a ser responsable de la Unidad de Planeamiento Estratégico y Evaluación de la Educación, organismo creado en el ámbito de la Presidencia de la Nación con el fin de brindar asesoramiento en temas educativos[74]. Algunas de sus funciones se superponían con las del Ministerio de Educación,

---

[74] Entre sus objetivos figuraban asesorar en temas estratégicos de la política educativa, formular propuestas educativas, diseñar políticas de evaluación de la calidad educativa y crear la Agencia Nacional de Evaluación Educativa, diseñar los lineamientos generales vinculados a la planificación estratégica, organización, supervisión y financiación del Sistema Educativo Nacional, la organización de convocatorias de participación de expertos nacionales e internaciones para el análisis de estrategias de políticas educativas y la presentación de informes

haciendo difícil la repercusión de su trabajo y las relaciones con la cartera educativa. En el seno de esta unidad se llevaron adelante estudios sobre el sistema educativo, se contrataron trabajos a organismos externos y se elaboró un Plan Educativo para la década. Sin embargo, la corta vida del organismo, que se disolvió sorpresivamente un año más tarde, cuando renunció su director, impidió, al menos hasta el momento, la trascendencia de las actividades desarrolladas.

2. El surgimiento de las investigaciones

El origen de estudios en el interior del Ministerio de Educación responde a múltiples lógicas y motivaciones que, además, en muchos casos van transformándose a lo largo de su desarrollo. Más allá de la singularidad de cada uno de los proyectos de investigación, a partir de la comparación, pudieron delinearse distintas combinaciones de motivaciones asociadas con el lugar dentro del ME en el que se originan los pedidos.

2.1. Los pedidos de áreas ministeriales con funciones de producción de información y de investigación

Una gran parte de las investigaciones relevadas surgió desde áreas de la cartera educativa con funciones ligadas a la producción de información e investigación (62 de 112). Tal como fue advertido en el apartado anterior, durante el período estudiado estos espacios cambiaron su organización, su nivel de formalidad y su lugar en el organigrama. En cualquier caso, más allá de esas transformaciones, se trata de espacios que

---

prospectivos y propuestas para la introducción de Tecnologías de la Información y Comunicación (TIC) en los distintos niveles del sistema educativo (Decreto 957/2009, Buenos Aires, 23 de junio, 2009).

fueron cobrando cada vez más importancia desde el regreso a la democracia y que, tanto en su misión como en su función, están ligados a la provisión de conocimiento para la gestión[75]. Alineados con la función formal asignada al área, desde la perspectiva de sus directores y coordinadores, lo primero que se manifiesta en las entrevistas es el interés por producir y por difundir materiales relevantes para la planificación de políticas educativas. Uno de sus ex coordinadores, por ejemplo, advirtió: "El objetivo de las investigaciones era producir información de carácter macroeducativo, hacer investigaciones con un énfasis comunicacional, es decir, documentos publicables para un público diverso". A su vez, un ex director de la DINIECE explicó:

> La definición de los temas a investigar depende de las condiciones políticas y de los lineamientos en el marco de una política educativa. [...] Antes de pensar una agenda de investigación, lo que se piensan son los temas prioritarios de la agenda política y, en función de eso, se van perfilando temas posibles para la producción de conocimiento.

De esta manera, los responsables del área enfatizan dos motivaciones: la primera asociada al deseo de contribuir a la toma de decisiones políticas a través de la producción de conocimiento, y la segunda ligada a la necesidad de publicar y de difundir informes.

Esas motivaciones más generales y explícitas orientadas hacia la planificación y la publicación de información se entremezclan con otro tipo de variables-razones que se hacen evidentes al indagar sobre el desarrollo de proyectos de investigación situados y concretos. Si en un primer

---

[75] Como se vio, durante el gobierno de la Alianza (1999-2001) la mayor parte de las investigaciones surgieron de la Unidad de Investigaciones Educativas (UIE). A partir de 2002, con la creación de la Dirección Nacional de Evaluación y Calidad Educativa (DINIECE), los estudios se concentraron en el Área de Investigación de esa dirección.

momento parecen responder a situaciones coyunturales y relativamente aisladas, al analizar el conjunto de las razones esgrimidas por los entrevistados se aprecia que son, en la práctica, motivaciones que actúan de forma permanente pero que toman más o menos relevancia según el contexto en el que se desarrollan. Es decir, la ponderación de cada una es sólo asequible en relación con el trasfondo que enmarca a y del que forma parte cada proyecto.

Entre esas variables más asociadas a la oportunidad, se encuentra, en primer lugar, la disponibilidad de datos cuantitativos. Entre los técnicos de las áreas de investigación, los datos estadísticos son considerados un insumo clave para el origen de nuevas investigaciones. En contraste con las motivaciones señaladas en torno a la planificación de políticas, un entrevistado que participó en el desarrollo de varios estudios entre 1999 y 2002 señaló que el surgimiento de esos trabajos estaba más alineado con la información disponible que con los objetivos políticos: "la lógica era: 'tengo la información, veo qué se puede hacer con eso, y se me ocurre el informe'. No era 'tengo un objetivo y voy a buscar la información'".

El hecho de que la existencia de estadísticas funcione como motor del desarrollo de estudios no puede comprenderse sin considerar los mecanismos de difusión de estadísticas del ME para el desarrollo de investigaciones[76]. Aunque este aspecto se retomará a lo largo del capítulo, adelantamos aquí que su divulgación no se encuentra normada y que los "permisos de acceso" a instituciones o a investigadores externos no se conceden con frecuencia

---

[76] Si bien hay trabajos que han abordado el estudio de la (sub)utilización de los datos estadísticos del ME, se han centrado en el análisis de su difusión al público en general (ver, por ejemplo, Gvirtz, Larripa y Oelsner, 2006; Isola 2014). En contraste, no se encontraron trabajos que hayan explorado los mecanismos de difusión de las bases estadísticas del Ministerio para la producción de investigaciones.

(Jacinto, 2010). No obstante, son muchos los entrevistados que dieron pautas de las reglas que, en efecto, guían su difusión. Un alto funcionario del ME parafraseó a Perón para explicar la lógica detrás de la difusión de estadísticas: "Para los amigos todo, para los enemigos, la Ley" [Nota de campo, 20/04/2009]. Por su parte, una ex integrante del área que actualmente se desempeña como docente universitaria señaló que "sólo podés acceder a las bases de datos del Ministerio si trabajaste ahí en algún momento e hiciste tu propio *back up*" [Nota de campo 3/12/2009].

Más allá de que sean las lógicas de cercanía y/o de confianza (como indica el primer testimonio) o el poder-capacidad individual de acceder a la información (como sintetiza el segundo), se trata de lógicas restrictivas y discrecionales, que dependen de los actores involucrados en una situación específica. En este contexto, las personas que trabajan en el Ministerio, y en particular en la DINIECE, cuentan con un cuasi-monopolio de acceso a las bases producidas por el ME. Esto les da una ventaja importante en relación con los investigadores en Educación que se desempeñaron siempre por fuera del ME y también, aunque en menor medida, en relación con aquellos que trabajan en otras dependencias dentro del propio ME. Conscientes de esta situación, dentro de la propia DINIECE surgió en 2006 una experiencia inédita y que no volvió a repetirse: el concurso "Promoción y uso de estadísticas en la investigación". Esta experiencia no sólo ejemplifica temas asociados a la distribución de información estadística desde el ME, sino que adelanta además algunas cuestiones referidas a las condiciones de producción y de circulación que serán retomadas en las próximas páginas.

> **Concurso "Promoción y uso de estadísticas en la investigación"**
>
> El concurso "Promoción y uso de estadísticas en la investigación" desarrollado por la DINIECE en 2006 trajo aparejada la producción de diez trabajos de investigación. Universidades, Institutos de Educación Superior y Organismos Provinciales de Planificación fueron invitados a competir por $10.000 para desarrollar un estudio sobre la base de las estadísticas producidas en el ME[77]. Se presentaron 87 proyectos y se eligieron diez.
>
> Según una entrevistada que participó de cerca en el armado de la iniciativa, esta respondió a un doble propósito[78]. Por un lado, a la intención de promover mecanismos más abiertos para la difusión de los datos del ME:
>
>> La idea era difundir el uso de las estadísticas educativas. Ponerlas a disposición del público. Había un problema con la publicidad de los datos. Había que poner las bases a disposición. Había que marcar un hito externo que traccionara en esa dirección.
>
> Por otro lado, la iniciativa respondía a la necesidad de estimular la producción de investigaciones de mayor calidad desde la DINIECE. Así lo sintetizó:

---

[77] Resolución N° 142/2007, Ministerio de Educación, Ciencia y Tecnología, Buenos Aires, 19/2/2007, pp. 1 y 2.
[78] Oficialmente, el concurso tenía tres objetivos: "i) contribuir al desarrollo y fortalecimiento del intercambio y cooperación entre las instituciones académicas y de gestión educativa, ii) fomentar el uso de los datos producidos regularmente por la gestión educativa y fortalecer la capacidad de análisis de esta información y iii) desarrollar conocimiento significativo en áreas relevantes del quehacer educativo actual. Resolución N° 142/2007, Ministerio de Educación, Ciencia y Tecnología, Buenos Aires, 19/2/2007, pp. 1 y 2.

> El concurso aparece como un medio solapado para una doble necesidad institucional. La primera, la falta de publicidad de la bases de datos. La segunda, yo le decía a la Directora de la DINIECE: 'No vas a tener investigación de calidad con la gente que tenés acá. No vas a poder contratar investigadores *full time* para que trabajen acá. Hay que aprovechar la capacidad de la DINIECE de disponibilidad de datos. No tenés buena gente. Tenés buenos datos. Hay que empezar una estrategia progresiva para hacer alianzas con instituciones académicas que investiguen'.

De esta forma, la producción de estos diez estudios parece haber surgido en estrecha relación con tres factores del funcionamiento del ME. El primero, analizado en los párrafos anteriores, asociado a los mecanismos en torno al acceso de las bases de datos. El segundo, que se retomará más adelante, se vincula con las condiciones de trabajo dentro del Ministerio. Específicamente, con las formas de contratación y la formación de los empleados, asociadas, en este testimonio, con la calidad de la producción (ver punto 3.1. de este capítulo). En este sentido, el concurso fue una iniciativa que trasladó la elaboración de estudios hacia instituciones externas, porque se percibía que la calidad de la producción interna no era suficientemente buena. El tercero, que no se desprende del testimonio anterior pero será abordado más adelante, tiene que ver con la circulación de las producciones. El concurso funcionó como una manera controlada de circular las bases de datos del ME. Una forma de avanzar hacia una mayor publicidad de la información cuantitativa pero manteniendo, por parte de la DINIECE, un seguimiento de su utilización y, como se verá más adelante, también de su circulación (ver el punto 4.2 de este capítulo). Fue

> una iniciativa que ensayó una estrategia de difusión de datos más abierta, pero en un contexto delimitado en el tiempo y en el espacio, y donde la DINIECE se reservó el derecho de elegir a quién y para qué se entregaría la información así como qué se haría con los contenidos derivados de esas investigaciones.

El financiamiento disponible es la segunda variable que propicia la realización de estudios. La existencia de fondos es percibida por los que trabajan en estas áreas como un promotor de nuevas investigaciones. Ilustrando este punto, una investigadora del equipo del Ministerio explicaba:

> Cuando imaginás una investigación en el Ministerio creés que primero tienen la idea y después buscan la plata. Pero es al revés. Desde el inicio, ya sabés las determinantes: tenés una cantidad de plata. No es que diseñás la investigación y decís "Necesito 50.000 dólares" y te dicen: "Bueno, tomá, 50.000". No, te dicen: "Tenés 40.000. Hacé lo que puedas con eso".

Según varios testimonios, los recursos extra no sólo representan la posibilidad de llevar adelante investigaciones, sino también una oportunidad para obtener prestigio y darle más visibilidad al equipo. En este sentido, los coordinadores del área están atentos tanto a las nuevas oportunidades de financiamiento como a aquellas que se heredan de gestiones anteriores. Al respecto, un ex coordinador del área explicaba:

> El proyecto era una idea que le habían vendido al BID dos años antes. Al BID le había interesado. El proyecto se había demorado y, finalmente, salió con la nueva gestión. Me llamó el Viceministro y me lo comentó. Obviamente me interesó porque trataba de agrandar el área. Traer un proyecto implicaba juntar plata, cosa que nosotros no teníamos. Además, era jugar un poco más en las

grandes ligas porque tenía el asesoramiento de la Universidad de Stanford y la idea era trabajar con otros ministerios [de América Latina]. También era una oportunidad de hacernos conocidos. Entonces yo dije que sí.

Tanto la disponibilidad de información estadística como de fondos son motivaciones que cobran aún más relevancia en contextos políticos en los cuales las áreas de investigación quedan relegadas. En esos casos, los investigadores aprecian aún más el financiamiento adicional y aumentan, a su vez, la cantidad de estudios basados en estadísticas educativas relevadas por el Ministerio, ya que estas no requieren un financiamiento complementario al de los salarios. La continuidad del trabajo del área depende de la existencia de investigaciones. En palabras de una investigadora:

> Acá todo se construye con el trabajo. Voy a seguir teniendo un contrato porque me ocupé de generar redes, proyectos y demanda de nuestro trabajo. Trabajamos para eso. Para despertar interés, para elegir temas que interesan. Es un trabajo de hormiga.

La creación y el sostén de las tareas de investigación son percibidos como claves para permanecer.

Por último, los intereses individuales de las personas que trabajan en el Área de Investigación (asociados a su formación y su experiencia laboral) se conjugan con las condiciones más estratégicas y ocasionales mencionadas. Fueron varios los entrevistados que mencionaron este aspecto. Una investigadora explicaba que "el Área de Investigación es un área relativamente independiente. Es autónoma. Podemos darnos ciertos lujos: decidir cómo hacemos el trabajo; cuánto tiempo le dedicamos y mostrar lo que queremos". En contraste, otros testimonios perciben estas libertades –especialmente las asociadas a la elección de temáticas de investigación– con connotación negativa debido a la distancia que perciben entre las elecciones del equipo y su articulación con las políticas del Ministerio: "el equipo decide lo que investiga de forma bastante autista". Al igual que la importancia de las razones asociadas con la existencia de datos y de fondos, el grado de autonomía de los integrantes del área también pareciera acentuarse en los momentos en los que la conducción política del Ministerio en general, y del área en particular, es menos direccionada y más ambigua: "Cuando no tenemos nada que hacer a alguno se le ocurre algo y lo hacemos", explicaba un integrante del área. Por su parte, una consultora externa de la DINIECE se refería a esta cuestión al advertir con tono crítico que cuando ella empezó a trabajar en el Área de Investigación en 2003, "no había orientaciones en qué investigar. Investigaban lo que se les cantaba. Se definía en relación a las personas, por las particularidades y los perfiles profesionales y académicos de cada uno"[79].

Las variadas motivaciones para producir investigaciones dentro del Área de Investigación se combinan de distintas maneras de acuerdo con la relevancia política e institucional que se le asigna al área en cada momento. Cuando hay una direccionalidad política clara –en general manifiesta a través de leyes o normas que explicitan el rumbo de la política educativa en determinado momento–, hay más lineamientos sobre qué producir y más cantidad de trabajos publicados. Este es caso de la producción realizada

---

[79] El extremo de esta situación se dio después de la crisis, entre 2002 y 2003, y durante los cambios de gestión del ME donde integrantes del área, según uno de ellos, "se dedicaron a terminar sus tesis de maestría y doctorado porque no había nada que hacer en el área". Otro entrevistado señaló que, en momentos de pocas tareas, utilizan el tiempo para tareas personales de escritura. Describió esta situación como "tráfico de tiempos", haciendo alusión a la cuestionada ética detrás de la utilización del tiempo de trabajo del Área de Investigación para el desarrollo de tareas personales. Sin embargo, visto desde los investigadores, es la forma de darle sentido a los tiempos "muertos" que parecen caracterizar algunos períodos de trabajo dentro del ME.

entre 2006 y 2010 asociada, por ejemplo, a la sanción de la Ley de Educación Nacional. La coordinadora del Área de Investigación explicaba que, durante esa etapa:

> ... lo que marcó la pauta en la definición de las temáticas fue el debate de la Ley de Educación Nacional. La Ley facilitó muchísimo, era el marco en el cual se podían identificar las prioridades. [...] En este caso, como estaba la pauta marcada, los temas más importantes eran los que estaban allí.

En contraste, entre 2001 y 2003, años de crisis social, política e institucional, la producción de estas áreas estuvo casi paralizada y dependió exclusivamente de las motivaciones personales de sus integrantes: "El interinato de Giannettasio [Ministra de Educación entre enero de 2002 y mayo de 2003] hay que olvidarlo. En investigación no hubo nada"[80].

Las líneas de política que enmarcan la producción, sin embargo, no siempre se ajustan a estos dos polos señalados en el párrafo anterior. Hay períodos en los cuales existen algunos lineamientos, pero que no llegan a explicitarse en documentos públicos. En estas ocasiones, se realza el papel de los responsables del área a la hora de definir los asuntos que, aunque menos manifiestos, son importantes para los funcionarios del Ministerio. Dando cuenta de esta situación, refiriéndose a un estudio realizado entre 1999 y 2001, un entrevistado explicó que "el trabajo surgió de una inquietud particular del coordinador del área. Él creía que ahí había un quilombo. Había que trabajarlo porque era un tema que se venía en la agenda y nadie lo estaba tomando".

---

[80] En este período, además, algunos integrantes del área dejaron de trabajar en el Ministerio: "veía que iba a hacer trabajo de mula en un período de sequía", explicaba un entrevistado que se fue a trabajar a un organismo internacional.

En suma, las razones esgrimidas por los coordinadores y directores de estas áreas se relacionan con la necesidad de producir materiales que moldeen la planificación de políticas a mediano y largo plazo. Sin embargo, al indagar sobre el origen de estudios concretos, se desprenden otras motivaciones que conviven –de forma contradictoria– con las primeras y que están más vinculadas a aspectos coyunturales que estratégicos. Serían, en palabras de Knorr Cetina (2005), aquellas lógicas "oportunistas" o de "contingencia"[81]. En este caso, las variables son: i) la disponibilidad de datos, ii) la existencia de recursos y iii) los intereses personales de los que se desempeñan en el área. Si bien estas razones se conjugan y se ponderan de manera diferente a lo largo del período, todas aparecen a través de la etapa estudiada. Como se profundizará en el capítulo, al tratarse de un área con pocos recursos, escasa relevancia y visibilidad hacia el interior del Ministerio, sus coordinadores e integrantes se esfuerzan por mantener y construir notabilidad. Aprovechan toda oportunidad –como la existencia de datos cuantitativos, el potencial financiamiento y sus propios intereses– para llevar adelante tareas de investigación que les den visibilidad, prestigio y poder o, en otros casos, tan sólo la subsistencia y la posibilidad de perpetuar sus tareas laborales[82].

---

[81] En su trabajo sobre el análisis de los procesos de producción en laboratorios científicos, la autora explica algunos de los diferentes aspectos de esta lógica: la variabilidad de las reglas, la oscilación de los criterios de decisión, las idiosincrasias de investigación locales, el oportunismo del proceso y el juego de los científicos con las limitaciones contextuales (138).

[82] Algunos entrevistados asocian, por ejemplo, el surgimiento de investigaciones de tipo evaluativo en el Área de Investigación hacia mediados de la década de 2000 con esta función de permanencia: "Empezar a hacer investigación evaluativa fue una forma de sobrevivir. Durante la crisis y después, no hubo mucho espacio para hacer. Había menos margen de maniobra. Una de las formas de sobrevivir fue meterse a interactuar con otras oficinas del Ministerio para hacer evaluación de programas: investigación aplicada a evaluar programas. [...] Tenía

2.2. Los pedidos de los altos funcionarios

Las investigaciones son también demandadas por las unidades ejecutivas centrales del ME como el ministro, los secretarios y subsecretarios de Educación (y sus asesores directos). A diferencia de las áreas de investigación que demandan y la mayor parte de las veces también producen sus estudios, los altos funcionarios sólo solicitan trabajos: algunos se dirigen hacia el interior del Ministerio (principalmente al Área de Investigación) y otros a instituciones o consultores externos.

Los pedidos a las áreas del ME con funciones de investigación son, en palabras de una entrevistada con más de diez años de experiencia en la cartera educativa, "puntuales y de corto plazo". Se trata, en general, de peticiones de datos o información precisa sobre aspectos del sistema educativo como, por ejemplo, la cantidad de escuelas en un municipio, cifras de repitencia o abandono en una provincia o la evolución de la matrícula del nivel medio. Esta empleada explicó con cierta frustración:

> Esto lo veo desde que empecé a trabajar en los noventa. Tenés que salir a darle a cada funcionario un papelito diciéndole "la repitencia en Salta o en Jujuy es tanto". Hacemos un trabajo artesanal. Hay algo ahí que no funciona en este vínculo. Te piden cosas, hay demandas de información, pero no hay demanda de investigaciones.

En la mayor parte de los casos, los requerimientos de los altos funcionarios responden más a la necesidad de contar con datos particulares sobre el sistema educativo para el desarrollo de sus labores cotidianas (la inaugu-

---

que ver con posicionarnos y tener cierta visibilidad en el Ministerio y, al mismo tiempo, que pudiéramos empezar a vender nuestros servicios y generar clientes internos dentro del Ministerio".

ración de una escuela, la presentación de un programa en una provincia, un encuentro con un intendente, etc.), que a la demanda de estudios asociados con la gestión de mediano o largo plazo de la política educativa. En algunas entrevistas se mencionaron, además, pedidos ocasionales de funcionarios que responden a motivaciones y necesidades de índole personal[83].

A los pedidos de datos más puntuales dirigidos hacia las Áreas de Investigación se le suman las solicitudes de investigaciones a instituciones externas. Si bien no son muchos en cantidad (8 de 112 estudios), son significativos porque se trata de trabajos que se consideran más estratégicos. Salvo excepciones, estos pedidos se originan en reuniones privadas entre los funcionarios del Ministerio y los directores de las instituciones o los consultores particulares seleccionados para elaborarlo. Se financian con fondos del propio Ministerio y no se adjudican con mecanismos abiertos y/o de competencia. Son el resultado de una negociación que contempla los intereses de ambas partes y, como se verá al final del capítulo, los circuitos de circulación de las producciones son restrictivos.

Entre las motivaciones detrás de estos pedidos fue recurrentemente mencionada en los testimonios recogidos la necesidad política de atraer o "cooptar" a determinados profesionales o instituciones relevantes en el campo de la política educativa. Dando cuenta de este tipo

---

[83] Una entrevistada renunció al Área de Investigación porque "la directora empezó a pedirme cosas que eran para trabajos personales y yo no quería hacerlos". En una charla informal, otro investigador señaló que durante una época había dedicado la mayor parte de su tiempo semanal a armar cuadros con la evolución histórica de la matrícula de Educación Media para una publicación personal del subsecretario de Educación [Notas de campo, 1/11/2010]. Por último, una asesora de un alto funcionario señaló que trabajó en la edición de un artículo de su jefe para una publicación personal, externa al trabajo del ME.

de motivación, que trasciende gobiernos puntuales y se observa a lo largo de todo el período estudiado, la directora de un organismo internacional sintetizaba:

> Hay una serie de proyectos que se demandan y financian desde los espacios políticos del Ministerio y que no sabés si tienen que ver con necesidades del Ministerio o con necesidades de construcción de lazos de amistad con determinados investigadores o grupos. Esto es así en Argentina. Así es la cultura política y así es como funciona. Hay algunos proyectos que no sabés si realmente van a ser utilizados en el procesamiento de decisiones políticas o si forman parte de las estrategias de construcción de consenso del Ministerio, búsqueda de apoyo de intelectuales, de académicos, etc.

La idea de que algunos estudios se encargan por razones ligadas a la construcción de poder político fue mencionada tanto por investigadores externos como por personas que trabajan dentro del ME. Al ser consultada acerca de la selección de una agencia externa para la realización de dos estudios demandados por altos funcionarios, una ex directora del Área de Investigación explicó:

> Es todo un debate. Yo creo que hay una razón política. [...] Las buenas lenguas dicen que esa institución hace buenos trabajos. Las malas lenguas dicen que de esa manera evitás que te llenen de críticas los diarios. Los cooptás de alguna manera. [...] Esa institución se juega mucho en la cosa programática. Ellos podrían poner cosas en la primera página de un diario. No les importaría poner "hay un millón de chicos fuera del sistema educativo".

Por su parte, otra funcionaria comentó que, al asumir como coordinadora del Área de Investigación, entre sus responsabilidades estaba el seguimiento de dos investigaciones: "Eran paquetes que venían negociados políticamente. Tenían un monto de plata, que para los dos estudios era, misteriosamente, el mismo número". Se trataba del resultado de "una negociación entre el Secretario de Educación y los directores de las dos instituciones". Cuando empezó a trabajar "ya estaba negociado el titular y la plata" y se había definido a grandes rasgos la temática. "No sé cómo fue el sistema de negociación entre el Viceministro y los directores de las dos instituciones", explicó la entrevistada, "pero me imagino que forma parte de este campo oficial ampliado del cual estas instituciones, con distintos roles, con distinta intensidad, cumplen". La directora de otra de las instituciones que recibió encargos de un alto funcionario dio cuenta en su relato de hasta qué punto esos productos son el resultado de una negociación entre dos instituciones, antes que de una solicitud del ME a una agencia externa. Cuenta que, una vez finalizado el primer estudio, el ministro le dijo que querían seguir trabajando con la institución y que les querían solicitar un nuevo estudio. La entrevistada explicó:

> Ahí me di cuenta más claramente de que trabajar con nosotros era una necesidad política. Le propuse algo distinto y no cuajó. [...] Me contestó: "Mirá, yo lo que tengo ahora es lo que te dije". Y le digo: "Bueno, si no puede ser lo que propuse, la otra cosa que me gustaría estudiar es esta porque no hay ningún estudio sobre ese tema". Me dice: "Eso me interesa, háganlo".

Si los testimonios ofrecidos con anterioridad describen a las consultorías como parte de una estrategia de acercamiento y de cooptación de referentes del campo educativo por parte del poder político, esa cita evidencia que se trata más bien de un proceso de intercambio (y no de mera cooptación). Si, por un lado, los altos funcionarios construyen una red de alianzas a través de las consultorías, por el otro, las instituciones o los consultores aprovechan los recursos –poco accesibles en el campo– y acceden a información del sistema educativo –poco disponible– para desarrollar investigaciones vinculadas a la gestión de las políticas.

Ahora bien, la motivación orientada a cooptar y a mantener cerca a instituciones y/o personas influyentes del campo se combina con razones ligadas a la obtención de conocimiento/información sobre políticas específicas. Esta necesidad parece exacerbarse cuando se trata de políticas que se heredan de gestiones anteriores y para las cuales hay que (re)definir un rumbo. En la mayor parte de los casos los nuevos funcionarios no cuentan con información sobre el programa que deben gestionar y las personas o instituciones externas –pero cercanas y de confianza– funcionan como asesores personales a través del financiamiento de estudios. Este es el caso, por ejemplo, de una de las solicitudes estudiadas. El proceso fue descripto por la investigadora de la siguiente manera:

> Somos muy amigos, tenemos mucha cercanía. Era el comienzo de la gestión y lo ayudaba a pensar todo el tiempo. De noche me llamaba y me decía: "Che, tengo tal problema". Un día me dijo: "no sé qué hacer con los Centros de Actividades Juveniles". Yo le digo: "Bueno, por qué no ves dónde están. La primera cuestión es ver qué son". Loco, ¿no?, estas formas de gestión: no saber dónde estás parado. Entonces ahí armamos el proyecto. Me dijo: "Tengo esta plata. Hagámoslo". Entonces lo hicimos. Fue como una propuesta pero también una demanda. Había un problema y nosotros podíamos hacer una investigación que relevara dónde estaban parados desde la cuestión más general, qué fueron desde su concepción y también algunos ejemplos de la práctica y de cómo están funcionando.

En suma, los pedidos de información de los altos funcionarios parecieran seguir dos caminos diferenciados. Cuando se trata de solicitudes de datos estadísticos básicos o cuestiones educativas puntuales necesarias para abordar sus tareas cotidianas de gestión, los funcionarios tienden a dirigirlos hacia el propio ME y, en particular, al Área de Investigación. Por el contrario, cuando necesitan estudios más complejos, que den cuenta de la situación de una política educativa particular (como, por ejemplo, la extensión de la jornada, la enseñanza de una lengua extranjera o una encuesta sobre el trabajo docente) se inclinan a demandarlos a instituciones externas, mayoritariamente a organismos internacionales con fuerte presencia local o a organismos no gubernamentales (CIPPEC, IIPE, FLACSO) o a consultores individuales que pueden estar ligados a una u otra institución. En estos últimos estudios parecieran combinarse, por un lado, la necesidad de mantener buena relación con instituciones influyentes del campo de la producción de conocimiento sobre Educación y, por el otro, la de contar con información sobre una temática política específica.

2.3. Los pedidos de las áreas de gestión

Por último están los proyectos que se generan desde coordinaciones de programas y políticas (41 de 112 estudios). Son las dependencias de la cartera educativa que gestionan acciones educativas. Son sumamente heterogéneas: cuentan con diversas fuentes de financiamiento (nacional o internacional) y están ubicadas en diferentes niveles del organigrama ministerial (Direcciones Nacionales, Coordinaciones, Programas, Áreas, etc.)[84]. Si bien algunos trabajos se llevaron adelante desde las dependencias donde

---

[84] Estos espacios varían en su organización institucional, algunos son relativamente independientes –como el Instituto Nacional de Educación Tecnológica (INET) y el Instituto Nacional de Formación Docente (INFoD)–; otros se conforman como Direcciones Nacionales, como es el caso de las Direcciones de Nivel Inicial, Primario o Secundario; y, por último, están los que se organizan en torno a programas o proyectos más delimitados –como, por ejemplo, el Programa Nacional de Becas Educativas, el Programa de Mejoramiento del Sistema Educativo (PROMSE) o el Observatorio Argentino de Violencia Escolar, entre otros–.

surgieron (ver último párrafo de este apartado), la gran mayoría fue demandada a áreas del Ministerio con funciones de investigación o a instituciones o consultores externos. Más allá de dónde se desarrollen, la mayor parte de estos trabajos responde al objetivo de monitorear o de evaluar las acciones implementadas en el marco de la política gestionada. Aunque con distintos énfasis, son trabajos que hacen mención a la idea de un seguimiento para (re)pensar el curso de acción de una política[85].

Una primera diferenciación entre los estudios demandados por las áreas de gestión se vincula con su fuente de financiamiento. Aunque hay algunas excepciones, cuando las demandas van hacia el interior del Ministerio se financian por el propio Ministerio a través de una modalidad mixta, donde el Área de Investigación provee los investigadores y la dependencia que lo solicita costea los insumos ligados con la realización del trabajo de campo (viáticos y manutención de los investigadores en el campo, impresión de cuestionarios, etc.). En contraste, cuando los estudios se encargan a instituciones externas o se desarrollan desde las mismas dependencias desde las cuales se gestionan las políticas a través de la contratación de consultores, cuentan con financiamiento internacional. El financiamiento otorgado por organismos o agencias internacionales viene acompañado –a veces producto de una sugerencia y otras

---

[85] A modo de ejemplo, uno de estos estudios señala que su objetivo es "producir, sistematizar y relacionar información que pueda contribuir al análisis de la política implementada por el Ministerio de Educación" (Finnegan, 2007). Otro enuncia que "pretende contribuir a la producción de insumos que puedan ayudar a mejorar la gestión del programa durante su implementación y a generar conocimientos que permitan comprender mejor las formas en que se implementan las políticas públicas en edición" (DINIECE, 2005).

de una imposición- por fondos orientados a la elaboración de estudios, que se incluyen como parte del apoyo más general a un programa o conjunto de políticas[86]. Al analizar los procesos de producción de estudios con financiamiento externo se evidencia una gran diversidad de trayectorias. Las variaciones se asocian no sólo a la modalidad en la que se instala el requisito de la elaboración de estudios –entre la negociación y la imposición– sino también con relación al tipo de producto. Se advierte que, cuando los estudios son financiados por organismos de crédito internacional, forman parte de los requisitos para otorgar el préstamo, antes que del interés de funcionarios del Ministerio. Resaltando este punto, una de las investigadoras que participó en un estudio evaluativo comentó: "Como el organismo internacional puso fondos, esta evaluación surgió como imposición de ese organismo". En esta misma dirección, otro testimonio manifestaba: "una gran cantidad de plata viene de organismos internacionales y uno de los puntos centrales ahí es el seguimiento de los resultados y su evaluación: la descripción en términos numéricos". Esta lógica también se evidencia en la introducción de una evaluación del Programa de Becas Estudiantiles donde se señala:

---

[86] Además del financiamiento de estudios como parte de un crédito, hay instituciones internacionales que administran recursos del ME para el desarrollo de proyectos específicos, que en algunos casos incluyen investigaciones. Entre los estudios analizados, hay tres instituciones que cumplieron esa función: la Organización de Estados Iberoamericanos (OEI), el Programa de Naciones Unidas para el Desarrollo (PNUD) y el Instituto Internacional de Planeamiento Educativo (IIPE).Según varios entrevistados, esta modalidad se utiliza para sortear los obstáculos burocráticos presentes en el Ministerio a la hora de efectuar pagos. En palabras de un entrevistado: "Los fondos de esa investigación los administró la OEI para evitar complicaciones y tiempos largos. Es dinero del Ministerio pero que lo administra un organismo internacional".

Una de las condiciones del préstamo del BID para apoyar los programas sociales prioritarios del Gobierno Nacional argentino fue un compromiso (por parte del Gobierno argentino) de planificar un monitoreo de la eficacia de estos programas en relación con la obtención de beneficios, la provisión de servicios y el mejoramiento de la salud y la educación de los sectores más vulnerables. (Heinrich y Cabrol, 2005, traducción propia)

El seguimiento de políticas y la evaluación de resultados a partir de datos estadísticos son percibidos por los organismos internacionales como ejes clave de la implementación de las acciones que financian. En las ocasiones en que el Banco Mundial o el Banco Interamericano de Desarrollo desembolsan el dinero, los estudios tienden a ser diagnósticos previos al desarrollo de las acciones (Líneas de Base), evaluaciones de seguimiento y/o finalización de las políticas financiadas. Basándose en indicadores cuantitativos y focalizándose en los resultados, esos trabajos tienen como objetivo establecer la eficacia y/o el impacto de las acciones introducidas. En cambio, cuando los estudios son financiados por organismos de cooperación internacional, como condición necesaria aparece la sugerencia de incorporar investigaciones entre las acciones a realizar: "Queda muy bien y completo un proyecto que tenga acciones, un presupuesto y estudios de seguimiento", resumía una empleada del Ministerio a cargo del armado de una solicitud de fondos para el área de cooperación internacional [Nota de campo, 16/09/09]. A diferencia de los organismos de crédito, que financian estudios a través de préstamos que deben ser devueltos, estas agencias realizan donaciones no reembolsables para la ejecución de acciones de política educativa que, entre sus componentes, cuentan con algún estudio. En esos casos, la posibilidad de proponer y de negociar por parte de los empleados del ME el tipo de estudios y las temáticas pareciera ser mayor[87]. Si bien los fondos provenientes de los organismos de cooperación internacional han sido menores que los de organismos internacionales de crédito, sus aportes hicieron posible la elaboración de por lo menos 16 estudios durante el lapso de tiempo analizado[88].

El declive de las políticas neoliberales en el nuevo siglo y el creciente cuestionamiento al accionar de los organismos internacionales, especialmente a partir de 2003, desdibujó la influencia de los organismos de crédito internacional a partir de ese momento, y sobre todo en relación con la década anterior. Perdieron su capacidad de direccionar las políticas educativas más generales, aunque siguieron financiando programas y determinando, en esos casos, las modalidades de contratación de expertos y el tipo de producción a desarrollar. Las negociaciones dejaron más espacio para las propuestas locales. Entre 2003 y 2005 se acordaron dos préstamos financiados por el BID y el Banco Mundial, para la Educación Media y la Educación Rural, respectivamente[89]. La crisis económica disparó, además,

---

[87] Este punto se analizará en profundidad en el capítulo siguiente, donde se abordan en detalle las negociaciones entre un organismo de cooperación internacional y el ME en torno al desarrollo de un proyecto de investigación.

[88] Entre estas agencias, se destaca la Unión Europea que financió dos iniciativas entre 2004 y 2009: el Proyecto de Fortalecimiento del Programa Integral para la Igualdad Educativa (FOPPIE) en el marco del cual se desarrollaron cuatro estudios y el Programa "Educación Media y Formación para el Trabajo para Jóvenes" desde donde se realizaron siete estudios. Además de la Unión Europea están los organismos de cooperación nacionales como, por ejemplo, la Agencia de Cooperación del Gobierno Alemán (GTZ) y del Gobierno Japonés (JICA).

[89] Aprovechando negociaciones que habían quedado inconclusas en 2001 con el Banco Interamericano de Desarrollo, en 2003 el nuevo gobierno terminó de negociar un préstamo por 600 millones de dólares (con una contraparte nacional por 400) para la Educación Media llamado "Programa de Mejoramiento del Sistema Educativo" (PROMSE). En 2006 se inició el "Proyecto de Mejoramiento de la Educación Rural" (PROMER) con una duración de cinco años y que implicaba un préstamo del Banco Mundial por 150.000 millones de dólares (y una contraparte nacional por 16.6 millones).

la aparición de organismos de cooperación internacional –como, por ejemplo, la Unión Europea o la Agencia de Cooperación Alemana–, que a lo largo de la última década apoyaron financieramente y asistieron con la realización de estudios, en el marco de la implementación de programas y/o proyectos específicos. A lo largo de toda la etapa estudiada, la participación y preponderancia de organismos y agencias internacionales y, después de la crisis de 2001, también de los organismos de cooperación internacional, estuvo directamente asociada con las áreas del Ministerio que gestionan políticas. La relevancia de este tipo de organizaciones no se manifestó ni en relación con los estudios que surgieron desde espacios del ME asociados al planeamiento (analizados en el aparatado 2.1) ni de aquellas que se originaron a partir de pedidos concretos de altos funcionarios (señalados en el apartado 2.2).

Por último, entre las dependencias asociadas con la gestión de políticas que generan estudios, hay que mencionar también la existencia de investigaciones que se originan desde áreas pequeñas creadas con el fin de producir información e investigaciones en el interior de otras dependencias. De alguna manera, se trata de áreas que se superponen al trabajo que realiza la DINIECE, pero que se focalizan en el ámbito de política específica donde se crean. Sus estudios se financian, en la mayor parte de los casos, con fondos del propio Ministerio. Durante el período estudiado, fueron dos los espacios ministeriales con estas características y generaron aproximadamente siete estudios. El primero existió entre 2004 y 2007 bajo la órbita de la Dirección General de Gestión Curricular y Formación Docente (en adelante DNGCyFD) y el segundo, todavía en actividad, se creó en 2005 dentro del nuevo

Instituto Nacional de Formación Docente (INFoD)[90]. Este último se focalizó en el desarrollo de investigaciones orientadas hacia la práctica docente.

3. La ejecución de los estudios

Una vez que surge la demanda, los proyectos de investigación toman principalmente dos caminos: o se desarrollan dentro del ME o se solicitan a instituciones o consultores externos.

3.1. Los estudios realizados en el Ministerio

En el ME se desarrolló menos de la mitad de las producciones analizadas (48 de 112). La dependencia que más trabajos produjo fue el Área de Investigación[91]. Desde allí se

---

[90] En su análisis sobre las producciones desarrolladas por el ME entre 1993 y 2003, Galarza (2007) señala el Programa de Estudios de Costos del Sistema Educativo (PECSE) como un espacio fundamental de producción de investigación dentro del ME. Según el autor, entre 1995 y 1999 se desarrollaron desde esa área más de 14 estudios relacionados con el financiamiento del sistema, los salarios docentes, el tamaño y los costos de las instituciones educativas y los modelos de organización y de gestión de los sistemas educativos. Sería interesante indagar cómo se transformó esta área a partir de 1999 y por qué parece haber perdido protagonismo en la etapa aquí analizada.

[91] Además de los trabajos desarrollados en el Área de Investigación de la Secretaría de Educación, hay estudios que fueron realizados desde otras dependencias con funciones de investigación, con más o menos grados de formalización, asociados a organismos del Ministerio con funciones de gestión de políticas. Son dependencias que se superponen al trabajo que realiza la DINIECE, pero que se focalizan en un ámbito de política específico en el que se enmarcan. Sus estudios se financian, en la mayor parte de los casos, con fondos del propio Ministerio. Durante el período estudiado, fueron tres los espacios ministeriales con estas características y generaron aproximadamente siete estudios. El primero existió entre 2004 y 2007 bajo la órbita de la Dirección General de Gestión Curricular y Formación Docente (DNGCyFD). El segundo, todavía en actividad en el momento de la publicación de esta investigación, se creó en 2005 dentro del nuevo Instituto Nacional de Formación Docente (INFoD). Este último se focalizó principalmente en el desarrollo de investigaciones orientadas hacia la prácti-

coordinaron, planificaron y ejecutaron 43 investigaciones. En un intento por trazar tendencias, se puede constatar que se realizaron fundamentalmente dos tipos de trabajos. Los primeros, y más extendidos, son de corte descriptivo y están orientados a la publicación. En palabras de una investigadora del ME, son trabajos que:

> ... tienen un perfil netamente descriptivo. [...] Tratan de no hacer un juicio de valor sobre la política sino, más bien, ordenar, sistematizar y mostrar los datos. En todo caso, si hay interpretaciones, estas se derivan más de la forma en que se muestran los datos que de las instrumentaciones que se hace de ellos.

Los segundos, en cambio, son evaluaciones de políticas, una modalidad mucho menos extendida que surgió a partir de 2004 y cuyos productos, como se verá, son de circulación restringida.

Las diferencias en los procesos de producción de estos dos tipos de trabajos fueron recurrentemente señaladas por los entrevistados. Una funcionaria del Área de Investigación explicó que los primeros:

> ... tienen un carácter diagnóstico, aunque hay análisis y puede haber recomendaciones de políticas. La evaluación, en cambio, implica emitir juicios sobre el desarrollo de un programa. En ese sentido, es políticamente mucho más complejo el campo de la evaluación que el de la investigación.

En cuanto a los procesos de producción, mientras que en el primer caso "no hay mayor problema con garantizar el producto (uno solo tiene que ser juicioso, hacer algo relevante y que esté bien escrito)", en el segundo el "tema es más complejo". En la práctica, si los procesos de

---

ca docente. Por último, hay un equipo de trabajo que se denominó "Equipo de seguimiento de egresados", en el interior de la Unidad de Información dentro del Instituto Nacional de Educación Técnica (INET).

producción de los primeros son relativamente transparentes y abiertos, los segundos son más obscuros, y presentan a lo largo de su desarrollo un abanico de negociaciones –explícitas e implícitas– que van transformando el producto y su sentido. Este capítulo no se detendrá en ese análisis, pero cabe anticipar estas diferencias que serán variables clave a la hora de comprender los variados circuitos de difusión[92].

Respecto a la conformación del área durante el período analizado, estuvo integrada por entre 15 y 20 personas. Contó siempre con sociólogos, licenciados en Ciencias de la Educación, antropólogos –que crecieron en número a mediados de la década de 2000 cuando se incorporó una coordinación de estudios cualitativos– y, en menor medida, con economistas. La gran mayoría tiene un fuerte contacto con la universidad, como estudiantes de posgrados (maestrías y doctorados) o como docentes. A lo largo de las entrevistas con funcionarios, investigadores y responsables de proyectos desarrollados desde el ME, se recogieron testimonios sobre las condiciones de trabajo cotidianas de

---

[92] El análisis de los procesos de producción de las evaluaciones dentro del Ministerio de Educación ameritaría un capítulo aparte. Aquí, nos interesa señalar que, al igual que con las investigaciones encargadas por altos funcionarios, las evaluaciones de políticas se encargan internamente o externamente de acuerdo con la relevancia que se les asigna. Cuando se perciben como relevantes quedan, en general, bajo la responsabilidad de la directora de la DINIECE y se llevan adelante a través de la contratación de investigadores de su confianza, que le responden directamente. En cambio, cuando se consideran menos importantes tienden a ubicarse en el Área de Investigación y son desarrollados por sus integrantes. Así, los encuadres institucionales y la responsabilidad sobre la producción de las evaluaciones de programas varían y se transforman, en gran parte, a la luz de la importancia política que se le adjudica al estudio así como de las negociaciones y disputas entre diferentes funcionarios en torno a cuestiones que pueden estar ligadas a su desarrollo, al contenido y, sobre todo, a su circulación y utilización posterior.

este equipo. Esas condiciones moldean y, al mismo tiempo, permiten caracterizar los procesos de producción de conocimiento.

La primera cuestión se vincula con los procesos más generales de profesionalización estatal: las condiciones laborales/contractuales de los empleados. Tal como fue analizado en el Capítulo 3, y en línea con lo que sucede en el resto de las instituciones del Poder Ejecutivo Nacional, existe una enorme heterogeneidad en las formas de contratación del ME. Por un lado, están los empleados de planta permanente, que forman parte de la carrera burocrática del Ministerio. Representan menos de la mitad. Tienen garantizada su permanencia laboral y sus salarios se actualizan en función de acuerdos sindicales. Por otra parte, están los de planta transitoria, ubicados entre los empleados que gozan de mayor estabilidad y los contratados. Estos últimos trabajan para el Ministerio pero a través de acuerdos por tiempo definido, que pueden ser con el ME o con un organismo internacional –como el PNUD, el Banco Mundial, la Organización de Estados Iberoamericanos (OEI) o el IIPE. Estos empleados gozan de menos estabilidad y trabajan en constante incertidumbre, ya que sus acuerdos laborales son de corto plazo –de un mes hasta un año–, aunque sus contratos pueden renovarse por períodos que llegan a superan los diez años.

Los efectos de las contrataciones de ese tipo sobre el trabajo cotidiano son múltiples. Además de las sensaciones de incertidumbre e inestabilidad permanentes –que se acrecientan con los cambios de gestión–, en las entrevistas se hizo mención a la discontinuidad de los equipos de trabajo y al débil vínculo de pertenencia con la institución como consecuencias de esas formas de contratación. Una investigadora del ME resumió esas cuestiones al indicar:

El tema de los contratos refleja la degradación del trabajo del Ministerio. En un momento, los gremios y las organizaciones básicas empezaron a convocar a todos los contratados. Había situaciones de gente que estaba trabajando hacía diez años en el ME con un contrato. Ahí noté que estaban los contratados tercerizados (PNUD, OEI, BM, IIPE). Éramos nosotros. Algunos empezaban a pasar a planta transitoria, que es como un limbo, un espacio intermedio que no es ni la planta permanente ni contratado. En esas condiciones era muy difícil pensar en investigación. Un día la gente está y al día siguiente no. No se sabe bien quién les paga. Es todo un sinsentido y una superposición de normas.

Con respecto a los vínculos entre los empleados y la institución, los contratos generan una situación de mucha ambigüedad, y hasta los propios empleados no están seguros de quién les paga y/o a quién responden. Esto pone en evidencia la fluidez de las fronteras ministeriales: el límite entre el adentro y el afuera del ME es, en muchos casos, difuso e inestable. Esto se expresa en el testimonio de una investigadora contratada por el BM que trabajaba en el Área de Investigación. Frente a la pregunta por el nombre de su equipo contestó:

> Qué se yo. De hecho, muchas veces no sabemos cómo presentarnos. A veces decimos que somos de la DINIECE, a veces decimos que somos del Programa de Educación Rural. Otras veces decimos que somos del Área de Investigación. En una época éramos del Área de Evaluación. Cuando nos quieren poner de la vereda de enfrente dicen que somos del Banco Mundial.

Ni siquiera los altos funcionarios del Ministerio tienen un panorama claro de la cantidad de empleados y de las formas particulares de contratación del Ministerio. Los acuerdos laborales se definen en y circulan por distintos ámbitos, los contratos externos se pasan, se prestan y permutan entre funcionarios políticos de distintas áreas. El registro de estos intercambios no está concentrado en un único lugar. A excepción de los empleados que conforman la planta permanente, el resto de las contrataciones son inestables, confusas, ambiguas, y la información que a ellas se refiere es poco transparente y poco accesible. Los contratos son, en la mayor parte de los casos, producto de intercambios particulares entre el funcionario que contrata y el nuevo empleado, y sus características responden en muchos casos al poder de negociación y a la relación existente de ellos. Esto genera a su vez una gran diversidad en cuanto a qué queda asentado y explícito en cada contrato. Varía el detalle de las tareas a realizar, los productos a entregar, la explicitación de los horarios y días de trabajo, el lugar de trabajo, la remuneración, etc.[93].

Las negociaciones discrecionales, basadas en criterios situacionales y personales, así como la ambigüedad que caracteriza estas formas de contratación, permiten esquemas de trabajo de mayor flexibilidad y, desde el punto de vista de los actores, más maleables que los proporcionados por los esquemas burocráticos. Muchas veces, tanto los empleadores (funcionarios políticos) como los investigadores (empleados) prefieren esta forma de contratación por sobre los contratos estables del ME. Paradójicamente, si bien las condiciones de trabajo son más inestables y los derechos laborales no están asegurados, desde la

---

[93] Dependiendo del caso, la letra del contrato refleja de manera más o menos fidedigna las condiciones y tareas asociadas a la contratación. Ejemplificando este punto, una investigadora contratada por el ME a través del BM explicó que "la diversidad temática y de demandas es infinita, y cada persona se encarga de 70 cosas que no figuran en ningún término de referencia. La situación es difícil". En contraste, otra entrevistada, también contratada por el ME pero a través de un contrato de la OEI, señaló: "Mis términos de referencia se ajustaban a la tarea. En general yo soy bastante insistente en eso porque tengo un marido auditor. Si no, después terminás vos engrampada: te dicen '¡Ay! no hiciste lo que decía'. Alguien después mira los papeles y resulta que vos sos la corrupta. Vos laburaste y tenés que salir a explicar. Entonces soy bastante hincha con eso porque me parece que hay que poner más o menos lo que va. Y la directora que me contrató es bastante rigurosa en eso también".

perspectiva de los contratados este modelo laboral abre la posibilidad de negociar aspectos como el salario, el lugar y el horario de trabajo. Y los que contratan ven en este esquema la posibilidad de contratar perfiles profesionales a los que, de otra manera, no podrían tentar. En cuanto a la remuneración, las distancias entre unas y otras formas de contratación han variado a lo largo de los últimos diez años, aunque, en términos generales, los entrevistados señalaron que los contratos externos son por montos más altos que los del Ministerio. La transcripción que sigue refleja estas cuestiones:

-¿Vos tenés un contrato de planta del ME?
-Recién desde el año pasado. Desde que empecé a trabajar acá, hace más de siete años, tuve siempre un contrato del BID. Una precarización laboral de un montón de años. El año pasado pasé a ser de planta transitoria. De todos modos, yo opté por eso en ese momento, porque el valor de los salarios de los contratos era el doble de la planta.
-¿En los últimos años también?
-En los últimos años fue un desastre. Todo quedó achatado, tanto para los contratos como para los de planta. Hay gente que está trabajando por muy poca plata y por eso el horario de trabajo es de cuatro o seis horas. Por más que sean recién egresados, los sueldos son bajísimos. Yo cobro apenas más que ellos con toda la experiencia que tengo, con todos los años de trabajo. Es patético.

La información provista en las entrevistas indica que la mayor parte de los investigadores del Ministerio está empleada a través de contratos de corto plazo y renovables que se negocian personalmente entre los empleados y los empleadores. Los términos de esta negociación –que, en la mayor parte de los casos, son muy poco explícitos– tienen efectos tanto en términos personales (sensación de incertidumbre e inestabilidad, rispidez entre diferentes tipos de empleados, dudas con respecto a la institución y persona a la que se responde) como en términos del trabajo más colectivo e institucional (dificultad para la conformación de equipos estables de trabajo, imposibilidad de negociación colectiva de mejores condiciones de trabajo, etc.). El segundo aspecto se relaciona con las condiciones materiales en las que se desarrollan las tareas de investigación. La infraestructura, el equipamiento y los recursos son cuestiones no resueltas que, por momentos, obstaculizan el trabajo de los investigadores. Una asesora de la directora de la DINIECE explicó que hacen "esfuerzos sobrehumanos" para trabajar allí: "Mirá las condiciones de trabajo en el Área de Investigación: cajas apiladas, fotocopiadoras e impresoras rotas. Hay una cosa muy degradada". Por su parte, una investigadora del área explicó que, cuando comenzó el proyecto, los integrantes del equipo trabajaban en sus domicilios particulares porque no contaban con lo que necesitaban. De a poco fueron consiguiendo el equipamiento necesario para trabajar desde el ME:

> Nosotros conseguimos estas computadoras y muebles haciendo cirujeo. Algunas cosas las heredamos del programa que estaba al lado y que se desarmó. Nos las dieron de onda. Otras nos costó mucho tiempo conseguirlas. Insistiendo, insistiendo, insistiendo. [...] Les insistimos a todos. Pese a que en nuestro programa hay un montón de plata asignada para equipamiento, nadie se hace cargo. No sé por qué. Te dicen que no hay. [...] Cuando yo llegué estaba la coordinadora instalada acá. Por supuesto que no tenía todo esto. Ella me contó que cuando empezó no tenía ni siquiera silla. Le habían dado solamente una computadora pero ni muebles, ni nada. Una secretaria le preguntó: "Pero vos, ¿de dónde venís?", asumiendo que venía de alguna otra parte del Ministerio. Porque vos tenés que traerte la silla de donde venís. Es increíble pero es así. El ventilador nos lo prestan, alguien de ahí al lado. Si salís al pasillo y alguien dejó un mueble, lo traés.

Los fondos para poder desarrollar nuevas investigaciones también son escasos. Dando cuenta de esta situación, un integrante del Área de Investigación explicó: "A veces, es imposible hacer investigación porque no hay recursos para hacer trabajos de campo". La coordinadora de otro estudio optó por realizar el trabajo de campo de una investigación cualitativa en la Provincia de Buenos Aires cuando originalmente estaba pensado hacerlo en otra provincia, para abaratar los costos del campo: "Lo tuvimos que ir negociando, siempre hay un momento en el que te dicen que no hay plata". En otra entrevista, una investigadora señalaba que, en algunas ocasiones, frente a la dificultad -a veces también administrativa- de obtener los fondos para realizar el trabajo de campo, algunos financian los costos con sus propios recursos:

> Los llamaban un día antes para que se vinieran hasta Buenos Aires. Sin viáticos. Sin nada. La gente vino, se hizo el trabajo. No sabían bien cuándo les iban a pagar. Están tan acostumbrados a ese maltrato en términos de condiciones del sistema que lo toman como algo que funciona así. Yo también estoy acostumbrada a los maltratos de los contratos y demás. Pero si me decís de un día para otro que vaya a hacer un trabajo de campo sin viáticos [...] probablemente lo haga porque en Educación uno siempre termina haciendo esas cosas.

La presencia de partidas presupuestarias orientadas al desarrollo de investigaciones no está formalizada. El financiamiento se basa en las condiciones de gasto generales del ministerio y en las negociaciones particulares entre el coordinador del Área de Investigación y el director de la DINIECE. Como señalamos en el apartado 2.2. de este capítulo, muchas investigaciones del Área de Investigación surgen a partir de la existencia de datos estadísticos o de la posibilidad de acceder a fondos internacionales pues el área además carece de recursos financieros propios para llevar adelante ese tipo de producciones.

En tercer lugar, en varias entrevistas se hizo mención a aspectos burocrático-administrativos y a su impacto sobre las condiciones de investigación dentro del ME. Una ex directora de la DINIECE explicaba:

> Los responsables de la DINIECE tenemos mucho trabajo burocrático. Por ejemplo, para mandar a un equipo a hacer un relevamiento de campo en una provincia tenés miles de mecanismos administrativos (hacer que salgan los pasajes, los viajes, etc.). Eso no hace a la parte sustantiva del trabajo de investigación pero, si no lo resolvés, los equipos no pueden salir.

En muchos casos, estos procesos llevan mucho tiempo y hacen que las investigaciones se demoren más de lo previsto: "Todo es burocrático e insume mucho tiempo. Los meses van pasando por la propia lentitud del Estado", explicaba otra investigadora. Un testimonio hizo referencia, además, a las transformaciones permanentes de los procesos administrativo-burocráticos:

> Yo creía que en el Estado había ciertos procedimientos estandarizados. En otros lugares, a nadie se le ocurre hacer un camino administrativo nuevo. Todos tienen en claro de quién depende cada cosa. [...] Acá nada es así. No hay procedimientos, no hay caminos determinados para nada. Todo se hace sobre la marcha. Las cosas administrativas se hacen un montón de veces. Te dicen "esto no está bien. Antes era así pero ahora no es así". No hay manuales de procedimientos. Ni para la cosa más nimia como puede ser, por ejemplo, un viático ni para nada.

3.2. Los estudios demandados a consultores o a instituciones externas

La segunda porción y la más importante (64 de 112) de los trabajos analizados fue demandada a instituciones o a consultores externos al Ministerio, a través de la contratación de consultores individuales o de agencias específicas. Cuando fueron demandados hacia instituciones externas, la mayoría se dirigió a organismos internacionales, en particular al Instituto Internacional de Planeamiento Educativo (IIPE, 16 de ellos) y, en menor medida, a la Facultad Latinoamericana de Ciencias Sociales (FLACSO, tres estudios). CIPPEC, un organismo no gubernamental, participó en el desarrollo de tres trabajos.

En términos numéricos, la participación de las universidades públicas es significativa, ya que 11 trabajos fueron realizados por ese sector. Sin embargo, la mayoría de los estudios solicitados a instituciones universitarias (nueve de ellos) se realizaron en el marco del Concurso de promoción y uso de estadísticas y fueron trabajos que, en la práctica, tuvieron una trascendencia limitada, tanto en cuanto a la cantidad de recursos asignados, al tipo de estudios y, como se verá, a la calidad de los informes finales.

Los mecanismos de tercerización de estudios del ME no cuentan con una regulación explícita que goce de continuidad[94]. Entre los mecanismos de contratación de individuos o de instituciones externas se observan múltiples

---

[94] A diferencia de otros países, en Argentina no hay mecanismos institucionales con cierta continuidad para fomentar la investigación aplicada en Educación. Sin embargo, existieron dos acciones aisladas llevadas adelante durante el período en cuestión que, aunque no gozaron de continuidad, se orientaron a este fin. La primera fue el ya señalado Concurso de promoción y uso de estadísticas educativas en investigación coordinado por la DINIECE en 2007. La segunda fue una iniciativa entre la Secretaría de Educación y la Secretaría de Ciencia y Técnica del ME en el marco de la cual se plantearon tres Áreas de Vacancia, a través de las cuales se financiaron proyectos de investigación (PICT) en 2006. Los proyectos realizados en el marco de esa iniciativa fueron: "La enseñanza y aprendizaje de saberes socialmente productivos. Los saberes del trabajo", a cargo de Adriana Puiggrós, en la Universidad de Buenos Aires; "Intersecciones entre desigualdad y educación media: un análisis de las dinámicas de producción y reproducción de la desigualdad escolar y social en cuatro jurisdicciones", a cargo de Inés Dussel en la Facultad Latinoamericana de Ciencias Sociales; y "TIC y educación en la Argentina. Caminos recorridos y desafíos pendientes", a cargo de María Rosa Albornoz, en la Universidad Nacional de la Patagonia Austral y otros. Esta última experiencia ameritaría más estudios, ya que inaugura un vínculo entre la investigación académica y la investigación orientada a la política que no se había dado antes en nuestro país.

modelos, que responden principalmente a las circunstancias y a las posibilidades concretas de las áreas o de los funcionarios que los demandaron en ese momento. Refiriéndose a la lógica de estas contrataciones externas y a su articulación con la investigación desarrollada en el interior del ME, un integrante de la DINIECE señaló:

> El ME nunca tuvo una política clara y sostenida en el tiempo para la contratación externa. Son cosas que surgen de manera ocasional. Se hacen, se cortan y después no se vuelven a hacer. Más adelante se contrata a otra institución para hacer otro trabajo. Además, la investigación que se contrata externamente es paralela a la investigación que hacemos nosotros. Nunca hubo una agenda de investigación que articulara ambas cosas.

De acuerdo con las condiciones de cada negociación, el ME asume distintos grados de responsabilidad y de participación. Hay trabajos en los que el Ministerio arma los términos de referencia, lo encarga y espera el producto. Hay otros en el que el Ministerio es responsable, además, de brindar las bases de datos (y/o de su procesamiento) para la elaboración del informe. También hay estudios en los que el ME tiene un fuerte rol a lo largo de todo el proceso de producción, incluyendo la edición final del trabajo y su publicación. Además, en muchos casos, la participación del ME y su relación con las otras instituciones participantes varía a lo largo del desarrollo del trabajo.

En concreto, podría decirse que cada estudio que se demanda externamente es diferente y, en contraste con los trabajos desarrollados dentro del ME, dada la cantidad de agencias y de consultores participantes, es mucho más difícil delinear tendencias sobre sus condiciones de producción. En esos casos, la definición del trabajo, la modalidad de contratación, el desarrollo, su evolución y su posterior circulación varían enormemente de acuerdo con las características de cada investigador o institución así como en relación con los acuerdos particulares con el ME. Es por ello que en los próximos párrafos se describirán las razones señaladas por los entrevistados para explicar la tercerización de esos estudios. Estas motivaciones dan cuenta de la percepción que se tiene acerca de las condiciones de trabajo de los investigadores, tanto dentro como fuera de la cartera educativa.

La primera razón esgrimida por los entrevistados se vincula con el margen de maniobra que habilita en los procesos de tercerización. Visto desde los funcionarios del Ministerio que demandan estudios, solicitar una investigación a una institución o persona ajena al ME admite mayor injerencia en la definición y en el desarrollo de la investigación. Esto es percibido como una gran ventaja en relación con las percepciones que tienen muchos funcionarios de, por ejemplo, el trabajo solicitado a la DINIECE.

La contratación externa permite, por un lado, convocar a expertos con larga trayectoria en temas específicos. Pues estas instituciones o personas renombradas y prestigiosas del campo no están, en general, interesadas en trabajos de mediano o largo plazo en el ME donde los sueldos, la jornada laboral y la autonomía a la hora de producir conocimiento son menos atractivas que en otros espacios en los que trabajan (ya sean universidades, organismos internacionales u ONG, o varios de esos espacios de forma simultánea). Y una solicitud por un tiempo limitado y con tareas específicas es una de las formas de sumarlos. Por otro lado, admite una definición más precisa de las condiciones de trabajo y de los tiempos de producción. Al respecto, un investigador de la DINIECE explicó que "el contrato externo supone términos de referencia asociados al producto, y estrictos en relación con las actividades y los tiempos que hay que cumplir. Esa es su ventaja: se predeterminan tiempos y productos". "Cuando hay poco tiempo para hacer un estudio no se puede resolver internamente", indicó otro entrevistado. Haciendo una comparación entre las formas de trabajo en el ME y en instituciones externas, un ex director de la DINIECE resumió: "desde afuera del ME, la administración es más sencilla y es mucho menor. No es tan pesada. Los pasos a seguir y los mecanismos son más sencillos". En ese sentido, la contratación externa pereciera admitir una celeridad a la cual es difícil acceder en el contexto administrativo-burocrático del ME, donde las tareas muchas veces se interrumpen por pedidos concretos de funcionarios (ver punto 2.2 de este capítulo) o se complican con procesos administrativos imprevistos (ver 3.1 de este capítulo).

La segunda razón que explica la tercerización de estudios tiene que ver con el origen de los fondos. Cuando el financiamiento es externo y proviene de un organismo internacional, muchas veces es requisito del financiador que las investigaciones se desarrollen por fuera del ME. En muchos de estos casos, además, las condiciones de contratación de la agencia externa están regulados y definidos por el organismo financiador (este es el caso, por ejemplo, de todos los estudios realizados en el marco de proyectos financiado por la Unión Europea). Como se señaló en el apartado 2.3, este tipo de investigaciones se demanda generalmente desde áreas del Ministerio con funciones de gestión, y se orienta al monitoreo y a la evaluación cuantitativa de resultados de políticas educativas específicas.

La tercera razón se vincula con el armado de una red de construcción y de apoyo político a la gestión del ME. Esta cuestión, abordada en mayor detalle en el apartado 2.2, atañe principalmente a los altos funcionarios. Retomando lo enunciado en páginas anteriores, una de las razones detrás de la externalización es la de generar y/o mantener buenos términos con organizaciones o con individuos externos e influyentes en el campo de la Educación (apartado 2.2 de este capítulo). La demanda de estudios a instituciones o consultores externos funciona, en estos casos, como parte de una estrategia más general de los funcionarios políticos de turno para mantener una buena relación con instituciones que podrían mostrarse críticas al gobierno. Si bien muchos de los testimonios ya fueron incluidos en el capítulo, interesa sumar las palabras de un ex director del Área de Investigación que vuelven a ilustrar con claridad este punto: "Los muchachos tienen que estar más o menos adentro siempre, porque se los necesita. Es la manera de tenerlos adentro y tenerlos cerca. No voy a decir comprados, pero sí tenerlos cerca".

El cuarto y último aspecto a destacar tiene que ver con el control del contenido. Al igual que la razón vinculada con el armado de redes institucionales de cooperación, estos mecanismos también parecen estar impulsados principalmente por altos funcionarios políticos. El siguiente ejemplo resulta ilustrativo: a Sonia la contrataron desde el ME como consultora para rehacer un trabajo que, en primera instancia, se le había solicitado a otra institución. El funcionario que la contrató no estaba conforme con el producto final que se había entregado y le pidió a Sonia, a quien conocía hacía muchos años y le tenía plena confianza, que lo re-escribiera. Refiriéndose al proceso de edición del informe, Sonia explicó:

> Fue agotador y muy largo. Cuestionaban todo: "¿Por qué ponés esto o lo otro?" "¿Por qué el promedio?" "¿Por qué mayoritariamente?". Era imposible. Le dije a mi amiga Lucía [la funcionaria que la había contratado]: "Nunca más te hago esto. Me tienen harta. Este trabajo me sacó canas verdes. No manejan el tema y revisaron el trabajo 250 veces. Lo tacharon. Ya ni siquiera sé qué es mío de todo eso. Tengo en la computadora cinco versiones finales".

Cuando se le preguntó si su interlocutor era Lucía contestó:

> No, todos: Francisco, Lorena, Tatiana, a veces Lucía. A Lucía le daba inseguridad entonces se lo daba a cuanto pánfilo pasaba por ahí, pero ninguno de ellos sabe de investigación. Cada vez se le iban limando más aristas al documento y cada vez quedaba más lavado.

La contracara del afán por controlar qué dice un informe final, que se manifiesta en el ejemplo expuesto, es el interés de algunos funcionarios por obtener miradas de mayor autonomía sobre el funcionamiento de políticas educativas específicas. Es fundamental aclarar que el nivel de autonomía de las instituciones y consultores varía y que, mientras algunos funcionarios perciben la posibilidad de controlar el producto final como una ventaja, otros optan por tercerizar un trabajo justamente por la razón opuesta: para tener una mirada autónoma e independiente sobre un tema específico. El control y la autonomía funcionan como los dos polos de un continuo. El punto en el que se ubica cada investigación pareciera definirse en función de múltiples factores como, por ejemplo, la agenda del funcionario en relación con el estudio, las expectativas en cuanto a su publicación y su relevancia. Si bien esas cuestiones serán retomadas, cabe adelantar aquí que de acuerdo con la "función" esperada del estudio, los funcionarios definen a quién le asignarán su desarrollo. No todos los contratados son iguales. Se sabe que su trayectoria y profesionalismo influyen sobre el nivel de autonomía de sus producciones. Este último punto fue ejemplificado por una investigadora con vasta trayectoria y experiencia en el desarrollo de consultorías para el Estado:

A mí me llama poca gente desconocida. Pero no todos mis amigos que ocupan lugares importantes [en el Estado] me dan trabajo. Yo necesito tener cierta afinidad con las personas que me contratan, quiero que les vaya bien y los cuido pero, al mismo tiempo, mantengo una distancia y tengo cierto nombre que cuidar. Yo no voy a escribir que está todo bien si las cosas no están bien.

4. La circulación del conocimiento

Una vez finalizados, los informes se convierten en lo que Delvaux y Mangez (2008: 39) denominan "conocimiento externalizado y puesto en palabras" y empiezan a circular por variadas localizaciones y entre diversas instituciones y agentes. Sin embargo, como se verá, este conocimiento no se moviliza de la misma manera por todos los ámbitos. Se traslada con criterios diferenciados de acuerdo con el tipo de estudio y con su contenido. La noción de "circuitos del conocimiento" acuñada por estos autores permite analizar, justamente, la estructura de la circulación de los saberes[95]. Pues permite, en sus propias palabras:

> ... discutir el movimiento del conocimiento entre actores y esferas (escenas, sectores, países), y describir estos movimientos no sólo en lo concerniente al volumen y la dirección sino también al tipo de información transmitida y a los actores que la hacen circular. (Delvaux y Mangez, 2008: 39)

---

[95] Según estos actores, para avanzar sobre una descripción de los circuitos de conocimiento, existe una serie de elementos a tener en cuenta: i) la cantidad de conocimiento que circula; ii) el foco del conocimiento, y aquí proponen una clasificación que diferencia entre *inputs*, *outputs*, procesos y opiniones y reglas formales; iii) el tipo de conocimiento (general o específico), iv) la frecuencia del flujo de información (intermitentes e irregulares o constantes y regulares) y v) los transportadores, es decir, los vehículos en los que se traslada (Delvaux y Mangez, 2008: 43-45).

En el caso de la producción de conocimiento orientado a la política en Argentina se distinguen dos circuitos diferenciados: el de los estudios que se publican y mueven abiertamente y el de los que tienen una circulación restringida. Los primeros son de índole más bien descriptiva. Los segundos plantean, en general, juicios de valor relacionados con acciones políticas del Ministerio y tienden a ser considerados más relevantes. Algunos de esos trabajos son confidenciales y no tuvieron nunca intención de publicarse. En otros casos, en cambio, su circulación se define sobre la marcha, en relación con decisiones explícitas de algunos funcionarios o de mecanismos no deliberativos y descentralizados, producto de las decisiones individuales de los actores que los tienen en su poder.

4.1. El circuito abierto

De un total de 112 estudios analizados, 32 circulan abiertamente. La mayoría (22 trabajos) está disponible en la página web de la DINIECE[96]. Otros pueden encontrarse en el Centro de Documentación o en la biblioteca del ME. La mayor parte de estas producciones se organizó en series de trabajos e incluye a los autores en las publicaciones. Este formato de publicación se había inaugurado durante la década del ochenta con la serie "Demandas de Información Educativa", pero se detuvo durante la década del noventa, momento en el que la producción estuvo más descentralizada dentro del Ministerio (Galarza, 2007b; Cardini, 2018). Volvió a utilizarse durante la breve gestión radical (1999-2001); se interrumpió durante el impasse de la crisis y los primeros años de recuperación (2002-2005),

---

[96] https://goo.gl/3L4YSJ (Último acceso: 29 de junio, 2016).

y se retomó nuevamente durante las gestiones de Filmus y de Tedesco como ministros (2003-2007 y 2007-2009, respectivamente). Entre los 112 estudios analizados y publicados, se encuentran 13 informes de investigación realizados durante la gestión radical del Ministerio de Educación, entre 1999 y 2001, por la Unidad de Investigaciones Educativas. En ese momento, se diseñaron tres series de publicaciones. Las dos primeras, "Educación General Básica" y "Tercer Ciclo de la Educación General Básica", fueron producciones basadas en datos relevados durante la gestión anterior, pero que no habían llegado a analizarse. En el marco de la tercera serie, "Las tecnologías de la información y la comunicación", se publicaron cinco estudios orientados a los intereses de algunos funcionarios del ME.

Después del estancamiento en la producción durante los años de crisis y de transición, a partir del año 2006 aparecieron nuevas series de trabajos: "Boletines Temas de Educación", "Educación en Debate" y "Resultados de Evaluaciones". Desde su origen, estos documentos estuvieron orientados a difundir a la comunidad educativa los resultados de investigaciones desarrolladas desde el ME. En palabras de la ex coordinadora del Área de Investigación: "decidimos producir documentos e investigaciones que tuvieran soporte en la información estadística, pero orientadas a la finalidad comunicativa de difusión a distintos actores del sistema educativo. Así se armaron estas tres líneas de publicación".

Durante el período estudiado, el formato de producciones cortas y diferenciadas en series respondió, fundamentalmente, al objetivo de aumentar y de agilizar la producción en el Área de Investigación, así como mejorar su calidad. Esta preocupación se refleja en las declaraciones de una entrevistada que, al asumir como coordinadora del área hacia el final de los noventa, señaló:

> Yo veía que al ritmo que se trabajaba y la cantidad de datos que había: el armado del informe iba a tardar un año. Dije "muéstrenme todos los datos". Y mi visión fue: vamos a cortar estos datos, que eran continuos, en temas relacionados a una serie de documentos. Los documentos tienen que empezar a salir en un mes, en dos meses, en tres meses. Punto. La idea era pasar de hacer un gran informe para producir documentos breves [...] para ir haciendo salidas y no esperar un año hasta tener un bodoque que después nadie va a leer.

Por otra parte, un consultor contratado por la DINIECE entre 2005 y 2008 comentó que esa organización en series pudo darle "ritmo y exposición" y más legitimidad a los estudios realizados. En este sentido, indicó:

> Las series reemplazaron a los anillados con tipografía distinta que había, algunos eran muy buenos y otros pésimos. Y el pésimo te tiraba abajo el bueno. El pésimo no tiene que tener el sello del ministerio y el logo de la DINIECE [...] no puede tener la legitimación de la DINIECE.

Los objetivos ligados a los tiempos de producción y a la calidad de las producciones se articulaban, además, con el propósito de mejorar las condiciones laborales de los integrantes de esas áreas. Como se vio, aunque con variaciones durante el período estudiado, las condiciones de trabajo del ME se caracterizaron por una fuerte precariedad laboral, bajos salarios y escasos recursos para desarrollar investigaciones (ver apartado 3.1 de este capítulo). En ese contexto, la posibilidad de los investigadores de publicar trabajos breves de su autoría funcionó como un estímulo y como un beneficio laboral, una suerte de "recompensa simbólica" en el marco de condiciones laborales no muy favorables. Un entrevistado dio cuenta de esta relación con claridad:

> Era un momento de mucha tensión, había reclamos por el tema salarial. El director no podía responder porque no maneja salarios. Le decían: "poné la plata", pero él no podía hacer eso. Después de un par de días muy tensos le digo: "yo creo que para romper este clima de inercia y de parálisis, si no se puede hacer nada con la recompensa material, hay que operar con la recompensa simbólica. Si vos a todo el mundo le decís que el informe sale con su nombre la cosa va a andar". Lo propuso y salió ese cambio. No desaparecieron las tensiones, pero una cosa es trabajar para hacer un informe descriptivo de 12 páginas y que vaya con el nombre del Ministerio y otra cosa es que salga con tu nombre, porque ahí hay algo de recompensa simbólica. Vos lo ponés en tu currículum y pesa.

4.2. El circuito restringido

La mayor parte de los informes desarrollados desde el Ministerio de Educación no tiene, sin embargo, una circulación abierta. No se encuentran a disposición del público general. No se entregan cuando se piden, no están en Internet, no se publican ni se imprimen copias con el fin de difundirlos. De un total de 112 estudios analizados, más de la mitad (73) son de circulación restringida. La forma de acceder a ellos es a través del contacto personal directo con quienes los tienen en su poder: los demandantes, los que ejecutan la investigación y –a veces aunque no siempre– los funcionarios que gestionan las políticas estudiadas.

Muchos de ellos se producen sin la intención de publicarse y son confidenciales. Fueron pensados con el objetivo de aportar información a los funcionarios que los demandaron, a los gestores de políticas y/o a los organismos internacionales que los financian. Son "documentos de circulación interna", describió una ex coordinadora del

Área de Investigación del ME. Otra investigadora señaló que son productos "que sirven para decisiones internas del Ministerio, para la decisión de políticas. Obligan a la no publicación de sus resultados". Entre esas producciones se encuentran, fundamentalmente, las evaluaciones de políticas y, en menor medida, algunas consultorías o asistencias técnicas sobre alguna política educativa específica. Su confidencialidad se explicita, en general, en contratos. Cuando estos estudios son demandados a instituciones externas los convenios de trabajo entre ambas instituciones explicitan el hecho de que cualquier información asociada al desarrollo del trabajo es propiedad del Ministerio: "Propiedad significa que yo no tengo derecho a publicar nada de estos informes, ni a utilizar los datos, salvo que pida autorización", sintetizó un entrevistado.

Ahora bien, si existe un número de informes que no son para difundir abiertamente, hay otro conjunto de producciones cuyo destino, por lo que respecta a su circulación, es definido sobre la marcha. Hay trabajos que, en su origen, se demandaron con el propósito de ser publicados pero a lo largo del proceso de producción se decidió limitar su circulación. Este es el caso, por ejemplo, de los diez informes producidos en el marco del Concurso promoción del uso de estadísticas educativas en la investigación (descripto en 2.1). Varios entrevistados explicaron que estaba previsto publicar los trabajos finales. Sin embargo, como los documentos entregados por las instituciones seleccionadas para llevar adelante los estudios no alcanzaron la calidad que se esperaba, la directora del organismo optó por publicar únicamente unas breves reseñas y no los trabajos finales completos. Refiriéndose a uno de los trabajos, una investigadora declaró indignada: "No puede ser. Juntan cuatro indicadores y hacen una variable, ignorando todo lo escrito sobre el tema". Otra explicó que "la calidad de los trabajos era bajísima y muy desigual. Algunos eran unos bodoques de 350 páginas, donde se hacían descripciones metodológicas larguísimas e ilegibles: no se pueden publicar así" [Notas de campo, 3/09/08]. Esta modalidad también caracterizó al caso de estudio que se analizará en el capítulo siguiente.

La relación entre la circulación de los informes y la calidad de los trabajos demandados fue señalada también por otros entrevistados. En algunas circunstancias, además, un informe de "mala calidad" viene acompañado de la demanda de un nuevo estudio, que supere al anterior y pueda difundirse. En el año 2008, un Programa del Ministerio de Educación contactó a un consultor para (re)escribir un trabajo que, en primera instancia, había sido solicitado a otra institución. Le pidieron que produjera un informe sobre la base de:

... una encuesta que ya estaba hecha, aplicada y además para la cual se había armado un informe [...]. No sé quién lo armó. No sé cómo fue. A mí me pidieron que con esos datos hiciera algo y armé una cosa que va a salir publicada ahora.

La persona que había estado a cargo del primer informe "les había entregado algo horrible [...] dijeron que era una cosa espantosa, muy mala. No lo quisieron usar", explicó. En este contexto, el área del Ministerio optó por dejar el primer informe "encajonado" y encargar uno nuevo para publicar.

En los dos ejemplos expuestos son funcionarios del ME los que, a través de escenas deliberativas, ejercen su poder para limitar su circulación. Frente al compromiso inicial de publicarlos y frente a la entrega de productos que no satisfacen sus expectativas, utilizan recursos alternativos que habilitan cierto grado "controlado" de circulación del conocimiento: como la publicación de reseñas o la elaboración de un nuevo informe.

En contraste, existe otro conjunto de investigaciones cuya circulación se define en función de coyunturas que influyen –y también trascienden– a los sujetos que regulan los procesos de producción de conocimiento. Se trata de trabajos que, en palabras de un entrevistado, quedan "en el limbo", producto de cambios político-organizacionales del ME antes que de decisiones concretas de funcionarios políticos específicos. Esto se evidenció, por ejemplo, cuando renunció la directora de un área desde la cual se había desarrollado un estudio importante. En palabras de una investigadora, el área quedó "acéfala" y, a los pocos meses, se disolvió. En cuanto al informe realizado, explicó que estaba lista "la última versión y estaba toda la idea de que se publicara" pero que no sabía en qué había quedado. En otro testimonio, de un área que se cerró, la investigadora a cargo de los informes explicó que "cada uno se llevó lo que tenía en su computadora, la oficina quedó vacía. No sé qué pasó con eso [las investigaciones]. Quedaron en la nada".

La cantidad de informes que quedan en "el limbo" o "en la nebulosa" se acrecientan tanto durante los cambios político-institucionales del Ministerio (cambios de gestión y de funcionarios, así como modificaciones en la estructura del ME) como en relación a eventos fortuitos pero igualmente influyentes sobre el ambiente ministerial. El siguiente extracto del testimonio de una investigadora ejemplifica ese punto. La entrevistada había sido contratada por la Dirección de Gestión Curricular y Formación Docente (DNGCyFD), con un contrato externo del PNUD, para realizar un trabajo de investigación. El informe final de su trabajo se concluyó a mediados de 2007 y hacia fines del mismo año se había terminado de definir la versión para publicar. Ante la pregunta por la circulación del informe señaló:

-Sí, estaba la idea de publicar el informe final. Tenía financiamiento para eso. Se suponía que iba a circular. Nosotros hicimos y mandamos las últimas correcciones. Vimos la última versión, totalmente editada para publicar. Pero nunca pudimos saber si se publicó o no. Justo cambió la gestión. Al día de hoy no sabemos si finalmente se publicó o no, y yo necesito saberlo porque lo tengo que poner en mi currículum.
-¿Llamaste a alguien para preguntarle?
-Sí, me comuniqué el año pasado. Pensé que si en la nueva dirección nadie sabía nada, en el área de edición tendrían que saber algo. Me comuniqué pero parece que la que lo editaba también se había ido del Ministerio. No hay ni una persona como para preguntarle. Eso fue lo que pasó y esto era algo bien concreto: era una investigación pedida por una Directora Nacional que tenía financiamiento, del que llegamos a hacer las correcciones. También puede ser que yo me fui del Ministerio. Si estuviese ahí adentro lo hubiese rastreado antes. Lo hubiese encontrado. Hubiese sabido qué pasó.

En cuanto a la circulación de estos trabajos, en un primer momento, los investigadores que participaron en estos estudios –tanto dentro como fuera del ME– sostienen que los informes finales no les pertenecen y que, por ello, no pueden tomar decisiones ligadas a su diseminación. En contraste con los informes confidenciales cuya definición en torno a la propiedad de los trabajos queda manifiesta en convenios legales, en estos trabajos la regulación acerca de su difusión no es explícita. Sin embargo, es captada por los actores: "si sos contratado por el Estado para ayudar en la toma de decisiones, sabés y te avenís a estas reglas", expresaba un entrevistado. Evidenciando esta lógica y las tensiones que genera, otra entrevistada comentó:

¿Sabés lo que pasa? Me ponés en un lugar muy difícil pidiéndome esos trabajos. Es cierto que yo los tengo en un CD, pero no son míos. Son de un área que ya no existe. Cuando nos fuimos hice una copia de la información de mi computadora. Pero yo no tengo autoridad para dártelos, porque ya no trabajo más ahí, las oficinas cerraron y el área no existe más. Es una pena, ese lugar ya no está, pero yo no puedo pasarlos porque no me corresponde a mí, no soy la dueña. Es una pena, pero eso es así.

No obstante existen algunas excepciones para su circulación. Cuando estos mismos informes son solicitados por alguien del círculo de "confianza" del que los tiene en su poder, la situación es diferente: los informes se ponen en movimiento. En algunos casos, además, el que los hace circular añade un comentario acerca de su posterior utilización: "Ojo, que no creo que puedas citarlo. Es un documento interno de consultoría", advertía por ejemplo un investigador al enviar por mail el informe final de un trabajo.

La utilización de dos criterios diferentes a la hora de definir el ámbito de circulación de los trabajos finales fue señalada por varios entrevistados. El primer criterio se aplica a cualquier persona que pregunte por el informe, y consiste en derivarla al funcionario o al área del Ministerio que demandó o produjo el trabajo. En caso de que ese funcionario o área ya no estén, como en la situación a la cual se refiere la investigadora en el fragmento de la entrevista citado, se la deriva "al Ministerio", que funciona como un paraguas institucional amplio pero al que, en la práctica, es imposible acceder. Esto se debe a que aquellas personas y áreas que lo constituían en el lapso de tiempo en el que se produjo el trabajo ya no están en el momento en que el informe se externaliza y empieza a circular. El segundo criterio se emplea con los amigos o colegas de confianza a quienes se les hace llegar el trabajo. Esos criterios aparecieron reflejados en varias entrevistas:

El informe no es mío en el sentido de mi propiedad. [...] Si me lo pide alguien de afuera, yo creo que tiene que preguntarle al Ministerio. A ver, si me lo pide Mora, que es mi amiga y que trabaja en un organismo internacional, se lo doy porque confío en que si me dice "lo voy a usar porque quiero saber...", sé que lo va a hacer. Si es una persona que no conozco o qué sé yo, alguna autoridad que te puede llegar a preguntar "¿Esto de dónde salió?", ahí lo que le diría es "yo no tengo problema en dártelo, pero consultá primero con tal área". Finalmente yo no soy la propietaria, el propietario es el Ministerio, entonces el que impone la circulación me parece que es el Ministerio. Yo creo que es así. Esa información es producida desde el Ministerio, para el Ministerio, pagada por el Ministerio. El que decide cómo circula finalmente es el Ministerio.

Si me piden el informe yo les digo que se lo pidan al Ministerio. Yo no puedo hacerlo circular, menos cuando se trata de un informe reciente. Yo, por lo general, no entrego los informes que hago. Puedo llegar a facilitárselo a algún investigador de mucha confianza cuando ya pasó un tiempo. De hecho, se lo di a un investigador pero porque yo sé que va a tener cuidado, que lo va a usar de forma inteligente, que no va a salir a jugar al Verbitsky[97] con el informe, a hacer denuncias o a sacarlo en los medios. Es decir, lo va a usar seriamente. Pero en general no los difundo porque, aunque creo que tienen que ser difundidos, esa es una función de la institución, no mía. No creo que yo sea Robin Hood de un proceso del cual se tiene que hacer cargo el Estado. El Estado tiene que difundir esos informes.

Los criterios aplicados para definir la circulación de los informes no están exentos de ambigüedades. La falta de claridad acerca de las reglas que deberían regular su circulación es aún mayor cuando se trata de informes finales que quedaron "en suspenso", o para los cuales no existieron contratos escritos. "Pozo negro" o "economía informal" son algunas de las expresiones utilizadas por los actores para dar cuenta de las lógicas que guían el movimiento

---

[97] Se refiere al periodista y escritor argentino Horacio Verbitsky, reconocido por sus artículos de denuncia.

de estos informes. A continuación se presentan dos testimonios donde se manifiestan estas zonas imprecisas de circulación. El primero de un investigador contratado y el segundo de un ex coordinador del Área de Investigación:

> A veces circulo los trabajos, depende. Tiene que ser alguien de mucha confianza, en realidad. Es difícil, porque para mí es un material de circulación interno. [...] Si quiero que lo lea algún integrante del equipo de investigación de la universidad o algún alumno mío, se lo paso, pero para que lo tome como lectura. Nunca queda claro si se puede circular para que alguien lo cite. Una vez que se hace la devolución, los trabajos entran en un pozo, después que lo devolvemos entra en un pozo ciego.
>
> Había gente que se enteraba y pedía el informe. Entonces empezaba una especie de economía informal donde se decía que todavía estaba con algunos ajustes. El informe no estaba ni autorizado a circular ni a ser publicado explícitamente ni tampoco estaba prohibido que circulara. Entonces empezó la circulación: me lo pedían, "Tomalo", "Pasalo", "Copialo", "Yo no te lo di". Ese tipo de cosa.

Frente a la ausencia de reglas explícitas y generales, las redes de circulación se tejen en torno a relaciones informales, personales y de confianza. Muchas veces, además, las relaciones de tipo personal pesan más que las institucionales. En un testimonio, un investigador del ME remarcaba que, en algunos casos, un estudio podría circular informalmente entre dos personas cercanas de dos instituciones diferentes pero que, frente a una solicitud interna del propio Ministerio, podría no entregarse [Notas de Campo, 15/10/2011]. En pocas palabras, las lógicas de circulación restringida se definen a partir de las decisiones individuales de las personas que alguna vez tuvieron acceso a ellos (demandantes o investigadores), que son los únicos que disponen de la capacidad para hacerlos circular aunque, como fue expuesto, no siempre cuentan con la autoridad. Es decir, son actores que poseen la capacidad para movilizarlos pero que, en muchos casos, no cuentan con el permiso legítimo o con la facultad para hacerlo. Esta doble acepción de la práctica del poder –poder como capacidad de hacer algo y poder como autoridad para hacer algo– varía de forma permanente y genera, como se verá, múltiples tensiones en los procesos de producción y de circulación del conocimiento.

El control del desplazamiento de los informes finales en estas redes de circulación podría estar en manos tanto de los que demandan los estudios como de los que lo elaboraron, que son los actores que necesariamente tienen acceso. Sin embargo, cuando se trata de investigaciones que quedaron suspendidas entre dos gestiones, son fundamentalmente los redactores los que pueden habilitar su movimiento. Más allá de que hayan trabajado en el Ministerio o por fuera, son ellos los que en general actúan como "porteros" del acceso a esta información, admitiendo o impidiendo su circulación. A diferencia de los funcionarios que solicitan estos trabajos –entre muchas otras tareas asociadas a la gestión–, quienes los elaboraron son investigadores que se dedican principalmente a tareas de producción. Es por ello que, mientras los funcionarios pierden las pistas de esos informes, los investigadores suelen conservarlos y, por ende, los pueden seguir movilizando. Aunque los investigadores perciban que no son los "propietarios" de los informes y que no les corresponde hacerlos circular porque no tienen la autoridad para hacerlo, los movilizan en función, como fue señalado, de criterios organizados en torno a los grados de confianza con la persona que los solicita.

En la mayor parte de las investigaciones demandadas por el Ministerio Nacional quedan al margen del círculo de confianza tanto los responsables provinciales de gestionar las políticas analizadas como las instituciones y los actores estudiados. Hay una anécdota del trabajo de campo que ilustra la relación:

Estaba sentada esperando para hacer una entrevista en un área del Ministerio Nacional donde se había desarrollado una investigación sobre una política específica. Sabía que, desde el inicio, la idea era publicarlo y difundirlo. Mientras esperaba sonó el teléfono. Después de una breve conversación, la secretaria preguntó en voz alta: "¿Alguno sabe si la investigación se puede enviar a las provincias? Es Jorge, del Ministerio del Chaco, que estuvo ayer con Lorena [la directora del área] en un seminario y le comentó de la investigación, y le interesa. ¿Qué le digo?". La persona que coordinaba el informe contestó: "Decile que no está publicado, que todavía quedan temas de edición, que no está para mandar". En ese momento reveló que, si bien estaba terminado, todavía no se había decidido si se publicaría o no. La secretaria colgó y comentó: "¡Qué pesado este Jorge, manguea todo lo que puede!". Jorge era el funcionario que trabajaba en la Provincia de Chaco, con un sueldo financiado por el Ministerio Nacional, asistiendo en la implementación de la política educativa investigada. Había participado también como entrevistado en la investigación. [Notas de campo, 18/02/2009]

Para muchos de los investigadores que participan de estos procesos, esta exclusión es inadmisible. Muchos de ellos contactaron a funcionarios provinciales para realizar el trabajo de campo y señalaron explícitamente el interés –muy claro en ese momento– de difundir los resultados. Sin embargo, una vez que el estudio se terminó se topan con frenos desde la gestión del Ministerio que los incomodan. Una investigadora del ME ejemplificaba este punto con el siguiente testimonio:

Se requiere de toda una serie de aprobaciones y de un camino burocrático para que los estudios puedan circular. Es impracticable. De hecho, nosotros hicimos dos informes, que no circulan. Nos costó bastante esfuerzo que los recibiera la gente de los ministerios provinciales que nos acompañó a recorrer las escuelas. Lo tuvimos que discutir y seguir acá adentro. Nos decían que no era el mejor momento, que había cambiado la gestión. Y eso que hace muchos años que trabajamos en estos ámbitos y somos muy cuidadosas con lo que decimos. Sabemos que lo que uno escribe en el contexto de la gestión es un tono y un contenido muy diferente al de la investigación académica. Siempre algo se te puede escapar pero no es que estamos haciendo una cosa totalmente delirada. Te dicen que no, que no es el momento, que mejor no. Es difícil de explicar.

Los actores (docentes, directivos, referentes provinciales) o instituciones (escuelas, institutos terciarios, etc.) que participaron en la investigación y que están interesados en sus resultados también quedan, en general, por fuera del circuito de circulación. La ausencia de mecanismos de devolución a las escuelas, a los directivos, docentes y alumnos fue también señalada como una preocupación por muchos investigadores. Al respecto, una investigadora del ME explicó:

> Una cosa que nos preocupa mucho es la devolución a las escuelas. [...] Para nosotros es importante exponer [los resultados] al programa, pero también que el Ministerio invite a los maestros y directivos. Yo quiero que esa gente que me abrió su escuelita rural lo tenga. Además nos lo pidieron por favor. [...] Ahí sí que tenemos una traba. Cuando yo digo: "Bueno, yo se lo mando a la directora", me dicen: "Esperá porque si se llega a enterar la gente del programa...". Los directores del programa tienen que saber, hay que seguir una estructura jerárquica que, en general, termina haciendo que las escuelas tengan desconfianza, que se abone la desconfianza. [...] Esto se debe, por un lado, a esta cosa que es lenta, hasta que van resolviendo: si lo lee primero este, si lo lee después aquel, si lo lee el otro, quién lo lee. Pasaron cinco

meses y la gente ya se olvidó. Por el otro, a lo mejor puede ser que no tengan tanto interés en que se enteren en las escuelas de una investigación de estas características.

La respuesta a la pregunta "¿por qué no están publicadas?" es clave para comprender las razones detrás de la existencia de los circuitos de circulación restringida, donde la confianza actúa como el principal impulsor del movimiento. Las dos cuestiones esgrimidas en la citada entrevistada –la "estructura jerárquica" y el hecho de que "no tengan tanto interés de que se enteren"– fueron señaladas recurrentemente en muchos de los testimonios recogidos durante el trabajo de campo.

La primera cuestión se vincula con los procesos que regulan la difusión del conocimiento y, más específicamente, con la ausencia de políticas públicas y explícitas de edición y de publicación. En las situaciones referidas, la inexistencia de circuitos de diseminación más inclusivos no pareciera responder al contenido del informe –que a veces provoca que un funcionario opte por limitar su circulación– sino más bien a la falta de definiciones en torno a los procesos que reglan su circulación. En relación con este aspecto, una ex coordinadora del Área de Investigación manifestó que el ME: "No tiene una política de edición sistemática, unificada. Lo que sale con el sello del Ministerio varía en cada caso. A veces el responsable político lo mira... a veces no lo mira". Una investigadora reforzó este punto señalando que:

> La circulación es arbitraria. La decisión de quién lo puede tener y quién no es arbitraria. No hay una política de publicaciones que diga: "En algún momento esto se va a publicar. Más acotado. Más corto. Por tema o lo que sea".

Para muchos, además, esta situación no responde a una decisión explícita:

No creo que [el Estado] se proponga no difundir. Creo que es inútil para difundir, que sus personas no tienen idea de que su servicio es un servicio público. Porque me parece que es muy fácil: vos se lo mandás a tal y a cual, se lo mandás al Ministro, generás una rutina, un proceso. Lo que puede ser conflictivo no lo ponés y lo colgás en Internet. Desde afuera uno le confiere una intencionalidad pero yo creo que no se hace por inutilidad de la institución. Eso me indigna.

En efecto, tal como se esboza en los fragmentos de estas entrevistas, cuando un informe se termina son varios los actores que estuvieron implicados en su proceso de producción y sólo en algunas circunstancias excepcionales queda claro cuál de ellos es el responsable de autorizar su circulación. Al no estar pautados los procedimientos de autorización y de legitimación interna –en general– se busca el consenso de todos los implicados, entre los cuales podrían estar incluidos el programa al que hace referencia el estudio, el área que lo coordinó y la institución que lo elaboró. A este proceso lento e indefinido de autorizaciones cruzadas, se le suma la problemática de que, en muchos casos, alguno de los actores implicados "desaparezca", complicando aún más el –de por sí– sinuoso camino hacia la legitimación y publicación de un informe final.

La segunda razón hace referencia a los potenciales perjuicios relacionados con la difusión de estos trabajos, tal como son percibidos por las autoridades políticas. En varias entrevistas se destaca el "miedo" a la crítica o al "escándalo" entre las motivaciones para limitar la distribución de un informe:

> Hay temor, todo el mundo tiene miedo. Hay una cultura del miedo a la información, de qué pierdo si pongo pero no pierdo si no pongo. ¿Qué se pierde? Yo creo que Argentina tiene

> una baja cultura del dato. La prensa, los gremios, los legisladores están esperando un error del otro para hacerlo mierda. Hay una cosa absolutamente visceral en todos los actores. Ahora, eso no sé cómo se destraba. Me parece que hay una responsabilidad principal del Estado en destrabarlo. Y no consiste en poner indiscriminadamente información que sabés que el otro la va a amarillear, pero poné algo. ¡Poné algo!
> No fue publicado porque temían que dijeran cosas. Que se hicieran inferencias erróneas a partir de los datos y que se terminaran haciendo públicas esas aseveraciones que no eran reales. O sea, temían malas lecturas de los datos estadísticos.
> En el ME hay una tendencia a no publicar nada, a no sacar nada, a no mostrar datos. Cuando presentás un dato tenés que cuidar todos los detalles. ¿Para qué? Para que nadie chille. Es muy difícil escribir algo porque tenés que presentar todos los logros, y hay logros pero también hay... No te piden que modifiques la información o la trampees, pero sí que muestres lo que va bien. Yo, por mi experiencia, ya tengo incorporado cómo presentar la información, sin mentir, para que no genere escándalo. El escándalo existe como fantasma. [...] En el ME no sacan nada, no quieren sacar nada, no quieren mostrar datos.

El miedo al escándalo no es señalado, únicamente, con relación a la prensa, a los gremios y al Poder Legislativo. La importancia de que "nadie chille" involucra también a los altos funcionarios provinciales: ministros de Educación y gobernadores. Para algunos de los funcionarios que trabajan en el ME esta preocupación forma parte de la función pública:

> Si estás ocupando un espacio público en el que hay muchos actores, hay que cuidar la relación entre los actores y cómo va a impactar la información. Hay algo que siempre le decimos a un director de una ONG: ellos pueden sacar informes y análisis que nosotros no, porque están en una organización social. Un gobernador enojado no lo van a llamar a él, sino a nosotros que somos los que tenemos la información. Entonces nosotros cuidamos de qué manera damos esa información. Y, si vemos que hay información que puede ser sensible para los gobernadores o para los ministros, no la damos. Es información que se la damos

al gobernador o al ministro pero que no la hacemos pública. Porque eso genera otro tipo de conflictos posteriores. [...] Cuando ocupamos roles públicos tenemos que tener cuidado de que la información que damos no impacte negativamente en los distintos actores con los que nosotros trabajamos cotidianamente.

Dentro de los contenidos que se definen como "sensibles" –o aquellos que pueden "impactar negativamente"– se encuentran todas las evaluaciones de políticas educativas. Cualquier estudio de tipo evaluativo donde se examina la implementación o los resultados de una política educativa particular es percibido por los entrevistados como "delicada" a la hora de difundirse. Los trabajos que contienen secciones prescriptivas –con recomendaciones precisas sobre la dirección que deberían tomar ciertas políticas– también quedan en un ámbito privado de circulación. Los estudios que señalan los costos de una acción ya realizada o que se va a desarrollar tampoco son de circulación abierta. Por último, también se evita la diseminación de trabajos donde se comparan datos entre las jurisdicciones que pudieran provocar conflictos entre políticos provinciales, ya se trate de salarios docentes, de la inversión en Educación (el gasto total del presupuesto destinado a Educación, el gasto por alumno, etc.) o indicadores más vinculados con el sistema educativo como, por ejemplo, la evolución de la matrícula, la repitencia, o la sobreedad.

En suma, los circuitos restrictivos de circulación se limitan, en general, al desplazamiento de los trabajos entre las personas de confianza de los investigadores (más allá de la institución a la que pertenezcan). En este sentido, los "transportadores" o vehículos por los que se trasmite ese conocimiento están principalmente en manos de individuos (antes que de instituciones) y en lógicas discrecionales (antes que formales y normadas). Estas lógicas contextuales hacen que el flujo de la información sea intermitente, irregular e imprevisible. Por último, cabe señalar que quedan al margen tanto los responsables provinciales (ministros, directores, coordinadores) de las políticas o programas analizados, como los sujetos (referentes provinciales, directivos, docentes y alumnos) que participaron de las investigaciones.

5. Reflexiones finales

A lo largo de este capítulo y a partir de la exploración de las trayectorias de los 112 proyectos de investigación demandados por el ME entre 1999 y 2009, se buscó delinear algunas regularidades que, aunque con disonancias, permitan una primera caracterización de este entramado social. El análisis propuesto mostró tendencias generales que conviven con la singularidad y con la particularidad de cada proyecto de investigación. A partir de las tendencias observadas, se delinearon tres tramas de relacionales o "historias típicas" (Becker, 2009): acciones que se originan en determinados lugares del ME producto de combinaciones de razones particulares, con condiciones y ritmos de producción determinados, y productos y modalidades de circulación específicos. Asimismo, cada una de estas tramas anuda con mayor o menor fuerza a determinados grupos de actores. De esta manera, describiendo estas tramas se caracterizan sistemas de relaciones que permiten integrar, clasificar y hacer más inteligibles los procesos observados.

El primer entramado de relaciones se conforma a partir de las trayectorias de investigaciones que surgen y se llevan adelante desde espacios del ME con funciones de producir investigación, denominadas aquí "áreas de investigación". Se trata de dependencias formales en el interior del ME, tanto respecto a su jerarquía en el organigrama como en relación con su función, explícitamente orientada a la producción de conocimiento. Desde estas áreas se originan y desarrollan estudios que, en muchos casos, se apoyan sobre los datos estadísticos producidos por el ME o se motorizan a partir de oportunidades de obtener financiamiento. Se combinan demandas de los coordinadores con la auto-gestión de proyectos por parte del personal del área, en busca de su subsistencia burocrática, en un contexto laboral precario. Los ritmos de esta producción se articulan en torno a los tiempos dispuestos por estos recursos (datos y financiamiento), detectados por los "profesionales técnicos polivalentes"[98] que se desempeñan en esas dependencias, así como por los tiempos burocrático-administrativos del ME. La posibilidad de autogestionarse tareas de investigación (definiendo temáticas, tiempos, calidad, etc.) los vuelve una suerte de "trabajadores autónomos" que autoinician proyectos. Si algunos funcionarios del ME perciben esta independencia como un problema, en la medida en que el personal trabajaría ignorando las necesidades de otras áreas del ME (en relación, por ejemplo, con los tiempos y la calidad de las producciones), pareciera que para los propios técnicos es justamente esa autonomía lo que más valoran de su trabajo.

Los espacios ministeriales con funciones técnicas asociadas a la producción de conocimiento fueron cobrando fuerza a partir de la década de 1980. La existencia de publicaciones organizadas en series de estudios con más

---

[98] Dados los perfiles profesionales y las condiciones de trabajo de estos espacios, se optó por agruparlos bajo el término de "técnicos-profesionales polivalentes" antes que, por ejemplo, burocracia técnica especializada. Todos poseen títulos profesionales y sus tareas se asocian más a sus profesiones (en el marco de las técnicas que demanda el área para la cual trabajan) que a las actividades administrativas usualmente vinculadas con la burocracia. A su vez, las variadas formas de contratación así como una inserción laboral (que combina el trabajo técnico en el Estado con la participación como profesores e investigadores en la universidad) los vuelve polivalentes.

de diez años de continuidad dentro de la cartera educativa da cuenta de ese recorrido. No obstante, las motivaciones que motorizan estos productos, sumadas a las condiciones de trabajo en el interior del ME (contrataciones, escasos recursos e insumos para desarrollar investigaciones, formación y capacidad del personal, etc.) suelen generar estudios que según los entrevistados son "descriptivos", basados en análisis generales de datos y, en la mayor parte de los casos, desarticulados del análisis de prácticas políticas concretas. El interés puesto en la publicación de los productos por parte de los coordinadores de estas áreas pareciera atentar contra la posibilidad de pasar de estudios descriptivos a trabajos analíticos aplicados. En efecto, es sugestivo el hecho de que los funcionarios políticos de mayor jerarquía deriven a estas áreas pedidos de datos mientras que demandan la realización de estudios más estratégicos a instituciones externas.

Así, aunque los directores y los coordinadores de las áreas de investigación hagan explícita su motivación para producir conocimiento que oriente las políticas a mediano y largo plazo, un análisis de la trayectoria de los procesos concretos de producción deja entrever un conjunto de razones heterogéneo y contradictorio. Esta producción pareciera responder más a cuestiones coyunturales, asociadas a la supervivencia del área y de las personas que allí se desempeñan (oportunidades de financiamiento, existencia de bases de datos e intereses del personal) que a la planificación de políticas futuras. En cuanto a su circulación y en línea con los objetivos del área, la mayor parte de esa producción se pone a disposición de un público amplio, a partir de su publicación institucional. Eso implica, como se pudo ver, que el producto final pasó los filtros necesarios para que sus enunciados no corran riesgo de volverse problemáticos o controversiales. En este sentido, el proceso de edición final termina de limpiar los rasgos analíticos para resaltar los descriptivos (y políticamente inofensivos) de las publicaciones finales.

El segundo entramado de relaciones se conforma alrededor de proyectos solicitados por altos funcionarios del Ministerio, los hacedores de políticas (policy-makers): ministros, secretarios, subsecretarios y directores nacionales. En la mayor parte de los casos, estas demandas responden a las necesidades de la gestión y su ritmo está fuertemente marcado por el flujo de la vida política (el calendario político-electoral, los medios de comunicación, la articulación con el poder legislativo, etc.). Las demandas suelen combinar tres elementos. Por un lado, la necesidad de contar con información de calidad, "relevante" y políticamente sensible, que se ajuste a la lógica de los tiempos políticos. Por el otro, la demanda de productos se asocia con la construcción de legitimidad y de redes de apoyo y de cooperación política, es decir, el acercamiento, la cooptación y la neutralización de instituciones e individuos influyentes en el campo. Por último, al encargar estudios a consultores o a agencias externas, se abre un abanico de posibilidades de negociación entre demandantes y productores que parecen satisfacer mejor las variadas y fluidas razones detrás de estas demandas.

La mayor parte de estas demandas se encauza a partir de la tercerización de las investigaciones. La necesidad de controlar la calidad, los tiempos y la circulación de sus enunciados canaliza el desarrollo de los estudios hacia prestigiosos actores o instituciones externas, percibidas como capaces de abordar temas sensibles con discreción y en los plazos solicitados. Estos "ejecutores", sean individuos o instituciones, se acercan a la categoría (descriptiva, no valorativa) de "expertos", tanto por el estilo técnico que caracteriza su producción como por su particular poder simbólico y de legitimación (Morresi y Vommaro, 2011)[99]. Entre las instituciones del campo educativo aparecen tres agencias que podrían considerarse "centros de *expertise*" en cuanto al papel que asumen en esta trama de producción (Heredia, 2011). Se trata del IIPE, FLACSO y, a partir de 2005, CIPPEC[100]. En línea con lo señalado por Palamidessi *et al.* (2007) estas agencias siguieron consolidándose como actores influyentes en la producción de conocimiento vinculado con la construcción de problemas, la generación de diagnósticos y la proposición de políticas[101].

---

[99] En el análisis de esta trama productiva particular, se revelaron ciertos aspectos de la *expertise* educativa en general. Si bien este tema trasciende el recorte propuesto por esta investigación, se aprovecha el punto para hacer algunas reflexiones que podrían profundizarse en el futuro. A diferencia de los otros grupos analizados, este actor se mostró capaz de utilizar los productos realizados para el ME en el marco de otras tareas (y relaciones) más generales asociadas con la producción de diagnósticos, propuestas y evaluaciones del sector educativo. Desde su punto de vista, el trabajo con el ME es una tarea fundamental en el proceso más amplio de intervención política y de legitimación de saberes. Si bien, como se vio, los contenidos que se producen en este contexto no tienen una circulación regulada, su condición de "expertos" les permite reconvertirlos en un producto relativamente divorciado (pero no del todo) de la producción del ME. A diferencia de otros actores de menos jerarquía, conocen los tiempos políticos (y las diversas temporalidades de la producción), lo que les da un poder/capacidad diferenciado. Participar de estas producciones les da, por un lado, acceso a información reservada y contactos privilegiados con los hacedores de políticas (*policy-makers*) y sus preocupaciones. Por el otro, les brinda acceso a datos estadísticos que, sin estos contactos, son de difícil acceso.

[100] Heredia (2011) privilegia la noción de "centros de *expertise*" para describir organizaciones cuya principal actividad es la producción de diagnósticos, propuestas y evaluaciones para la toma de decisiones públicas. Estas entidades constituyen nodos por los que transitan los expertos y a través de los cuales reúnen actores diversos en torno a ciertas ideas y dispositivos. En este sentido, explica la autora, se trata de actores políticos "tanto porque suelen proponer diagnósticos y reformas como porque aspiran a ser espacios de encuentro e intermediación entre los diversos actores e intereses implicados en cada política" (299-300). Si bien las tres instituciones señaladas comparten algunas de estas características, la que estatutariamente mejor se ajusta es CIPPEC (Ver Simón, 2006; Simón y Palamidessi, 2007).

[101] Según estos autores, estas agencias comparten un conjunto de rasgos comunes, entre los que se encuentran su flexibilidad para contratar profesionales y para adaptarse a los nuevos mecanismos y estímulos de financiamiento; su capacidad para producir un tipo de conocimiento que se aleja de las agendas discipli-

En contraste con la modalidad de difusión abierta de los trabajos del primer entramado, estas producciones son de circulación restringida. La ambigua regulación en torno a su circulación (en la mayor parte de los casos informal e implícita) hace que estos trabajos queden en "limbos" en cuanto a las reglas de su difusión. De esta manera, y como se demostró, circulan sobre la base de lógicas discrecionales, basadas en la confianza y la cercanía entre los que los piden y los que los tienen en su poder. Aunque habría que profundizar el análisis para ser más concluyentes, la circulación de estas producciones pareciera proponer otro rasgo particular que no se desarrolló en el capítulo. Se sugiere que la posición (experta) de los ejecutores que participan de este entramado les permite hacer uso de esta ambigüedad para reconvertir, en algunos casos y de acuerdo con el contexto específico, los productos desarrollados para el ME en renovadas (¿o nuevas?) producciones publicables[102]. Es decir, la posición privilegiada que detentan en el campo

---

narias para enfocarse, en cambio, en la resolución de problemas; el desarrollo de fluidos intercambios con universidades, centros de investigación y organizaciones internacionales así como con agencias estatales; y el despliegue de estrategias para difundir y "poner en valor" la producción de sus agentes. Ver también Palamidessi, Gorostiaga y Aberbuj (en prensa) para un análisis de las agencias que producen conocimiento orientado a la política en la década de 2000.

[102] Hay tres ejemplos de publicaciones realizadas que se desprenden, en mayor o menor medida, de demandas de altos funcionarios políticos a "expertos" en distintas posiciones; pero que no está claro si forman parte de los circuitos de circulación definidos en torno a la producción de la investigación demandada por el ME. El análisis de las decisiones en torno a estas publicaciones no formó parte de nuestro trabajo porque, aunque son publicaciones que se desprenden de demandas realizadas por altos funcionarios del ME, la relación entre esas demandas y las producciones finales son ambiguas y ameritarían un seguimiento puntual de estos procesos de producción. Sería interesante profundizar este análisis en el futuro ya que pareciera iluminar algunos de los beneficios que tanto expertos como funcionarios obtienen de la demanda/participación de estos proyectos. Los textos son Tenti Fanfani (2005) que pareciera desprenderse de una investigación solicitada por el ME al IPPE en el año 2000; Miguez (2008), Tedesco (2015), proveniente de una investigación solicitada por el ME en el marco del Observatorio de la Violencia en 2005, que se desprende parcialmente de los estudios demandados desde de la UPEA en el año 2009. Estos últimos no se

les da un espacio de negociación particular que admite la construcción de un sentido diferente al proceso, con su consiguiente "nueva" publicación y circulación.

El tercer entramado está compuesto por proyectos que surgen de áreas del ME que gestionan políticas educativas. Desde allí, se demandan estudios orientados al monitoreo, seguimiento o evaluación de políticas específicas y que, en la mayor parte de los casos, tienen abordajes cuantitativos. En este espacio hay un fuerte protagonismo de los organismos internacionales (especialmente los de crédito pero también –a partir de 2003– de cooperación). Son estas instituciones las que, en general, marcan las características, los plazos y la modalidad de producción y de circulación. Aunque con distintas modalidades, la participación de estos organismos propone una serie de instrumentos tecnocráticos que guían muchos aspectos de esa producción[103]. Esta narrativa se entremezcla con el accionar de la burocracia del ME, en este caso asociada a la gestión de las políticas. Si bien la mayor parte del desarrollo de esas producciones se terceriza, la heterogeneidad de ejecutores es mayor que en el entramado anterior y nuclea, en muchos casos, a especialistas en temas cuantitativos que no forman necesariamente parte del círculo de expertos.

En cuando a su circulación, estos productos también son de circulación restrictiva pero, a diferencia de los productos analizados en el entramado anterior, son confidenciales. En otras palabras, los estudios que surgen de las áreas de gestión son acompañados, en la mayor parte de los casos, de contratos específicos que regulan la

---

incluyen en este estudio porque, en función de nuestro recorte metodológico, no fueron demandados desde el ME. Sin embargo, se mencionan porque parecieran responder a la misma lógica que los dos anteriores.

[103] En general, en los convenios de financiación se describen aspectos asociados a los plazos, los objetivos de las tareas, las modalidades de contratación, los procesos contables, la auditoría posterior de los procesos administrativos, etc.

propiedad de la información producida y que definen al ME como el único autorizado para difundir la información. Así, las reglas que guían la circulación también son individuales y discrecionales, pero los individuos que los circulan saben que son confidenciales, y sus advertencias y recaudos al circularlos son mucho mayores. Además, las posiciones de estos "ejecutores" en relación con el entramado y con el campo educativo en general sumado al tipo de producción realizada no deja demasiado espacio para la reutilización de esas producciones.

En suma, la existencia de cada trama se consagra a partir de diferentes elementos: i) la función que cumplen los actores en los procesos de producción de conocimiento demandado por distintos espacios del Ministerio de Educación. En este sentido, si bien todos los grupos (en sentido latouriano) forman parte del proceso de producción (como productores), se diferenció entre los actores típicos que demandan, desarrollan o financian la producción[104], ii) el actor típico que participa en cada una de estas funciones y es, en gran medida, su portavoz, iii) las narrativas o explicaciones a través de las que los sujetos que participan de esos grupos se diferencian de los otros grupos o, como diría Latour, contra-grupos, iv) el tipo de productos, y vi) el tipo de circulación de esos productos.

La siguiente tabla tipifica y sintetiza los rasgos característicos de cada uno de los tres entramados delineados a partir del análisis de los procesos de producción.

---

[104] A su vez, hay actores como los organismos internacionales cuya función no es tan clara en relación con la cadena de producción, pero que delinean, en gran medida, las regulaciones (en permanente negociación) que guían la producción.

Tabla 1. **Procesos de producción de conocimiento: tres tramas relacionales**

Tramas relacionales	Origen – Actor típico	Ejecutor – Actor típico		Financiamiento	Narrativas	Tipo de producto	Circulación
Trama 1	Área de producción de investigaciones	Área de producción de investigaciones	Profesionales técnicos polivalentes	ME	Autoiniciada por los profesionales técnicos polivalentes/ burocrática	"Informes descriptivos"	Abierta/ institucional
Trama 2	Altos funcionarios (Policymakers)	Expertos y agencias		ME	Juego político	"Informes relevantes"	Restringida/ discrecional
Trama 3	Áreas de gestión	Consultores internos y externos (instituciones y sujetos)	Investigadores (énfasis cuantitativo)	Organismos internacionales	Lógicas tecnocráticas de los Organismos internacionales	Monitoreo/ Evaluaciones de políticas	Confidencial/ restringida/ discrecional

Fuente: Elaboración propia.

Ahora bien, más allá de las generalizaciones propuestas, la materialización de cada una de estas características así como las negociaciones en torno al armado y desarmado de los grupos particulares (Latour, 2008) sólo puede aprehenderse con relación a situaciones y proyectos específicos, tal como se propone en el próximo capítulo. Las tramas relacionales propuestas pierden fuerza y nitidez, y se vuelven más contradictorias al profundizar el análisis alrededor de un proyecto de investigación en desarrollo. Como se verá en el capítulo siguiente, sólo a partir de un caso de estudio exhaustivo puede darse cuenta del carácter negociado y situacional de los sentidos, los ritmos y las razones que movilizan a los actores en las diferentes escenas que conllevan a un resultado, siempre imprevisible e incierto.

5

Andanzas y vicisitudes en la producción de un informe de investigación: un caso de estudio

> Incertidumbre, gente trabajando, decisiones, competencia, controversias son lo que se encuentra cuando se realiza un flashback desde las cajas negras concretas, frías, no problemáticas, a su pasado reciente. Si se toman dos fotografías, una de las cajas negras y otra de las controversias abiertas, son completamente diferentes.
> Bruno Latour, *Ciencia en Acción. Cómo seguir a los científicos e ingenieros a través de la sociedad*, 1992.

Presentación

Bruno Latour comienza su libro *Ciencia en Acción. Cómo seguir a los científicos e ingenieros a través de la sociedad* con una serie de escenas vinculadas con la investigación del ADN en laboratorios científicos. Su texto analiza la construcción de hechos científicos a partir de una mirada que se centra en los procesos de producción del conocimiento. Según el autor, los procesos de gestación y fabricación (el making of) de cualquier empresa (películas, rascacielos, reuniones políticas, etc.) ofrecen "una visión que es suficientemente diferente a la oficial" (2008: 131). Brindan la posibilidad de ubicar al investigador "detrás de escena" y permiten que conozcamos "las capacidades y los trucos de los profesionales" (131) para fabricar aquello que analizamos. A su vez, cuando se recorren los procesos de producción se experimenta una "sensación inquietante y excitante de que las cosas podrían ser diferentes, o al menos que aún pueden fracasar; sensación que nunca es tan profunda cuando uno se enfrenta al producto final" (131-132).

En esa misma línea de trabajo, este capítulo pretende estudiar la producción de conocimiento sobre Educación en torno a un caso puntual: el proceso de elaboración de un informe de investigación. Siguiendo a Latour, interesa el conocimiento orientado a la política pública delineado en el texto resultante. El propósito es dejar al descubierto todo lo que no queda asentado en tinta: aquellos aspectos del informe que forman parte de su historia y prehistoria, pero no forman parte de sus páginas. Cuando se analizan las relaciones entre la investigación y la política educativa, los productos (informes) de las investigaciones son comúnmente entendidos como cajas negras, cerradas y herméticas. En contraste, al explorar los procesos de producción de conocimiento se intenta dar cuenta de las negociaciones, las disputas, los cambios de rumbo y de sentidos en torno al informe. Y, sobre todo, las maneras en que unos y otros grupos se asocian y dispersan entre sí (Latour, 2010), negociando y definiendo el rumbo de esa producción, cuyo devenir es –en ese momento– imposible de anticipar.

A diferencia de los procesos de producción científica, el objeto de estudio está íntimamente imbricado con la práctica estatal. Se analizará una investigación demandada por el Ministerio de Educación (ME), financiada a través de una donación por la Unión Europea (de aquí en más UE) y elaborada por un centro de estudios llamado Instituto Internacional de Estudios

Sociales (en adelante, IIES). Es por ello que en este análisis se combinan conceptos vinculados tanto a la antropología de las prácticas científicas (asociados a la producción de conocimiento) como elementos del análisis antropológico del Estado y del concepto de Acción Pública. Retomando algunas cuestiones planteadas en el capítulo teórico, a modo de caja de herramientas, se articulan nociones provenientes de diversas disciplinas para crear una aproximación propia, que se ajusta mejor a un espacio social híbrido y de fronteras borrosas, raramente analizado: el de la producción de conocimiento orientado a la política en Educación.

Este capítulo organiza las conexiones mediante una descripción relativamente cronológica del proceso, dividida en diferentes momentos-escenas. Más que ubicar las observaciones en una secuencia racional de etapas de la política pública donde "el desvío" o la "falla" es lo más llamativo, se optó por avanzar con una mirada exploratoria y descriptiva. Para ello se utilizó el concepto de "escena" (Delvaux, 2007; Delvaux y Mangez, 2008). En este caso particular, el producto final de las escenas expuestas es un informe de investigación demandado por el Ministerio de Educación Nacional. Así, el recorrido realizado se reconstruye en torno a ocho escenas diferentes, que una vez presentadas se desarrollan en detalle. De a momentos puede resultar demasiado detallado para el lector, pero se considera que es la única forma de aprehender la complejidad y las variadas dimensiones que intervienen en el proceso.

Escena 1

Un caluroso día de diciembre de 2005 en Buenos Aires, Jorge[105], delegado de la Comisión Europea en Argentina, se sintió satisfecho frente a la versión final del Convenio de Financiación. Se trataba de una donación de la UE por 10 millones de Euros al ME con el fin de reforzar las acciones del Programa Escuelas por la Igualdad (en adelante, PEI). Esta política, iniciada en 2003, involucraba a las 1.000 escuelas primarias más vulnerables del país. El proyecto incluía apoyo a iniciativas escolares, la provisión de recursos materiales, capacitaciones docentes y acceso a nuevas tecnologías. Del monto total de la donación, 15.000 Euros eran para el desarrollo y la publicación de un estudio titulado "Repitencia, Abandono, Ausentismo, Promoción y Egreso en las escuelas cubiertas por la intervención del PEI. Un análisis de los factores asociados". Era algo de poca relevancia en el contexto de la donación. "Por fin", se dijo a sí mismo. Sentado en su oficina ubicada en una antigua casona de Recoleta, recordaba más de un año de reuniones con personal del ME. Había tantas propuestas en pugna que en un momento creyó que jamás llegarían a un acuerdo.

El origen de la donación que financió el informe

La donación surgió como posibilidad en el marco de una Argentina en crisis, en marzo de 2004. El gobierno de Néstor Kirchner había asumido en 2003, en un contexto económico y social crítico. La profunda crisis de 2001 había incitado un cambio en la estrategia de cooperación de la UE. En concordancia con un pedido realizado desde el Ministerio de Relaciones Exteriores de Argentina, la asistencia

---

[105] Para asegurar el anonimato de las personas entrevistadas se decidió reemplazar los nombres de las instituciones y de las personas que participaron en el desarrollo de este estudio por denominaciones de fantasía. Como ya se señaló en el capítulo metodológico, estos cambios no transforman el sentido de lo que se busca argumentar en estas páginas. El objetivo aquí es dar cuenta de las lógicas que guían los procesos de producción de conocimiento experto pero, de ninguna manera, responsabilizar a sujetos particulares por estas reglas del juego.

de la UE pasó de priorizar proyectos orientados a la cooperación económica a iniciativas vinculadas con el sector social. Tal como expone el documento del organismo, los programas a financiar "deberían concentrarse en los sectores de la sociedad más débiles y vulnerables así como en las regiones que evidencian las condiciones más pobres de desarrollo humano y que fueron más afectadas por la crisis" (European Commission, 2004: 29).

Respondiendo a esta nueva estrategia, en conversaciones que incluyeron a funcionarios del Ministerio de Relaciones Exteriores y representantes de la Delegación Europea, a comienzos de 2004 se identificaron acciones susceptibles de ser financiadas. A partir del diálogo con las diferentes carteras nacionales, el Ministerio de Relaciones Exteriores propuso varios proyectos. Si bien las relaciones formales en esta primera instancia se desarrollaron a través de estas dos instituciones, a medida que se avanzó en la definición del proyecto el ME tomó un papel cada vez más relevante en las comunicaciones con la UE, principalmente a través de la Dirección de Cooperación Internacional.

En el interior del ME, fueron funcionarios políticos de alta jerarquía (ministros, secretarios y directores nacionales) los que definieron el ámbito al cual se le asignarían los fondos. En efecto, fue el propio ministro de Educación, Daniel Filmus, quien propuso el Programa de Escuelas por la Igualdad (PEI) como objeto de financiación. El PEI era un programa central de su gestión. Un director nacional del ME, que participó activamente en las negociaciones, explicó al respecto:

> El PEI era un programa prioritario. El año anterior habían estado los pibes desnutridos en Tucumán en todos los noticieros del país. Corrientes venía de una situación de emergencia educativa. Lo más vulnerable de la matrícula escolar estaba allí, y había que hacer un trabajo de volver a cierta normalidad del sistema.

La distribución de fondos (préstamos y donaciones) del ME entre niveles educativos también tuvo que ver con la decisión de que la donación se dirigiera al PEI. Mientras las acciones de nivel secundario contaban con dinero proveniente de un préstamo del Banco Mundial, el PROMSE[106], los programas orientados a las escuelas primarias no disponían de recursos extras. En ese momento, las acciones del nivel primario se coordinaban desde el PEI. En relación con la jerarquía funcional del programa, una funcionaria explicaba que "organizativamente no era nada prolijo, pero desde el punto de vista de las prioridades políticas era así: primaria era el PEI y el PEI era primaria". El PEI no tenía financiamiento propio, ya que se trataba de un programa trasversal con fondos de diferentes áreas[107]. Así, financiar al PEI era una forma de inyectar recursos complementarios a un nivel que contaba únicamente con financiamiento del gobierno nacional y que era altamente prioritario de la gestión.

Estas dos cuestiones (su relevancia política y la escasez de financiamiento) lo ubicaban, según los altos funcionarios políticos del ME, entre las mejores propuestas. Paralelamente, visto desde la UE, el PEI y su foco en las poblaciones vulnerables lo trasformaban en una excelente alternativa para cumplir con los objetivos de la nueva estrategia para Argentina. Se definió así que el dinero de

---

[106] El Programa de Mejoramiento del Sistema Educativo implicaba un monto total de 1.000 millones de dólares para el nivel secundario. Ver: https://goo.gl/bAcxJb (Último acceso: 10 de septiembre, 2011).

[107] La parte vinculada a las capacitaciones y cuestiones curriculares se financiaba con presupuesto de la Dirección Nacional de Desarrollo Curricular y Formación Docente (DNGCyFD). La entrega de libros, útiles escolares y guardapolvos se financiaba desde la Dirección Nacional de Políticas Compensatorias (DNPC). Su evaluación requería fondos de la Dirección Nacional de Evaluación y Calidad Educativa (DINIECE) y las obras de infraestructura (construcciones y reparaciones) dependían de la Dirección de Infraestructura (DI).

la donación se dirigiría al PEI. No obstante, definir qué acciones concretas del PEI se incluirían en el convenio de financiación implicó un año más de negociaciones.

El convenio de financiación: apoyo a las acciones del PEI

El pasaje de estas definiciones generales al contrato que se firmaría entre la UE y el ME implicó un proceso largo y delicado de negociaciones y articulación de intereses entre la UN y el ME. Por un lado, debieron negociarse las acciones en el interior del ME y, por el otro, estas acciones tendrían que articularse con las posibilidades y con las limitaciones propuestas por los instrumentos del organismo de cooperación.

A la hora de definir las líneas de acción, se reagruparon los actores del ME: aparecieron asesores, coordinadores y perfiles técnicos de diferentes dependencias. Se sumaron personas que trabajaban en la DNGCyFD, funcionarios y asesores del recientemente conformado PEI, técnicos de la Unidad de Financiamiento Internacional (UFI) y empleados de la Dirección Nacional de Cooperación Internacional. La pluralidad de grupos tenía que ver con dos cuestiones. La primera era que el propio PEI estaba en un proceso de definición. En palabras de un entrevistado, "estaba imaginándose". En ese contexto, pensar en actividades complementarias para su fortalecimiento resultaba un desafío. Por otra parte, como el PEI era un programa transversal, eran muchas las dependencias que querían beneficiarse de esos nuevos fondos. En un contexto de escaso financiamiento del Tesoro Nacional y de los organismos internacionales, la posibilidad de recibir fondos de una donación era muy apetecible para cualquier gestor.

Desde la perspectiva de la UE, la participación de tantas dependencias y la vaguedad de las acciones que efectivamente se llevarían adelante desde el PEI dificultaba la posibilidad de llegar a un acuerdo. El ME era visto como un ente fragmentado y con jerarquías ambiguas. Un representante del organismo advirtió:

> Hay una cosa muy compleja en el ME. No hablabas con una sola persona, sino con 16 en simultáneo. No había una sola voz. Nadie tenía "la" voz del Ministerio. Había mucha gente que aparecía y desaparecía de las reuniones. Te cruzabas a distintas áreas, unas te decían una cosa y otras te decían otra. Todos querían formar agenda. Todos querían poner su tema, su temita, en el proyecto [...] Había muchas ideas dando vueltas y nadie podía decir: "Bueno, sobre esto vamos a trabajar". En las discusiones para definir el proyecto siempre era medio que sí, medio que no; que pienso esto pero no lo estoy haciendo, pero lo voy a hacer. Costaba mucho saber qué estaban haciendo efectivamente, qué podían prometer y qué harían por su cuenta.

En el marco de estas definiciones, se barajaron múltiples y variadas opciones. Entre otras posibilidades se pensó en utilizar los fondos para construir y refaccionar escuelas; en realizar obras de infraestructura básica, como la construcción de gimnasios o salas de música; en proveer a las escuelas de conectividad a Internet; en capacitación de docentes, directivos y supervisores en diferentes áreas pedagógicas; en la entrega de equipamiento y mobiliario escolar; y también en el financiamiento de proyectos de cooperación entre las escuelas y la comunidad.

En medio de las negociaciones, fueron tomando fuerza dos alternativas: el financiamiento de acciones ligadas a la educación artística y el apoyo a iniciativas relacionadas con la gestión escolar y las Tecnologías de la Información y la Comunicación (en adelante, TIC). La primera alternativa estaba representada por la DNGCyFD, que proponía utilizar los fondos para la provisión de equipamiento artístico y la realización de capacitaciones docentes en esa misma línea. Tal como señaló su directora:

Entendíamos que lo de las TIC ya estaba cubierto. [...] Asociado con la justicia curricular quedaba afuera el tema del arte. Las escuelas pobres no tienen profesor de Plástica, ni profesor de Música, ni materiales. Nos parecía que ese era un tema a abordar.

La segunda era propulsada por el organismo de cooperación internacional. Los representantes de la UE estaban convencidos de que el organismo no financiaría "bajo ningún concepto" proyectos de educación artística. Uno de los delegados comentó:

> Se había identificado que el problema era la repitencia, la sobreedad, el ausentismo y el abandono. Sobre eso había que hacer una estrategia más clara. Todos entendemos que la educación artística es válida, pero cuando el problema está en lengua, matemática y ciencias no es muy justificable trabajar en educación artística.

Finalmente, por presión de la UE, el proyecto se inclinó hacia acciones orientadas a la gestión escolar y a las TIC. Sin embargo, esto no fue percibido como un fracaso por la DNGCyFD. Por un lado, al tratarse de una donación, los funcionarios estaban dispuestos a realizar las concesiones necesarias para aprovecharla: "Para nosotros estaba claro: si ellos querían capacitar en Ikebana [arte floral japonés] y traían 40 millones de pesos, si no había otra posibilidad, iba a ser en Ikebana. El país no estaba en condiciones de desperdiciar 40 millones de pesos", explicó la directora de la DNGCyFD. Por otro lado, según su perspectiva, la tensión generada entre las dos instituciones (el ME y la UE) abrió el margen para definir, más allá de la temática general, muchas de las acciones concretas que se incluirían en el convenio, volcando el proyecto hacia sus propios intereses. Como sostuvo la misma entrevistada:

Como hubo tanta discusión, se tensó el punto de negociación. Si no hubiese habido discusión previa, hubiese habido más injerencia de los consultores de la UE en la definición. Como la discusión se tensó, una vez que se definió que quedaba TIC y gestión escolar, hubo posibilidad de ponerle letra propia. Eso muestra que uno no está completamente preso de los organismos. Los países tienen, cuando quieren tenerlo, un nivel de discusión bastante parejo con los organismos. Los organismos no vienen a imponerte todo.[108]

Si una de las características del proceso fueron las dificultades para lograr acuerdos tanto en el interior del ME como entre el ME y la UE, la otra se relacionó con la traducción de estos acuerdos a documentos formales. El delegado del organismo europeo explicó que "el ME es el equipo de trabajo y hace las políticas. Uno está allí para tratar de darle una forma que se acepte en Europa y que sea consistente con nuestra estrategia". Por su parte una referente del PEI, que participó de estas negociaciones, señaló:

> El contenido a veces queda intervenido por la forma [...]. Las formas que te exigen los contratos de los organismos internacionales son muy estructuradas. Hubo una larguísima discusión hasta que encajaron las dos cosas. La UE tenía definiciones muy tomadas y te aprobaba o no en función de esas decisiones. La intención de llenarlo con tal contenido y tal forma desde el Ministerio implicaba mucho tiempo de trabajo para que finalmente cerrara para ambas partes.

---

[108] Desde el organismo de cooperación también se enfatizaba la idea de que el Ministerio de Educación sería el responsable de definir los contenidos del proyecto, aludiendo a una nueva forma de hacer cooperación internacional. Esta idea quedó plasmada en el discurso de un oficial del organismo en la apertura de una de las actividades del REPPEI: "Este proyecto [...] no se ve como un proyecto que llega y, como se hizo muchas veces en la cooperación internacional, 'se dice lo que se tiene que hacer'. En este caso fue formulado por las autoridades nacionales y nosotros simplemente apoyamos" (Discurso del representante del organismo de cooperación en la apertura del Seminario Regional de gestión Educativa, "Diseño y Desarrollo de Políticas Inclusivas", San Salvador de Jujuy, 11 de abril de 2007).

Como resultado de estas negociaciones, en diciembre de 2005 se firmó el Convenio de Financiación[109]. Era una donación de cuatro años que involucraba un total de 10 millones de Euros por parte de la UE, y casi 3 millones de Euros como contraparte del ME. Su propósito era "contribuir a las acciones que viene implementando el PEI y específicamente a mejorar y renovar las propuestas de enseñanza para la adquisición de saberes básicos de las niñas y los niños de las escuelas PEI". Se organizó en cuatro componentes: i) fortalecimiento de la gestión educativa, que incluye capacitaciones en gestión educativa y escolar, la asistencia técnica en aspectos de gestión educativa a partir de las necesidades planteadas por las jurisdicciones y la realización de cuatro estudios; ii) fortalecimiento de las capacidades pedagógicas, que contiene acciones de capacitación en el uso pedagógico de Tecnologías de la Información y Comunicación (TIC); iii) apoyo a la equidad en el acceso a las TIC (a través de la provisión de equipamiento informático-multimedial y mobiliario) y, por último, iv) proyectos Escuelas en RED – Sociedad Civil, a partir del cual se financian iniciativas socioeducativas llevadas adelante por organizaciones de la sociedad civil junto a universidades y escuelas.

La inclusión de los estudios

Dentro del componente orientado al fortalecimiento de la gestión educativa, se incluyeron cuatro estudios por un monto de 15.000 Euros cada uno. Con el objetivo de "ampliar y acrecentar los conocimientos y brindar elementos de base para el desarrollo de políticas educativas"

---

[109] El convenio fue firmado por una directora de la Secretaría de Coordinación del Ministerio de Relaciones Exteriores, Comercio Internacional y Culto, por el Ministro de Educación y por un representante de la Comisión Europea.

quedaron plasmados en el Convenio de Financiación. Se definieron cuatro títulos: i) La gestión escolar: estrategias de conducción y articulación entre ciclos. Construcción de acuerdos, planificación, ejecución y seguimiento de las actividades escolares en escuelas EGB 1 y 2 / primaria; ii) Normativa, reglamentación y criterios escolares y docentes en la definición de la evaluación, promoción de EGB 1 y 2 / Primaria; iii) Repitencia, abandono, ausentismo, promoción y egreso en las escuelas PEI. Un análisis de los factores asociados; y, por último, iv) La enseñanza de TIC en EGB 1 y 2 / Primaria de las escuelas PEI[110].

Cuentan que la idea de incluir investigaciones estuvo impulsada, principalmente, por la UE, que las percibía como acciones clave para la planificación de políticas a mediano y largo plazo. En esta línea, un delegado de la UE señaló: "Nosotros habíamos identificado –cosa que el Ministerio no– que un programa de estas características podía ser también el ámbito donde se financian investigaciones aplicadas a políticas. Generación de conocimiento aplicado a las políticas". Cuando se indagó sobre cómo se definieron los temas a investigar, el delegado explicó: "Nosotros tenemos mucho interés de hacer ese tipo de investigación pero no definimos en qué. Esa es una cuestión de ellos [el ME]. Ellos son los que necesitan la información o el conocimiento. La UE reconoce que no es especialista".

---

[110] De los cuatro estudios propuestos en esta etapa inicial, sólo dos se llevaron adelante: el ii) y el iii). El i) fue reemplazado por un estudio sobre las áreas de planeamiento en las provincias titulado "Análisis de los órganos de gobierno y administración de la educación del sistema educativo: estructuras organizativas de las distintas jurisdicciones y funcionamiento de las áreas de planeamiento educativo" y el iv) fue reemplazado por otro trabajo sobre el mapa de la capacitación docente que, aunque se intentó, nunca llegó a elaborarse.

Los estudios no eran prioritarios en el marco de la donación. En efecto, las temáticas específicas se definieron a partir de cruces relativamente casuales entre funcionarios. Por ejemplo, cuenta Gladys, responsable de temas relacionados con la capacitación docente del ME, que a fines de 2005 se dirigió a la oficina de la directora de la DNGCyFD para una reunión. En la sala de espera se encontró con la directora de la UFI, que estaba a cargo del armado del convenio de financiación con la UE. Le dijo: "Hay una platita para investigación con la que estamos viendo qué se puede hacer". "Buenísimo", contestó Gladys, "¿No se puede hacer un estudio sobre capacitación?". Gladys advirtió que sabía que no tenía nada que ver con el PEI pero sí con el proyecto de capacitación. Más tarde, "viendo la platita cuánto era y para cuánto podía alcanzar, sumaron otras preocupaciones" y temáticas.

El estudio sobre "Repitencia, abandono, ausentismo, promoción y egreso en las escuelas PEI. Un análisis de los factores asociados" se incluyó a partir del interés del PEI de hacer un seguimiento de la política. Paula, la coordinadora del proyecto desde la UFI, señaló que sus responsables estaban interesados en conocer "el impacto de la política en el mejoramiento de la trayectoria de los alumnos". La UE entendía trayectoria en términos de repitencia, abandono y deserción. Los del PEI dijeron: "Bueno, entonces queremos un informe que sea sobre eso". Al respecto, la directora de capacitación docente señaló: "Fue eso: ver la oportunidad de meterlo ahí. Probablemente, si no estaba esa posibilidad, hubiéramos inventado otra cosa para tener algún dato"[111].

---

[111] Este interés se observó también cuando se analizaron los proyectos de investigación demandados por el ME entre 1999 y 2009 en el Capítulo 4, donde se hallaron otros tres estudios de seguimiento de esa política.

En términos presupuestarios, la producción de estos estudios representaba un 1% del total del proyecto. A fines de 2005 quedaron entonces definidos los cuatro estudios con sus respectivos títulos y financiamiento. Los estudios no fueron considerados por ningún actor como un aspecto relevante de la negociación.

Escena 2

Como sucede habitualmente con los proyectos de financiamiento externo, a comienzos de 2006 se creó en el ME un área dentro la Unidad de Financiamiento Internacional (de ahora en más, UFI[112]): Refuerzo Pedagógico del Programa Escuelas para la Igualdad (REPPEI). A mediados de 2006, el primer coordinador fue reemplazado y Paula quedó a cargo, hasta su disolución en 2009. En 2007 se mudaron de oficinas y, por primera vez, el equipo –conformado por 13 personas– empezó a trabajar en una misma oficina. "Antes parecía una tierra de ocupas", explicaba Paula, celebrando el cambio a las oficinas del Barrio de Once. El REPPEI tenía como función la ejecución de la donación de 10 millones de Euros de la UE, que requería de procesos administrativos complejos y específicos. Realizaba este trabajo con la orientación de dependencias pedagógicas, ubicadas bajo la Subsecretaría de Calidad y Equidad. El REPPEI marcaba los tiempos, manejaba los recursos y asistía con los mecanismos burocráticos para implementar las acciones de la donación. El contenido de las acciones, explicaba Paula, estaba a cargo de las áreas pedagógicas del ME.

---

[112] La Dirección General Unidad de Financiamiento Internacional (UFI) es el área del Ministerio de Educación que interviene en la formulación de proyectos con financiamiento internacional y en la tramitación de su aprobación ante los organismos involucrados. En algunos casos es responsable también de su ejecución. Asimismo, impulsa en su ámbito la concentración de las funciones de apoyo comunes a los diversos proyectos del MECyT con financiamiento internacional, a efectos de alcanzar grados adecuados de integración y la homogeneidad de los procesos administrativos, lograr mayor eficiencia en la utilización de los recursos que se destinan a la gestión de los proyectos y mejorar las posibilidades de control interno. https://goo.gl/if8WTJ (Último ingreso: 11/06/09).

La creación del REPPEI y su relación con otros grupos del ME

El REPPEI, que surgió en 2006 –dependiendo de la UFI y dentro de la Subsecretaría de Coordinación Administrativa del ME– para ejecutar los fondos de la donación de la UE, operaba en un entramado de articulaciones institucionales que incluía dependencias del ministerio y organismos externos. Su articulación con otras áreas ministeriales era fuerte, ya que debían administrar la donación con la orientación de las áreas pedagógicas del Ministerio, encargadas de brindar el contenido de sus acciones. Paula, su coordinadora, explicó: "Nosotros logramos que se hagan las cosas, pero la línea de las políticas es la de las áreas pedagógicas del Ministerio. Los ejes de trabajo son los que marca cada una de las áreas sustantivas involucradas".

Esas áreas "sustantivas" se ubicaban en otra línea organizativa del ME, que dependía de la Secretaría de Educación. Entre las áreas que trabajaban codo a codo con el REPPEI en un primer momento estaban el Programa PEI, la DNGCyFD, las áreas dedicadas a la capacitación docente dependientes también de la DNGCyFD y la Dirección de Políticas Compensatorias (ver Anexo 1). Paralelamente, el REPPEI trabajaba en permanente interlocución con la UE, organismo desde el cual se regulaban las acciones del proyecto. Los instrumentos normativos de la UE definían las características de las licitaciones[113], la organización y conservación de la información, la realización de pagos, etc. Además, la UE tenía programada una auditoría al proyecto antes de que finalizara para controlar la ejecución de esos procesos.

---

[113] Los procedimientos administrativos de contratación de terceros para la realización de cada una de las acciones planificadas en el Convenio de Financiación (2005) están pautadas en detalle en un documento titulado Guía práctica de los procedimientos contractuales para las acciones exteriores de la Comunidad Europea (2008).

El REPPEI tenía una función burocrático-administrativa: gestionaba los tiempos, manejaba los recursos y asistía con los procesos administrativos. Paula explicó: "Operamos como hacedores de voluntades y articuladores de necesidades". Desde su perspectiva, el trabajo del REPPEI era el de erogar los fondos previstos en los plazos pautados, evitando una subejecución, es decir, que quedaran fondos sin gastar. Más allá de los resultados concretos de las acciones, lo importante desde esta dependencia y, sobre todo, desde la visión de su coordinadora, era que se llevaran adelante las obligaciones pautadas en el convenio. Como se verá, en algunos momentos el interés por ejecutar los fondos parece perder de vista el sentido explícito de la acción financiada. Una ex directora nacional manifestó este rasgo cuando explicó:

> La UFI tiene en general un perfil muy administrativo. Está bien que así sea porque son los que manejan la plata. Ellos tienen una programación y la cumplen. Van y piden, independientemente de qué es lo que esté pasando del otro lado.

En sus inicios, las relaciones entre el REPPEI y las demás áreas del Ministerio eran muy fluidas. La coordinadora pedagógica del REPPEI y los dos coordinadores pedagógicos del PEI eran muy amigos, tanto que se autodenominaban "los tres mosqueteros". Había también afinidad entre los altos funcionarios que dirigían cada una de las áreas involucradas. Dando cuenta de esta cercanía, uno de ellos señaló que entre las personas que trabajaban en el proyecto:

... había un conjunto de acuerdos que no hacía falta explicitar. Era fácil recuperar la historia que teníamos juntos: en nuestra formación y en nuestra trayectoria de trabajo. No nos costaba mucho tener una agenda común porque, en general, teníamos una perspectiva similar.

Además, estos equipos respondían directamente al ministro y al viceministro de Educación, y contaban con un fuerte y permanente apoyo político. En marzo de 2006, producto de cambios políticos fortuitos, se desequilibró esta armonía laboral. El secretario de Educación, Lic. Alberto Sileoni, pasó a ocupar el cargo de ministro de Educación de la Ciudad Autónoma de Buenos Aires bajo el Gobierno de Jorge Telerman. Hasta ese momento, Telerman había sido Vicejefe de la Ciudad Autónoma de Buenos Aires, pero, cuando destituyeron a Aníbal Ibarra por un juicio político, pasó a ocupar su lugar y optó por cambiar a los responsables de algunos de los ministerios, entre ellos, el de Educación. Para reemplazar a Sileoni en el Ministerio Nacional, Filmus escogió a Juan Carlos Tedesco, que tenía un perfil "más técnico" y no era de la misma "línea política" que Sileoni. Este dejó la gestión de algunos programas en manos de la Subsecretaría de Equidad y Calidad y de la DNGCyFD. Junto con Sileoni también partió a la Ciudad la directora de la UFI, que era de su extrema confianza. De esa forma, en la práctica, la responsabilidad de los lineamientos del PEI e (indirectamente) del REPPEI quedó bajo la órbita de la Subsecretaría de Equidad y Calidad (y no de la Secretaría de Educación) y de un nuevo director de la UFI. Si, hasta ese momento, el secretario había tenido un rol político importante con relación al PEI, ahora ese rol pasaría a la Subsecretaría de Calidad y Equidad y a la DNGCyFD[114]. Además Paula tendría que trabajar junto a un nuevo referente directo. Estos acomodamientos, sin embargo, serían menores a la luz del cimbronazo que vendría dos años más tarde. En diciembre de 2007, con la llegada de Cristina Fernández de Kirchner a la presidencia, se dio otro conjunto de transformaciones. Las elecciones presidenciales, provinciales y legislativas de octubre de 2007 provocaron para diciembre de ese año un reacomodamiento de puestos, organigramas y relaciones tanto a nivel nacional como provincial. El ministro de Educación, Daniel Filmus, pasó a ser senador nacional y su viceministro, Juan Carlos Tedesco, fue elegido para sucederlo en el cargo de ministro. Alberto Sileoni, que había sido subsecretario de Educación entre 2003 y 2006 (pero que, como vimos, en 2006 pasó a ser ministro de la Ciudad Autónoma de Buenos Aires), volvió al cargo anterior. Aunque en el ME se hablaba de una continuidad entre las dos gestiones, la nueva gestión impulsó un cambio de estructura organizativa que transformó tanto su organigrama como las relaciones de fuerza entre las distintas dependencias. En el marco de la Secretaría de

---

[114] Cabe resaltar que menos de un año después (en febrero de 2007), Sileoni renunció a su cargo en la Ciudad y regresó al Ministerio como asesor del ministro. En ese momento, el kirchnerismo anunció que Daniel Filmus sería su candidato a Jefe de Gobierno en la Ciudad Autónoma de Buenos Aires en los comicios de ese año. Esa decisión lo enfrentaba con Telerman, que también era candidato. En medio de esa tensión, Sileoni -que apoyaba el proyecto político de Filmus- dejó su cargo y volvió al Ministerio Nacional como asesor, en una posición de menos exposición. En ese momento Sileoni explicó: "Yo asumí en abril en el marco de un consenso con el gobierno nacional y siempre sostuve que acompañaría las decisiones del presidente. Bueno, en diciembre, Kirchner tomó la decisión de proponer a Filmus como su candidato en la Ciudad. Y a mí me une con Filmus una relación personal, política y profesional de afecto. Por eso presenté la renuncia" (Diario *La Nación*, 31 de enero de 2007. "La Campaña Porteña se cobró un ministro. Sileoni deja Educación de la Ciudad para acompañar a Filmus").

Educación, la nueva estructura del ME desarmó la anterior Dirección Nacional de Gestión Curricular y Formación Docente (DNGCyFD) para reemplazarla por una Dirección Nacional de Gestión Educativa (DNGE), de la cual dependían las diferentes Direcciones de Nivel. La mayor parte de los responsables también cambiaron.

Durante los meses inmediatamente posteriores al cambio de gestión, son varios los actores que acuerdan en que hubo una escisión entre el discurso de las máximas autoridades hacia el PEI y las acciones concretas que se desarrollaban para sostenerlo: "había un respeto discursivo pero muy poca acción", explicó una de las personas que se había desempeñado allí y agregó que "la nueva gestión fue lapidaria. Dejó morir la relación que se había establecido entre el PEI y las provincias. Abandonó el programa". Otra entrevistada señaló que fue un momento "de inacción y de parálisis" del programa. Esto tenía un impacto profundo en el REPPEI, que se había conformado para apoyar las acciones de un programa que estaba en extinción. Refiriéndose a esta etapa, Paula del REPPEI comentó que "durante todo este tiempo el PEI fuimos nosotros. Mientras se estuvo a la espera de qué se hacía con el PEI, las únicas acciones que se llevaron adelante fueron desde el REPPEI".

Por su parte, el coordinador nacional del PEI pasó a ocupar un alto cargo político en su provincia natal. La coordinadora pedagógica del programa quedó, en palabras de una empleada del PEI, como "vocera, como coordinadora nacional, pero sin designación. Tomaba las decisiones operativas". Durante los primeros meses de 2008 hubo entre las autoridades una discusión sobre la ubicación del PEI: si el programa y sus acciones debían depender de la nueva Dirección de Políticas Socio-Educativas (anteriormente denominada Dirección de Políticas Compensatorias) o si debía pasar a la órbita de la Dirección de Nivel

Primario. Aunque la decisión no estuvo acompañada de ningún anuncio oficial, en mayo de 2008 todo indicaba que el PEI pasaría a depender de la Dirección de Nivel Primario. La mayor parte de los entrevistados cercanos al programa creían que pasar del PEI a la Dirección de Primaria significaba abandonarlo. Con esta reubicación, el programa perdía su relativa independencia y la identidad única que lo había caracterizado: "Antes, el PEI tenía una entidad propia, pero ahora depende de la Dirección de Primaria", explicó una asesora de la directora nacional de Gestión Educativa.

Eran varios los frentes en los que se evidenciaba la pérdida de poder político del programa PEI. Por un lado, en el cambio de perfil de su coordinador, que pasó de alguien con un alto perfil político a una persona con poca influencia. El liderazgo de su primer coordinador, sumado a la estrecha relación con el ministro (y el subsecretario de Educación), había dado una prioridad al PEI dentro de las acciones del Ministerio que no se pudo recuperar. En términos más formales, el programa pasó de ocupar una relación directa con el ministro y/o el subsecretario (dependiendo el momento) a un lugar secundario e informal dentro de la nueva estructura del Ministerio. Dependía ahora de dos instancias burocráticas intermedias. Por otro lado, este cambio reflejaba también un cambio de prioridades en la gestión reflejados tanto en la sanción de la Ley de Financiamiento Educativo, como en la Ley Nacional de Educación y en los cambios del organigrama del Ministerio. Por último, el programa reflejaba la fractura política que existía entre el ministro (Juan Carlos Tedesco) y el subsecretario de Educación (Alberto Sileoni) y los empleados del programa más cercanos al subsecretario se desplazaron hacia espacios del ME que respondían a las líneas políticas con las cuales se sentían más a gusto[115]. Así, el PEI quedó desarmado, y pasó de ser el "Programa estrella del ME" a ocupar un lugar relativamente relegado en la Dirección de Primaria. En este nuevo contexto, las relaciones entre el REPPEI y las llamadas "áreas sustantivas", ahora transformadas, dejaron de fluir. A diferencia del período anterior, cuando había un contacto directo y de mucha confianza entre los "tres mosqueteros", en esta etapa se observaban tensiones, ambigüedades e indefiniciones entre el REPPEI y la Dirección de Nivel Primario. Con la desintegración del PEI, los responsables del REPPEI necesitaban validar sus acciones con la Dirección de Primaria, un área cuya responsable no era conocida ni de "confianza" de ninguno de ellos. En ese contexto, se ve un aumento de la actividad administrativo-burocrática del proyecto (registros de notas, pedidos, llamados, decisiones, etc.) que antes no se sentían necesarias. Por otra parte, hay que considerar que si el PEI y el REPPEI habían contado con un fuerte apoyo de altos funcionarios[116] en sus inicios, a partir de comienzos de 2008 se encontraban menos protegidos en términos políticos.

La desconfianza en la Dirección de Nivel Primario gestó cambios en las funciones de algunos empleados del REPPEI y empezaron a tener más fuerza los perfiles pedagógicos. Desde el discurso, todos los testimonios indicaban que el REPPEI tendría funciones predominantemente administrativas pero, a medida que pasaba el tiempo,

---

[115] En ese momento, estas áreas eran las que estaban por debajo de la UFI y de la Dirección de Políticas Socio Educativas, dos dependencias que respondían a la "línea política" del Viceministro de Educación que, en diciembre de 2007, volvió a ser Alberto Sileoni. En cambio, la Dirección de Primaria respondía, más bien, a la "línea política" del Ministro de Educación, Juan Carlos Tedesco [Notas de Campo, 12/03/09].

[116] Hasta 2006 el PEI había contado con el apoyo directo del Ministro y del Viceministro y, a partir de los cambios de 2006, contó con el apoyo directo del Ministro y de la directora de DNFDyGC.

y sobre todo con la pérdida anteriormente descripta del poder del PEI, dos coordinadoras pedagógicas, Marta y Claudia, asumieron cada vez más protagonismo. Esto revelaba que había una tensión y una permanente negociación entre lo formalmente pautado y lo dicho y la práctica cotidiana concreta. En efecto, como veremos en las próximas escenas, estas dos empleadas –ambas con contratos externos por tiempo definido– dan forma a muchas de las decisiones del proyecto, tanto en el armado de los Términos de Referencia como en el control del trabajo de la institución que queda a cargo del desarrollo del estudio, el IIES.

A pesar de los cimbronazos y de su efecto consiguiente en el armado y en el desarmado de grupos dentro del ME, el REPPEI marcó en gran medida el ritmo de la ejecución de la donación. Su fuerte impronta burocrático-administrativa (en combinación, como se verá, con los elementos tecnocráticos de la UE) definió los tiempos de las próximas escenas en relación con la producción de informe analizado.

Escena 3

> En mayo de 2007, Liliana recibió un llamado de su jefa, la directora de DNGCyFD. Le pidió que armara los Términos de Referencia (en adelante, TDR) de una investigación, que se licitaría en los meses siguientes. El pedido venía de la UFI y, más específicamente, de la coordinadora del REPPEI. Liliana trabajaba en el Ministerio de Educación desde 2005 y dejaría de trabajar a comienzos de 2008. Tenía un contrato externo al Ministerio –de un año con posibilidad de renovarse– para coordinar el área de Producción de Información y Comunicación (a partir de aquí PIC). La función de esta área, que no tenía respaldo formal ni normativo, era analizar los datos cuantitativos de la dirección. Estaban definidos el título y el monto del estudio: se destinarían 15.000 Euros para desarrollar y publicar una investigación cuyo

título sería: "Repitencia, Abandono, Ausentismo, Promoción y Egreso en las escuelas cubiertas por la intervención del PEI. Un análisis de los factores asociados". Asumió la tarea con responsabilidad, dándole al estudio una impronta cuantitativa. En ese momento no sabía que, una vez que entregara los TDR, el REP-PEI los enviaría al PEI para una revisión y que en el PEI harían una expeditiva modificación: agregarían un componente cualitativo basado en entrevistas a directivos y docentes, sin alterar con esto ni el costo ni el cronograma de los TDR.

El PIC y el armado de los TDR

Entre 2005 y 2008, Liliana fue la coordinadora del área de PIC que dependía de la DNGCyFD. Esta dependencia no tenía una ubicación formal dentro del organigrama del ME, ni funciones delimitadas, ni presupuesto. Su incumbencia se definía informalmente: se ocupaba de la producción de información para la dirección[117]. Era un "ente", resumió Liliana, "formalizado en términos políticos por la directora". Su funcionamiento dependía del director. Liliana explicó que "no estaba formalizado en un raviol, con lo cual cuando se fuera la directora, todo estaba susceptible a que no existiera más, y de hecho fue lo que pasó". Ella tenía un contrato precario en el ME otorgado a través de un organismo internacional. Antes había trabajado más de 20 años en la Dirección de Estadística de la Provincia de Buenos Aires.

Su jefa le encomendó el armado de los TDR del proyecto. Liliana cuenta que la seleccionaron porque no había otra persona confiable que pudiera hacerlo. Además tiene la sensación de que fue algo circunstancial, más asociado a

---

[117] El PIC se subdividía en dos áreas: la de información y la de comunicación. Entre 2005 y 2008 se optó por darle fuerza al área de información contratando perfiles de profesionales especialistas en estadísticas educativas y socio-demográficas para que procesaran la información cuantitativa del Ministerio en relación con las necesidades de la Dirección.

la responsabilidad con que ella y su equipo se desempeñaban, que con las funciones específicas que desarrollaban en el PIC. Explicó su asignación en los siguientes términos:

> Fue un trabajo que cayó. ¿Viste como son los acontecimientos del Ministerio?: "Che, ¿quién puede escribir sobre repitencia?". "Está el equipo de PIC que habla de repitencia". "Bueno. Dáselo a ellos". No había nada institucionalizado en términos de funciones de áreas. No era un trabajo específico de PIC ni estaba pensado como nuestra tarea. La directora nos pedía a nosotros todo lo que tenía que ver con datos, pero este no era un trabajo específico del área. No estaba pensado ni en su funcionamiento ni en su posibilidad [...].Nosotros siempre estábamos a disposición de lo que el otro necesitaba. Eso hace que te caigan cosas. Quizá no seas el mejor. Quizás hay perfiles más altos para hacer eso, más adecuados, más pertinentes. No importa. Sos el recurso disponible. El que va, se sienta y lo hace. Aunque no sea el mejor ni el más experto. Más allá de mi experiencia, yo no creo que estuviera ahí porque era una experta. Estaba ahí porque sabían que yo estaba disponible, que yo me iba a sentar, iba a charlar, iba a ir las veces que fuera necesario.

En efecto, en línea con lo manifestado por Liliana, esta tarea no se encomendó al área del ME que, formalmente y a primera vista, podría considerarse la más adecuada: la DINIECE. Liliana había insistido en incluirlos: "Yo les dije: 'Acá no puede faltar alguien de la DINECE'. Ante su insistencia, la respuesta que obtuvo fue: 'No queremos a nadie de la DINIECE porque no podemos hablar con ellos. No nos entendemos". En su opinión, y en línea con lo planteado en el Capítulo 4 en relación con la "autonomía/independencia" con la que trabajan los profesionales técnicos polivalentes de las áreas de investigación dentro del ME, su directora creía que "la gente de la DINECE no tiene disponibilidad para un área que está por fuera de la DINIECE. No van a hacer algo que no sea de interés propio para ellos". Si bien la directora de la DNGCyFD y la directora

de la DINIECE tenían una buena relación, preferían dejar el armado de los TDR por fuera de ese grupo ministerial, sobre el que no ejercían control alguno, y delegar, en cambio, la tarea a su persona de confianza: Liliana. Por otra parte, más allá de que la demanda había surgido del PEI, tampoco se los incluyó en esta etapa. Liliana consideraba que quedaron afuera porque no contaban con personal con la capacitación adecuada[118].
Liliana elaboró los TDR junto a otras dos personas del REPPEI: Marta y Julieta. Marta era la coordinadora pedagógica del REPPEI. Tenía menos de 40 años y había comenzado a trabajar en el ME en 2006. Era Licenciada en Ciencias de la Educación y se había desempeñado antes en el área de capacitación docente en el Ministerio de Educación de la Ciudad Autónoma de Buenos Aires. Había sido recomendada por la directora de la DNGCyFD. Por su parte, Julieta era una socióloga de no más de 30 años. Trabajaría sólo dos años en el REPPEI, entre 2006 y 2008.

---

[118] Ejemplificó su punto de vista con una anécdota: "Un día el PEI quiso hacer una encuesta: 'Queremos saber cómo resultó el material que estamos enviando a las escuelas. Hagamos una encuesta', dijeron. Era un martes, 8 de la noche. El encuentro se hacía al día siguiente. '¿Qué podemos preguntar? Preguntemos: ¿Cómo te resultó la llegada del material?, ¿Te gustó?, ¿Sí o no?'. La segunda pregunta: 'Lo que te llegó, ¿lo usás para las escuelas? ¿Sí o no?'". Liliana continuó el relato: "Esa era la encuesta. Dos carillas. Fueron al encuentro en Misiones. Sacaron la hojita. Se la dieron y les dijeron a todos que tenían que responder la encuesta. Todos respondieron. La entregaron. Un día me llaman y me dicen: 'Liliana, necesitamos sistematizar la encuesta del PEI'. '¿Qué encuesta?', le digo yo. 'Esta es la encuesta'. 'Esto no es una encuesta, es una lista de preguntas', contesto yo. 'Bueno. No importa'. Además del PEI explican que no tenían la región NEA porque habían ido antes de que se les ocurriera la idea de la encuesta. Les faltaba una región entera del país. '¿Qué quieren que haga con esto?', pregunto yo. 'Algo. Yo necesito un número de esto'. '¿Un número? Eran preguntas de si te gusta, si no te gusta, te sirvió. ¿Cómo querés que te haga un número con esto?'. 'No sé, arreglate', me dijeron. Me pusieron dos personas del PEI a ayudarme. Ellas lo hicieron así: 'Contá cuántas escuelas hay acá. Son 10, 5 es la mitad'. Pero eso no es una encuesta. No es información. No es sistematización. No es análisis. Eso era el PEI. O sea, en el PEI no había nadie que pudiera hacer esto".

Se reunieron varias veces en las oficinas del REPPEI. Para elaborar los TDR contaban con dos delimitaciones: el título y el costo. Esas dos cuestiones las antecedían como cajas negras, como hechos que no podían modificarse y de los cuales desconocían el origen. Marta explicaba al respecto: "Cuando nosotros aterrizamos estos estudios ya existían. Hay muchas cosas que nos preceden". Liliana agregó:

> Ya estaba el título y la plata. Acá vos ya sabías cuáles eran los determinantes que tenés desde el inicio. [...] Estaba el monto, estaba el título. También había, en esto te voy a ser sincera, ciertas instituciones que pudieran hacerlo.

Para ellas el título del estudio ("Repitencia, Abandono, Ausentismo, Promoción y Egreso de las escuelas cubiertas por la intervención del PEI. Un análisis de los factores asociados") indicaba que debía ser una investigación cuantitativa. Además, el hecho de que se lo hubieran pedido a ella –especialista en estadísticas– reforzaba esta idea. Por otro lado, el monto previsto para la realización del estudio no admitía, según Liliana, la incorporación de métodos más cualitativos. Liliana solicitó entonces una investigación basada en el análisis de datos cuantitativos. En palabras de Liliana:

> Si tenés que hacer entrevistas en profundidad, esa plata no alcanza. Nosotros veníamos trabajando en el PIC en un estudio con entrevistas y teníamos en la cabeza los montos y el tiempo que te puede llevar. No era mucha plata y eso [el análisis estadístico] era lo que cerraba. Eso también fue un elemento de decisión: con esta plata lo va a poder hacer solamente gente que ya tenga algo hecho sobre el tema.

Liliana tenía la sensación de que el armado de los TDR quedó sobre sus hombros, mientras las prioridades laborales a su alrededor cambiaban aceleradamente. El nuevo contexto del Ministerio –el cambio de Sileoni por Tedesco y la sanción de la Ley Nacional de Educación– había transformado el sentido de las acciones de su jefa y dejó de respaldarla en la tarea. Como se verá en la cita siguiente, Liliana describe que finalizó la tarea por el compromiso generado con sus colegas y por la relación "personal" entablada, antes que por las funciones y responsabilidades asociadas con el espacio laboral que ocupaba en el ME:

> En un momento esto pasó a ser prioridad número 148 en la agenda de la directora. Estaba absolutamente desligada, salvo cuando le llegaba el bodoque. Llamaban desde el REPPEI y me decía: "Tengo que tener una reunión sí o sí con vos, hay algo del presupuesto que tenemos que definir". [...] En un momento yo sentía que las únicas que estábamos interesadas éramos las tres que trabajábamos en eso. Las dos personas del REPPEI porque era su trabajo y yo porque ya me había comprometido con ellas. [...] Estábamos metidas por una cuestión de compromiso. Construimos una buena relación personal, digamos en el sentido que nos llevamos bien, y son macanudas. Siempre comíamos juntas. Era una relación cordial y yo creo que eso se sostuvo más por nuestra relación que por otra cosa.

Liliana tendría un rol fundamental en el armado de los TDR y en el proceso de licitación pero, como veremos, ya no estaría trabajando en el ME en el momento del desarrollo de la investigación. Los cambios de 2008 en la estructura del Ministerio impactarían profundamente a Liliana y su equipo, todos con contratos laborales de corto plazo. Luego de un período de tres meses de indefiniciones en relación con su continuidad laboral, Liliana, junto a su equipo, frustrados decidirían dejar el ME:

> A fines de marzo de 2008 se me terminó el contrato y me fui en abril. Teníamos una Subsecretaria de Educación nueva y débil, que no sabía dónde estaba parada. Recién el 1 de abril –yo ya no tenía contrato– me llamó su asesora para decirme:"Liliana, tienen los contratos. Ustedes cinco tienen los contratos". Yo le digo: "Es tarde. Yo ya me fui". Estuve desde diciembre [que cambió la

gestión] hasta fines de marzo sin saber qué pasaba [...]. Vos no me podés decir tres días después de que vencieron los contratos que seguimos, porque yo a la gente no le pude decir nada y decidieron irse.

La validación del PEI

Una vez que Liliana entregó los TDR al REPPEI, este los envió al PEI para su "validación". La coordinadora pedagógica del PEI pidió que se sumaran entrevistas a los directivos de las escuelas y a los referentes provinciales del Programa. En palabras de Marta del REPPEI: "Discutimos bastante. Si bien no era el objetivo del estudio, ellos querían buscar algunos indicios vinculados al impacto de las acciones del PEI con entrevistas". Por su parte, la coordinadora del PEI explicó que en el estudio buscaban:

> ... ver qué se producía en términos del mejoramiento de los indicadores de inasistencia y de abandono. Pero no sólo a partir de las pruebas estándar, sino también de un instrumento que permitiera recuperar cuánto de la experiencia del PEI aportaba para que los pibes se desenvolvieran mejor como alumnos.

El agregado de entrevistas no fue acompañado por un aumento del presupuesto para el estudio. En ese momento no se sabía todavía que, a mediados de 2008, una vez adjudicado el estudio se agregarían también, a pedido del REPPEI, entrevistas a los docentes (ver Escena 5).

Con estos cambios de último momento, a comienzos de 2007 el REPPEI dio por finalizados los TDR. La investigación estaba organizaba en tres etapas. La primera involucraba una reelaboración de las bases de datos de la DINIECE para la realización de un "análisis comparativo de los resultados de escuelas bajo cobertura del PEI y escuelas que no se encuentran incorporadas en el Programa, estableciendo situaciones diferenciales y variables explicativas". La segunda, también de orden cuantitativo, proponía la elaboración de una base de datos propia en función de las estadísticas existentes (Censo, EPH, Anuarios Estadísticos, etc.) para la "elaboración de una matriz de correlaciones para establecer relaciones entre variables pedagógicas y variables externas o contextuales, análisis factorial y de correlaciones múltiples e interpretación de los resultados"[119]. Por último, a pedido del PEI, la tercera incluía entrevistas a directores para relevar las variables y dimensiones que condicionan las trayectorias escolares de los alumnos de las escuelas del PEI.

Los TDR también describían los objetivos del contrato, las actividades a realizar por la institución contratada y los tiempos de elaboración. Los objetivos propuestos eran: i) proveer un trabajo investigativo, ii) presentar el informe final diseñado gráficamente y editado, y iii) presentar las conclusiones mediante encuentros y reuniones con equipos del Ministerio. En cuanto a las responsabilidades de la institución contratada, se incluyen las siguientes: i) diseño general y metodológico, ii) definición de la estrategia de recolección de datos y de la sistematización y el análisis de la información, iii) elaboración de un cronograma de trabajo, iv) descripción de las tareas y los plazos del proyecto, v) presentación de un informe de avance y de un informe final, y por último vi) desarrollo de encuentros y de reuniones de trabajo con equipos del Ministerio. Los TDR concluían con el calendario del proyecto, donde se contemplaba un total de cinco meses para la ejecución del contrato, con la especificación de los perfiles de los "expertos principales" que participarían.

---

[119] Términos de Referencia del estudio, p. 7.

Escena 4

El proceso de licitación estaba muy pautado, de acuerdo con la estricta normativa de contrataciones de las donaciones de la UE. El pliego tenía 83 páginas. El proceso era coordinado por el REPPEI. El comité de evaluación abrió los sobres y analizó, primero, los requisitos administrativos. Luego tuvo lugar una discusión más informal en la que los evaluadores compartieron su conocimiento sobre las distintas instituciones y sujetos que se presentaban. El IEES era una excelente opción. Tenían una fuerte relación con el Ministerio y, además, la persona a la que habían presentado para la realización de la parte estadística, Andrea, cumplía con las expectativas de los evaluadores. Trabajaba en ese momento en un área de estadística de una provincia y había trabajado antes en el ME. Sabían que cuidaría los datos. Sin embargo, al realizar las observaciones técnicas obviaron el hecho de que en la página 8 del anexo de los TDR indicaba que "los funcionarios y el personal de la administración pública del país beneficiario no podrán ser contratados como expertos".

La licitación del estudio

Tal como se indicó en el Capítulo 4, los estudios demandados por el ME que se tercerizan a través de una licitación son una excepción y, en este caso, la participación de la UE era la razón de esa particularidad. Tal como se había definido en el Convenio de Financiación de 2005, el estudio se adjudicaría "con arreglo a los procedimientos de contrataciones establecidos en la guía práctica" de la UE[120]. En pocas palabras, ese procedimiento implicaba que el Ministerio de Educación –órgano de contratación– debía invitar al menos a tres candidatos para que presentaran sus proyectos y, a través de un pautado proceso de evaluación

---

[120] La Guía Práctica es un documento elaborado por la UE donde se definen los procedimientos para la asignación de fondos de proyectos financiados por el organismo. En el lenguaje del organismo de cooperación, el proceso licitatorio se denomina "Procedimiento negociado en régimen competitivo".

interna, seleccionaría la oferta "técnicamente conforme que sea económicamente más ventajosa" (Guía Práctica, 2008). La regulación de los procesos administrativos estaba detalladamente reglada por los instrumentos de la UE. Para dar inicio al proceso, el REPPEI elaboró un pliego basado en los documentos propuestos por la UE, donde de describen los aspectos administrativos y contractuales de la relación entre el órgano de contratación y la institución contratada[121].

El proceso licitatorio requirió de dos instancias. En la primera (entre marzo de 2007 y octubre de 2007), el ME invitó a siete instituciones, de las cuales se presentaron sólo dos. El comité de evaluación se reunió dos veces y la declaró "fracasada". Los expertos no cumplían con las "calificaciones requeridas en el documento licitatorio" (Nota del comité evaluador, 2007)[122]. La dificultad tenía que ver con el perfil del segundo experto, que debía contar con una Maestría en Estadística[123], algo que muy pocos

---

[121] Se trata de un documento de 83 páginas titulado "Procedimiento negociado en régimen competitivo. Contratación de servicios para la elaboración y diseño del estudio: "Repitencia, abandono, ausentismo, promoción y egreso en las escuelas cubiertas por la intervención del PIIE. Un análisis de los factores asociados" (MECyT, 2007).

[122] El hecho de que sólo dos instituciones se hubieran presentado al pliego también se relacionaba con el perfil de los expertos demandados. En efecto, en el expediente del proyecto hay tres cartas enviadas por instituciones que no se presentaron porque no podían cumplir con ese requerimiento. Pero no fue esta la única razón por la cual algunas instituciones invitadas desistieron de presentarse. Una entrevistada que trabaja en una universidad del conurbano señaló que ellos no se presentaron porque el ME les avisó de la existencia de la convocatoria con sólo dos semanas de anticipación.

[123] En el primer pliego se requería que el primer experto fuera Licenciado/a en Sociología especialista en Educación (preferentemente) o Licenciado/a en Ciencias de la Educación (no excluyente) y que tuviera una Maestría en Educación (excluyente). El segundo tendría que ser Licenciado/a en Sociología (preferentemente) o Licenciado/a en Ciencias de la Educación (no excluyente) y con una Maestría en Estadística (excluyente). Los requisitos para el tercero eran que fuera Licenciado/a en Ciencias de la Educación (excluyente) o Licenciado/a en Sociología especializado en Educación y que tuviera estudios de posgrado en Educación (excluyente) (MECyT, 2007).

profesionales vinculados con el campo educativo poseen. Al respecto, una investigadora que participó de la primera convocatoria señaló:

> Nosotros habíamos conseguido una flaca que hizo una Maestría en Estadística y había entregado su tesis, pero como la tesis no estaba evaluada, no pudo formar parte del grupo. No había quien cumpliera ese requisito en el campo de la Educación. Si no, tenías que sumar a alguien a quien no conocieras, que es como contratar a un asesino a sueldo. Era pedir algo que casi no existe[124].

El segundo llamado tuvo lugar entre noviembre y diciembre de 2007, en el apuro por finalizarlo antes del cambio de gestión. El procedimiento era exactamente el mismo pero con una pequeña modificación en el pliego: el perfil del primer experto podría ser Licenciado/a en Sociología o carreras afines y con una Maestría en Educación o con orientación en Educación y, al segundo, se le retiró el requisito de poseer una Maestría en Estadística. Así, en la segunda vuelta se presentaron tres instituciones. Ganó la única institución que se había presentado también en la primera vuelta: el IIES.

La evaluación de los pliegos

En el comité de evaluación participaron seis personas. Se repasaron primero los requisitos administrativos. Esta parte –la "más técnica"– la asumió Liliana, del PIC. Pero además del visto técnico, en la mesa había dos personas del

---

[124] Otra entrevistada que participó de la convocatoria señaló al respecto: "Eran perfiles cerrados y bastante difíciles de hallar en el mercado académico. Había condiciones muy expresas que requerían ciertos saberes y competencias que no son tan frecuentes, tan comunes, en relación con los años de experiencia en investigación, en relación con los usos de las bases de datos o los cursos de perfeccionamiento".

REPPEI que tenían una función más política, ligada a la apreciación de los sujetos y de las instituciones presentadas. Como explicó otra evaluadora:

> Ellas analizaban cuestiones más ligadas a los perfiles, a los currículum, a las políticas. "¿Este de dónde viene?, ¿A quién responde?, ¿Sobre qué va a escribir?, ¿Qué versión política tiene?, ¿A quién adhiere políticamente? Por más que acá diga que va a estudiar esto, la lectura la va a hacer desde acá", decían. Ese trabajo lo hacían ellos.

Fueron múltiples las dimensiones que se contemplaron en la mesa de evaluación. Y la mayoría no formaba parte de las formalidades explícitas propuestas por la UE[125]. La primera estaba relacionada con la familiaridad y con los lazos de confianza existentes entre ellos, la institución y los expertos presentados. La segunda dimensión (también asociada a la primera) se vinculaba con la percepción de los evaluadores de la capacidad de las instituciones para llevar adelante el trabajo demandado con el monto de dinero asignado. Uno de los evaluadores explicaba: "Se insistía en que el tiempo para hacerlo era muy corto y que la plata no era mucha. La institución que aceptara tenía que tener trabajo previo relevado, hecho y escrito".

El IIES cumplía con las expectativas de los evaluadores. En primer lugar, existía un alto nivel de familiaridad y de confianza entre algunos de los miembros del ME y el

---

[125] Entre algunas de las formalidades especificadas por la UE se incluía que "Todos los expertos deben ser independientes y carecer de cualquier tipo de conflicto de intereses respecto a las actividades que deben realizar. Los procedimientos de selección [...] serán transparentes, y se basarán en criterios previamente definidos, incluidas las calificaciones profesionales, los conocimientos lingüísticos y la experiencia laboral. Los resultados del jurado de selección quedarán registrados. [...] Obsérvese que los funcionarios y el personal de la administración pública del país beneficiario no podrán ser contratados como expertos, salvo que la Comisión Europea haya dado previamente su aprobación por escrito (MECyT, 2007, p. 8 del anexo de los TDR).

Instituto. Las dos personas que ocuparon el cargo de directoras de la DNGCyFD durante el período 2004-2008 tenían fuertes lazos con el IIES. Además, también había relaciones en niveles más bajos del organigrama del ME. Eran varios los funcionarios del ME –especialmente, del REPPEI y el PEI– que habían trabajado o que se habían capacitado en el IIES. En efecto, la segunda experta presentada por el IIES había trabajado hasta el año 2005 en el ME, muy cerca de una de las directoras de la DNGCyFD. También Marta, coordinadora pedagógica del REPPEI, tenía un vínculo previo con el Instituto, al que ya le habían encargado antes, también en el contexto de la donación, la producción de materiales curriculares. Esta confianza no se manifestaba únicamente en relación con la institución, sino que se expandía también hacia las personas concretas que asumirían los roles principales en el desarrollo del estudio. Una de las evaluadoras explicó:

> La coordinadora pedagógica del REPPEI, Marta, sabía que la primera y la tercera experta –que ella conocía mucho y a quien yo no conocía–, podían hacerlo. Y yo imaginaba que por estar en Planeamiento de la Provincia a la segunda experta no le iba a ser tan difícil hacer ese trabajo.

Más allá de lo presentado formalmente (las credenciales de la institución y los expertos), los evaluadores basaban sus juicios principalmente en su conocimiento previo de las personas que intervendrían. Como el trabajo tenía un fuerte componente cuantitativo, consideraban fundamental el rol del segundo experto. Solo conocían a uno de los expertos de los tres pliegos que se presentaban. En ese sentido, Andrea se adecuaba bien a las expectativas:

> En ese momento, Andrea trabajaba en la Ciudad y había trabajado antes en la DINIECE. Hoy está en Planeamiento Educativo en la Provincia de Buenos Aires. Conoce a toda la gente

de DINIECE. Yo no la conocía personalmente pero la conocía por referencias. Sabiendo que estaba ese pliego pregunté: "¿Vos sabés cómo labura?, ¿Qué pensás de la Dirección de Estadística de Ciudad?". Hablando con gente me pareció que era una persona que técnicamente lo iba a poder hacer. El pliego es una versión de lo que hace siempre la DINIECE y las direcciones de planeamiento. No era muy difícil. Nosotros sabíamos que iba a poder hacerlo con facilidad. La presentación del otro pliego no cerraba mucho. Era muy ambiciosa y dudábamos de que por esa plata y en ese tiempo lo pudieran hacer bien. Imaginábamos que podía ser más palabrerío que algo serio.[126]

Había otra razón que beneficiaba a Andrea en la selección: los evaluadores consideraban fundamental asegurar que la persona que recibiera las bases de datos por escuela del ME fuera confiable. Eso requería, según los evaluadores, de un nivel de confianza superior al de otros expertos. La entrega de esa información era, desde su perspectiva, delicada ya que se corría el riesgo de que los investigadores no respetaran el secreto estadístico. En sus palabras:

> [Entre los evaluadores] se generó también otra charla referida al tema de la entrega de los códigos para identificar a las escuelas donde se realizarían las entrevistas. Siempre con la idea de guardar el secreto de la información. Andrea eso lo sabía muy bien. Así que no había ningún inconveniente. Yo creo que el IIES y, en este caso, Andrea en particular, conocen, valoran, garantizan y defienden el derecho del secreto estadístico. A veces, se le hace firmar a las instituciones la guarda de la información. En este caso, no hubo necesidad. Se le dijo y se habló. No hubo ninguna clase de duda.

---

[126] Es interesante resaltar que habían contactado a Andrea de otras dos instituciones para incluirla como la segunda experta del pliego. Esto evidencia que su perfil para este proyecto no era únicamente reconocido desde el ME sino también desde otras instituciones del campo educativo que se presentaron como oferentes.

No cabía duda de que Andrea y el IIES eran los mejores candidatos. No obstante, según los requisitos de la UE, los expertos no debían ser funcionarios de la administración pública del país beneficiario. Paradójicamente, para los evaluadores era justamente esa característica –la de trabajar en la función pública y en, particular, en la Dirección de Planeamiento de la Provincia de Buenos Aires– lo que volvía a Andrea la persona más adecuada para llevar adelante la investigación. A su vez, si desde la UE se suponía que la evaluación tendría que basarse en los antecedentes presentados por los expertos (sus CV), desde el ME se privilegiaron más bien las relaciones informales y la pertenencia a círculos de confianza a la hora de seleccionar a la institución contratada.

En suma, el proceso de evaluación estuvo fuertemente atravesado por la regulación de la UE, que definió los tiempos e instrumentos a través de los cuales se llevaron adelante las licitaciones. Este proceso más formal quedó documentado en el expediente del estudio. Sin embargo, esta prescripción externa se articuló, en la práctica, con los códigos más característicos del funcionamiento informal del ME. En la selección de sujetos y de instituciones, las relaciones de confianza (construidas sobre la base de trayectorias socio-profesionales) prevalecieron sobre la formalización normativa inicialmente dictaminada.

Escena 5

La licitación fue adjudicada al IIES en junio de 2008. Sol, la directora del IIES, miró atentamente el listado de documentos que debía presentar para la adjudicación del estudio. La institución había realizado muchos estudios para el ME, pero nunca habían implicado semejante papelerío y burocracia. El proyecto había sido licitado dos veces, y el IIES se había presentado en ambas.

La primera licitación había fallado porque ninguna institución cumplía con los perfiles solicitados en los TDR. La segunda vez fueron seleccionados. Habían logrado conformar el equipo requerido, que incluía investigadores asociados a la institución para realizar las entrevistas y la subcontratación de especialistas en estadísticas para la parte cuantitativa. Sol sospechaba que el armado del contrato llevaría más tiempo que el desarrollo del estudio. Finalmente, en julio, el IIES y el ME firmaron el contrato de trabajo. El estudio debía entregarse seis meses después.

La asignación de la licitación al IIES

Una vez finalizados los dos llamados licitatorios, en diciembre de 2007, el ME envió una nota al IIES informando la decisión. Requirieron, tal como demandaba la UE, la documentación necesaria para firmar el contrato. El proceso de entrega de toda esa información insumió casi seis meses. Fue descripto como "un infierno" por parte de una de las investigadoras del IIES:

> Nos piden de todo, [...] tenemos que probar que la institución nunca ha quebrado, que no tiene juicios, que no tiene deudas. Que los integrantes del equipo no son delincuentes, que no tienen entradas en la policía. Es una cosa infernal, [...] es paradójico, porque los requerimientos organizativos y burocráticos eran impresionantes y, al mismo tiempo, el proyecto en sí era muy sencillo. El esfuerzo estaba más puesto en poder cumplir con todos los requisitos burocráticos que en diseñar el proyecto de investigación.

El 22 de julio de 2008 se firmó el contrato entre el IIES y el ME. En ese mismo momento comenzaba también la cuenta regresiva para que el IIES entregara el documento final del estudio. Se habían comprometido a hacerlo en cinco meses: para diciembre de 2008.

El inicio de la investigación en el IIES

La primera reunión de equipo del IIES tuvo lugar en septiembre de 2008. El primer encuentro de trabajo se realizaba en el mismo momento en el que el PEI estaba desintegrándose como programa. Se reunieron los coordinadores del proyecto y el equipo que trabajaría en la sección cualitativa. No estaban los dos consultores que estarían a cargo de la parte cuantitativa.

Según comentaron en la reunión, Sol, la directora del IIES, era "la persona con más experiencia en el equipo" y la responsable principal del estudio. Andrea era socióloga y "responsable del armado de las bases" y Romina era Licenciada en Ciencias de la Educación y estaba a cargo de coordinar el trabajo de campo y el análisis de las entrevistas. Además de las tres responsables del proyecto había siete investigadoras jóvenes, de entre 25 y 35 años. Todas tenían carreras de grado vinculadas a las Ciencias Sociales (Ciencias Políticas, Antropología, Ciencias de la Educación, Sociología, etc.), la mayoría contaba con maestrías y varias cursaban estudios doctorales. Todas formaban parte "del aula 8", un equipo de investigadores que se reunían quincenalmente en torno a la figura de Sol para compartir lecturas y avances de sus tesis[127]. La mayoría tenía contactos académicos con el IIES: habían realizado o estaban desarrollando en ese momento sus posgrados allí. Sol era la directora o codirectora de tesis de muchas de ellas. Tres contaban con becas de la Secretaría de Ciencia y Técnica, asociadas a proyectos de investigación que se realizaban

---

[127] El equipo "del aula 8" se había constituido en el año 2000 en torno a un proyecto de investigación con financiamiento de la Agencia de Ciencia y Técnica. "Ese proyecto nos constituyó como equipo y a partir de ese momento trabajamos ininterrumpidamente en diferentes proyectos de investigación, buscando nuevas problemáticas, buscando financiamiento. Desde el año 2000 en adelante empezamos a trabajar como equipo [...]. 'Aula 8' es el nombre que encontramos para institucionalizarlo", señaló una de las investigadoras en la entrevista.

desde el IIES, y dos eran becarias del CONICET. Habían sido convocadas para desarrollar el trabajo de campo del estudio en las provincias y su participación se retribuía con $1.000 pesos, contra factura. A esta suma, se le agregaban los viáticos y gastos.

Ninguna de las investigadoras tenía una relación laboral estable con el IIES, con excepción de Sol, que explicó que el IIES "no paga sueldos. La gente está comprometida con los proyectos, recibe una remuneración en relación con los proyectos en los cuales participa". Andrea agregó que el equipo "factura con relación a tareas acotadas y acuerdos de trabajo". En efecto, de los coordinadores del estudio, solamente Sol –también directora de la institución– contaba con un vínculo laboral estable (en relación de dependencia) en el IIES. Por su parte, Romina tenía una relación laboral relativamente estable, aunque sin un contrato permanente. Compartía su oficina con tres personas y trabajaba en el IIES cuatro días a la semana, combinando tareas de investigación con otras de gestión. Andrea, en cambio, no contaba con un contrato permanente ni con oficina. Como las investigadoras más jóvenes, su remuneración se asociaba a los proyectos en los que participaba. Trabajaba medio tiempo para el IIES, aproximadamente un día y medio por semana e iba a la institución de acuerdo con las reuniones previstas. Cuando estaba allí, trabajaba en una sala destinada a asistentes de investigación y estudiantes de doctorado en el octavo piso. Allí había ocho escritorios y ocho computadoras disponibles.

La reunión fue liderada por Romina y por Andrea. Andrea explicó que se trataba de un proyecto para el REPPEI sobre el PEI y acompañó su exposición con una carpeta que entregó a cada una con una impresión de los objetivos del PEI y de las funciones del REPPEI. En la carpeta estaban también los TDR del proyecto y el cronograma (que había armado Liliana). En voz alta leyeron sus objetivos y las etapas que contemplaba el trabajo.

En cuanto al propósito de la investigación, Andrea comenzó resaltando que no se trataba de una evaluación: "Este laburo no es para evaluar al PEI. El ME aclara permanentemente que no se trata de una evaluación"[128]. Se notaba un cambio de dirección en el propósito del estudio. Tan solo cuatro meses antes, Sol había señalado justamente lo contrario: había explicado que se trataba de una "una evaluación de un programa que se aplica en escuelas que atienden a sectores desfavorecidos en distintos lugares de país". La distancia entre estas dos percepciones en torno a los propósitos del estudio refleja, una vez más, cómo tanto su sentido como su finalidad fueron transformándose sobre la marcha.

Andrea explicó que la investigación estaba dividida en dos etapas. La parte cuantitativa –que coordinaría ella con la asistencia de dos ex colegas del Área de Estadística Educativa de la Ciudad Autónoma de Buenos Aires– consistía en el análisis estadístico de indicadores educativos y socioeducativos. Aclaró que el ME ya había entregado las bases de datos y que habían comenzado el análisis. Enumeró los indicadores con los que estaban trabajando. La mención a la parte cuantitativa fue muy breve, a pesar de que en los objetivos de la investigación tenía un peso importante. Más adelante, Andrea explicaría que las tareas estadísticas las llevaban adelante "desde su casa y los fines de semana".

---

[128] En efecto, en una comunicación escrita dirigida al IIES, la coordinadora pedagógica del REPPEI señaló que "una preocupación a tener especialmente en cuenta en el espacio de entrevistas es que quede claro que el estudio no tiene por objeto evaluar al PEI, sino conocer su mirada de la cuestión de la repitencia, sobreedad, etc." [Comunicación escrita, 26/09/08].

En relación con la etapa cualitativa, Andrea y Romina señalaron que se habían reunido con la gente del REPPEI en el bar del IIES. En esa reunión habían acordado algunos cambios en la investigación. Si bien los TDR consignaban solamente la realización de entrevistas con directores de escuela y referentes provinciales del PEI, el personal del REPPEI solicitó que agregaran además entrevistas con los docentes, lo que significaba un nuevo cambio en el alcance del trabajo. Las investigadoras accedieron, con la condición de reducir la cantidad de escuelas del estudio. También acordaron las seis provincias en las que desarrollarían el trabajo de campo. Frente a la sugerencia del IIES de incluir a Corrientes entre las jurisdicciones estudiadas, los referentes del REPPEI propusieron reemplazarla por Chaco ya que, en palabras de Andrea, "había dificultades políticas entre Corrientes y la Nación".

Se pasó a la lectura de la guía de entrevistas a directivos. La guía había sido elaborada por Romina, y los referentes del REPPEI la habían revisado: "no cambiaron ni una coma", señaló Andrea. Andrea pidió a los presentes que hicieran aportes y plantearan dudas, en función de las dimensiones del análisis propuestas en el contrato firmado con el ME. A tal punto se hizo hincapié en las dimensiones propuestas en los TDR que una de las investigadoras bromeó: "en esto sí que estamos trabajando a reglamento".

Andrea compartió con el equipo el cronograma de trabajo. Era exigente. Entre fines de julio y principios de septiembre estaba previsto avanzar con el análisis de los indicadores de la DINIECE (primera etapa). En septiembre se desarrollarían las tareas cuantitativas relacionadas con otras fuentes de información (Censo Nacional de Población y Vivienda y Encuesta Permanente de Hogares) en las que ella ya estaba trabajando. La tercera parte había comenzado en agosto con la negociación de los instrumentos de recolección de datos. La idea era realizar el trabajo de campo las dos últimas semanas de octubre, desgrabar las entrevistas durante las dos primeras semanas de noviembre y procesarlas las dos últimas. El informe final se redactaría en diciembre y estaba previsto entregarlo al ME el día 22 de ese mes.

A diferencia del trabajo en los laboratorios científicos, las tareas de investigación del IIES se dispersaban en múltiples locaciones. La mayor parte de los participantes no trabajaba cotidianamente en la institución. Habían sido contratados para desarrollar tareas puntuales con relación al estudio. En otra oportunidad Andrea explicó esto con claridad: "el equipo viene en días y horarios diferentes. La idea es repartir el trabajo y organizar reuniones cada tanto". A su vez, Andrea aclaró en la reunión que podían trabajar tanto desde la sala 8 del IIES como desde sus casas, de acuerdo con sus preferencias. Se notaba que, para todos los investigadores, la contribución con el estudio era una tarea intercalada entre varias otras responsabilidades, tanto en el interior del IIES o en relación con los otros empleos simultáneos que cada uno de ellos tenía con otras instituciones.

El sentido de la investigación para el equipo IIES

Desde la perspectiva del equipo de investigadores del IIES, el estudio nunca se planteó como una prioridad. Por un lado, se trataba de un proyecto cuyo foco estaba determinado desde el ME, dejando poco margen para los intereses de investigación del equipo. Una de las investigadoras puso esta idea en palabras: "es un estudio casi calcado del pliego que mandaron del ME. Muy pautado. Un enlatado. Esto no tiene que ver con nuestros intereses". Otra indicó que "venía todo muy especificado. No había espacio para la creatividad". En otra oportunidad explicó que no estaban "poniendo demasiadas neuronas, salvo para cumplir con lo que nos comprometimos". Por otro lado, señalaban como otra restricción el hecho de que el IIES no pudiera capitalizar los resultados surgidos del proyecto a través de presentaciones y publicaciones posteriores[129]. Andrea explicó:

> Uno no puede hacer nada con la base de datos: ni quedársela, ni publicar, ni presentar artículos. Es como olvidarse de que uno participó en este procesamiento y en este trabajo. Es un requerimiento puntual que sirve para decisiones internas del Ministerio, para decidir sobre políticas. Obligan a la no publicación de los resultados. El contrato es claro.

Por lo que concierne a los fondos destinados a la investigación, los coordinadores del proyecto coincidían en que eran ajustados. Para ilustrar ese punto, Sol relató una anécdota: "Cuando le pedí al administrador [del IIES] todos los documentos para presentar al ME antes de la firma del contrato y supo el monto que nos pagarían me

---

[129] El artículo 14 del Convenio de Financiación denominado "Derechos de propiedad intelectual e industrial" trataba este punto. Allí se señalaba que "salvo especificación en contrario, todos los informes y datos, tales como mapas, diagramas, dibujos, especificaciones técnicas, planos, estadísticas, cálculos, bases de datos, programas informáticos, así como todos los documentos o materiales de apoyo adquiridos, compilados o elaborados por el Titular a lo largo de la ejecución del contrato serán de propiedad exclusiva del Órgano de Contratación. Una vez finalizado el contrato, el Titular entregará todos estos documentos y datos al Órgano de Contratación. El Titular no podrá conservar copias de dichos documentos y datos, ni podrá utilizarlos para fines ajenos al contrato sin previa autorización por escrito del Órgano de Contratación. El Titular no publicará artículos relacionados con los servicios ni hará referencia a los mismos cuando esté prestando servicios a otros, ni divulgará la información obtenida del Órgano de Contratación sin el consentimiento por escrito del mismo. Todos los resultados o derechos que se deriven de los mismos, incluidos los derechos de autor y otros derechos de propiedad intelectual o industrial, obtenidos en la ejecución del contrato, serán de propiedad exclusiva del Órgano de Contratación, que podrá utilizarlos, publicarlos, cederlos o transferirlos como crea conveniente, sin limitación geográfica ni de otro tipo, excepto cuando ya existan derechos de propiedad intelectual o industrial" (MECyT, 2007: 29).

dice: 'Bueno, hagamos las cuentas a ver si conviene'. Sol le contestó: 'Pero nosotros ya nos presentamos. Ya lo ganamos. No podemos decir que no. [...] La plata es justita, justita, justita"[130].

¿Por qué a pesar de la dificultad de orientar el tema del estudio hacia las temáticas prioritarias del equipo de investigación, de la imposibilidad de aprovechar los resultados para trabajos propios y del escaso financiamiento, el IIES se había presentado a la convocatoria? Porque a pesar de las restricciones señaladas, el estudio tenía sentido para la institución. En primer lugar, la participación en proyectos de este tipo es, en gran medida, lo que permite sostener a los equipos del "aula 8" como grupo. La ausencia de financiamiento propio del IESS para asegurar su continuidad laboral hace que la posibilidad de adquirir fondos externos sea altamente valorada por los coordinadores de proyectos. En la primera reunión de equipo, Andrea había anunciado que más allá de las limitaciones del pliego les interesaba participar "porque habilita a otras cosas. Parte del trabajo queda para otras cuestiones del equipo. El trabajo de campo es un insumo que dispara ideas para el futuro. El pensar no queda limitado a los Términos de Referencia". En segundo lugar, aunque reconocían que los recursos eran escasos, se valoraba la posibilidad de viajar a las provincias: "no tenemos muchas otras posibilidades de hacer campo en el interior del país", explicó Romina en otra oportunidad.

---

[130] Hay otra anécdota que refleja las limitaciones presupuestarias que tuvo el trabajo. En una de las reuniones de equipo, Andrea comentó que, en general, desde el IIES compran libros para entregar a los entrevistados en agradecimiento por su disposición. Sin embargo, durante el desarrollo de ese estudio no pudieron hacerlo porque tuvieron que estar "muy duros con los gastos" porque el proyecto "se paga medio mal" [Notas de campo, 08/10/08].

Escena 6

El 23 de diciembre de 2008, un día antes de Navidad, Andrea leyó por última vez el informe de investigación. Hizo las últimas correcciones en el ensamblado de los apartados cualitativo y cuantitativo del informe. El equipo del IIES había trabajado la parte cualitativa: la realización de entrevistas, su desgrabación y análisis. Por otra parte, dos personas de su confianza, que trabajaban en el área de Estadística de la Ciudad Autónoma de Buenos Aires, habían desarrollado el análisis cuantitativo. Estos dos equipos habían trabajado por separado y nunca llegaron a conocerse. Andrea fue el vínculo, debido a que su formación estadística –infrecuente en el ámbito de la investigación educativa– le proporcionaba capacidades valiosas para articular ambas dimensiones. Los equipos habían corrido contra reloj para realizar las entregas correspondientes y ella, como todos en diciembre, estaba cansada. Hizo un último cambio y cerró el documento. Estaba listo para ser enviado a su contraparte en el Ministerio: el REPPEI.

El desarrollo de la parte cualitativa

El trabajo cualitativo de la investigación requirió de la coordinación de 59 entrevistas a directivos, docentes y referentes del programa, en cinco provincias. Jorgelina, una de las investigadoras, llevó adelante la tarea: acordó con sus compañeras las fechas y sacó los pasajes, reservó los hoteles, administró los viáticos y entregó el equipamiento para la realización de entrevistas (guías y grabadores). Esto implicó, en sus palabras, "un trabajo *full time*, porque las chicas tenían que salir urgente al campo". En efecto, realizó estas tareas en tan sólo dos semanas, respetando los tiempos del cronograma inicial.

Marta, del REPPEI, había pedido que las investigadoras se presentaran en las provincias como "el equipo contratado por el ME a partir de una licitación ganada por el IIES". En línea con el propósito formal del estudio, desde el REPPEI habían enviado una nota a los referentes del programa en las provincias comunicando que los contactarían en el marco de un estudio cuyos "resultados serán un insumo relevante para la tarea de los Ministerios Nacional y Provinciales. En este sentido, una vez finalizado el mismo se publicará y difundirá el informe final". De nuevo, se enfatizaba el propósito de publicar y difundir los hallazgos de la investigación.

Las transformaciones que se estaban dando en la organización del PEI a nivel nacional –donde este perdía su lugar frente al director de Nivel Primario– tuvieron eco en las provincias y complicaron la coordinación de las entrevistas. A comienzos de 2008 hubo cambios gubernamentales en todas las jurisdicciones y, en muchos casos, los equipos provinciales de los Ministerios de Educación fueron reemplazados. Los referentes del PEI estaban siendo reemplazados por directores de Nivel Primario. En efecto, la coordinadora pedagógica del REPPEI aclaró que, en vez de contactarse con los referentes del PEI como estaba previsto, las investigadoras debían coordinar las entrevistas con los directores de Nivel Primario. En la mayor parte de las provincias no habían recibido la nota del REPPEI. En otras, le pidieron a Jorgelina que enviara una nota formal del IIES para que quedara registro del pedido. Parece que algunos referentes provinciales del PEI, que todavía estaban en sus cargos, se enojaron porque supieron del contacto a través de la Dirección de Primaria.

Una vez acordadas las reuniones, las demás investigadoras comenzaron a movilizarse. La anteúltima semana de octubre tres de las investigadoras viajaron a Neuquén, Santiago del Estero y Santa Fe. Por su parte, las entrevistas en la Ciudad y en la Provincia de Buenos Aires se realizaron en la última semana del mes de octubre al igual que el viaje a la provincia de Chaco. Para llegar con los tiempos del cronograma, la desgrabación de las 59 entrevistas estuvo a cargo de un profesional externo. Eran tantas las entrevistas y el apuro por comenzar su análisis que, para no perder tiempo, se pidió a las investigadoras que enviaran los archivos digitales a medida que los tuvieran. A mediados de noviembre, dos semanas después del campo, Jorgelina comenzó el análisis. Por su parte, las investigadoras-entrevistadoras dieron por terminado su trabajo el 7 de noviembre, en una reunión para "intercambiar impresiones una vez finalizado el trabajo de campo".

La lectura, la codificación y el análisis de las entrevistas fueron, en palabras de Jorgelina, "en tiempo comprimido". Luego resaltó: "Yo revisé todas las entrevistas en tres semanas. No hubo tiempo para una discusión entre el equipo". Refiriéndose al desarrollo de estas tareas Romina agregó: "faltó tiempo. Estuvimos muy apretados". En efecto, en sólo tres semanas Jorgelina había leído y codificado casi 60 entrevistas. Entregó un informe de 65 páginas con cuadros que organizaban las entrevistas sobre la base de los indicadores de los TDR. Paralelamente, entregó un "punteo de ideas como base para la elaboración del informe", 28 páginas señalando las tendencias generales de las entrevistas y sus referencias.

El desarrollo de la parte cuantitativa

En paralelo, se avanzó con el trabajo cuantitativo bajo la coordinación de Andrea, con la asistencia de Sonia y de Jessica. Andrea y Sonia se habían conocido en la década del noventa, trabajando en el área de estadística del ME Nacional. Se habían cruzado más tarde en el Ministerio de Educación de la Ciudad y, en ese momento, trabajaban juntas en el Ministerio de la Provincia de Buenos Aires. En enero de ese año, Andrea, que tenía un cargo en la Provincia de Buenos Aires, la había contratado. Además,

Sonia seguía desempeñándose en un área del Ministerio de la Ciudad Autónoma de Buenos Aires (de la cual Andrea había formado parte), donde coordinaba el trabajo que realizaba Jessica. Jessica, a su vez, trabajaba junto con Sonia para Andrea en la Provincia de Buenos Aires. Era un equipo que se conocía hacía tiempo y tenía experiencia de trabajo conjunto en espacios técnicos del ME con función de producir y de analizar información. Las tres eran sociólogas, especializadas en temas estadísticos, principalmente con trayectorias laborales en agencias estatales, tanto en Nación, como en la Ciudad y en la Provincia de Buenos Aires.

Andrea tenía aproximadamente 45 años y su trayectoria laboral estaba asociada, en sus propias palabras, "a aspectos cuantitativos, estadísticos, cuestiones demográficas e indicadores". En su carrera profesional combinó la gestión de políticas asociadas a la información desde organismos públicos estatales con tareas más puntuales de investigación: "Siempre tuve patas en dos lugares. Trabajé en Ministerio de Educación de Nación y en Ciudad de Buenos Aires. Ahora estoy trabajando en Provincia. Para mí la gestión y la investigación transitaron siempre un mismo camino".

Sonia tenía alrededor de 55 años. Había realizado una especialización en Ciencias Sociales y, al igual que Andrea, se desempeñó en organismos estatales orientados a la producción de estadísticas educativas. Cuando fue contactada para entrevistarla, adelantó que le inquietaba no poder ayudar. No creía que pudiera aportar "cosas específicas acerca de aquella consultoría". "La hice hace tanto e hice tantas otras cosas en el medio y todas con temas más o menos similares [estadísticas educativas], que no recuerdo ni por asomo cómo fue que encaré aquella, creo que ni el tema", agregó. Además de su trabajo de medio tiempo en la Ciudad y en la Provincia de Buenos Aires, donde "la llevó" Andrea, Sonia había desarrollado múltiples consultorías en 2008. Una de ellas era la del IIES. Durante ese año, había asistido en temas estadísticos en cuatro investigaciones vinculadas con el ME. En dos de ellas la contrataron directamente dependencias del ME y, en las dos restantes, había sido subcontratada por agencias internacionales para desarrollar tareas puntuales.

Jessica tenía 35 años. También era socióloga y estaba cursando una maestría en Estadística. Cuando fue contactada telefónicamente también se inquietó. Su trabajo, explicó, "había sido muy limitado y rutinario. Fue un trabajo cortito y muy técnico de procesamiento y análisis de datos". Trabajaba medio tiempo en el área de estadísticas del ME de la Ciudad, desde hacía dos años, bajo la dirección de Sonia. Desde enero de ese año había agregado algunas horas de trabajo en el área de Estadística de la Provincia de Buenos Aires, junto a Sonia, bajo la coordinación de Andrea. Señaló que en sus dos trabajos sentía condiciones laborales precarias: "ahí se va el Ministro y nunca se sabe quién queda", es por eso que acepta "trabajos extras y temporarios, que me den un ingreso adicional". Para esta "consultoría" en particular, la había convocado Andrea. "Ella necesitaba dos tareas puntuales. Una de acondicionamiento de las bases y otra de análisis. [...] Ella después iba a usar esa información en la medida que le sirviera", explicó Jessica. En cuanto a las razones más personales por las que aceptó el trabajo, dijo:

> El primer motivo es que era un trabajo para Andrea, que es una persona a la que yo admiro y que, a nivel personal, me cae bien. Es gente con la cual me gusta trabajar. Cualquier cosa para la que me llame Andrea, sea paga o gratuita –aunque siempre me paga– le voy a decir que sí. El segundo motivo porque tenía que usar esas técnicas estadísticas. [...] Lo elegí porque tenía cosas que me interesaba hacer.

El análisis de los datos duros comenzó en agosto cuando el IIES obtuvo las bases de datos del ME. A diferencia de otros proyectos de investigación donde la entrega de datos resulta controversial, aquí se dio sin inconvenientes, en parte debido a la importancia que se le dio a este aspecto en la selección de instituciones durante el proceso de licitación. El REPPEI se las pidió primero a la DINIECE, la DINIECE las entregó al REPPEI, y luego ellos hicieron la entrega formal a Andrea en un CD. Sin duda, el hecho de que Andrea fuera parte de una red de confianza vinculada con los organismos educativos estatales que se dedican al trabajo con datos duros simplificó las interacciones. Andrea les pasó las bases a Sonia y a Jessica y les pidió tareas puntuales de consolidación y análisis. Sonia y Jessica hicieron el trabajo en dos meses y medio, respondiendo a demandas puntuales de Andrea. Jessica asistía a Sonia con el armado de las bases de datos y con el diseño de clusters (modelos estadísticos que comparten variables) de escuelas, que dieran cuenta de las diferencias entre los establecimientos que habían participado del programa PEI y los que no. Trabajaron desde sus casas y, en algunas ocasiones, se encontraban en la casa de Sonia. A veces comentaban temas puntuales asociados con estas tareas los martes, cuando se encontraban las tres en la Ciudad de La Plata por el trabajo que compartían en la Provincia de Buenos Aires.

Las tareas cuantitativas se desarrollaron de forma paralela al trabajo cualitativo realizado desde el IIES. En efecto, Sonia y Jessica nunca trabajaron junto al equipo del IIES. No conocían ni formaban parte del equipo "aula 8". Tal como señaló Jessica, su único contacto con el IIES fue la búsqueda del cheque correspondiente a sus honorarios. Por su parte, con excepción de Andrea, el equipo de investigación del IIES tampoco las conocía a ellas. Eran parte de una red de relaciones diferente, una red que se había construido sobre la base de la experiencia de trabajo en organismos oficiales orientados al análisis estadístico. Andrea parecía ser la única persona que tenía una visión completa de la porción cuantitativa del informe. Sonia y Jessica a duras penas lo veían como algo propio: "En todos estos trabajos donde me subcontratan yo no miro cómo sale. El trabajo para el IIES ni siquiera lo reconozco como propio. Yo hice un cachito dentro de una investigación que desconozco a dónde va y cómo es. Desconozco el todo", explicó Sonia. Sonia y Jessica habían realizado tareas de ordenamiento, análisis y escritura, pero había sido Andrea la que articuló las distintas partes elaboradas para conformar esa sección del informe y la que estuvo en contacto permanente con el equipo del IIES.

El ensamblado del informe final

Las distintas y desconectadas escenas del desarrollo de la investigación fueron ensambladas vertiginosamente durante de diciembre de 2008. El informe debía articular tres insumos: i) el trabajo cuantitativo coordinado por Andrea; ii) el análisis preliminar de las alrededor de 50 entrevistas a directivos y docentes realizado por Jorgelina, y iii) el análisis de seis entrevistas realizadas a los referentes del PEI por Victoria, entregado también la primera semana de diciembre.

Andrea y Romina estuvieron a cargo del proceso. La mayor parte de estas tareas tuvieron lugar en espacios privados: las casas de las investigadoras y no incluyeron al resto del equipo. Refiriéndose al desarrollo del ensamblado Andrea había explicado: "estamos en el momento de escritura individual y en breve habrá que armar el compilado. No nos estamos reuniendo en esta etapa. Cada una está leyendo y escribiendo". Como imaginaban, cumplir con los plazos pautados en el contrato era un desafío: "estamos corriendo contra reloj", dijo Andrea. Además de la complejidad propia de la tarea, el informe final se desarrollaba en un mes que en Argentina es de por sí intenso. En las instituciones académicas como el IIES se cierra el año lectivo: terminan las materias, los profesores corrigen exámenes pendientes y entregan correcciones finales. Al ser el final del calendario académico, impacta directamente también en las tareas del Ministerio, que debe hacer los balances anuales de los programas antes de enero, mes en el que la mayor parte del personal se va de vacaciones. A estos balances se le suman dos de las fiestas anuales más importantes (Navidad y Año Nuevo) y varios eventos laborales y amistosos. El tráfico de la ciudad aumenta y el calor agobia.

El informe se entregó al REPPEI el 23 de diciembre de 2008, en la víspera de la Nochebuena.

Escena 7

Mediados de enero de 2009: vacaciones escolares en Argentina y en el Ministerio. Como en cualquier otro enero, había poco personal. Susana estaba sola en su oficina de la recientemente creada Dirección de Nivel Primario del ME. La estructura del Ministerio había cambiado unos meses antes. Atendió el teléfono y le pidieron que revisara y aprobara una investigación, cuya existencia no conocía. No había nadie más en la oficina que pudiera hacerlo. No conocía el estudio, ni su origen, ni los términos de referencia, ni sus objetivos. Lo leyó, hizo algunos comentarios menores y lo aprobó, para que pudiera efectuarse el pago al IIES. En febrero de ese año, se organizó una reunión para discutir los comentarios con los investigadores del IIES. Unos días antes de esa reunión, renunció su jefa, y también la jefa de su jefa. Ante ese panorama, Susana decidió no asistir, ya que no sabía en nombre de quién presentarse.

La validación del informe

Unas semanas después de la entrega, el REPPEI, junto a la Dirección de Nivel Primario, envió tres páginas con comentarios y sugerencias de cambios al IIES. A diferencia de otros estudios demandados desde el Ministerio, en este trabajo se proponía una estrecha relación entre el organismo contratado y dependencias del ME. Los TDR advertían que "en todas las etapas previstas [...], es necesaria la articulación y contacto permanentes con el Programa PEI y el Área de Producción de Información y Comunicación (PIC) de la DNGCyFD y con el REPPEI" (MECyT, 2007). Pero, como se advirtió en la Escena 2, la mayor parte de esas dependencias –que habían participado activamente en el origen del estudio– en 2008 ya no existían.

Los cambios obligaron a Paula, del REPPEI, a articular, a partir de ese momento, con la Dirección de Nivel Primario, que era la responsable de "validar" las decisiones. A partir de varios testimonios, se pudo percibir por parte del personal del REPPEI cierta desconfianza hacia el trabajo y el profesionalismo de la Dirección de Nivel Primario. Por lo pronto, se trataba de un equipo que no conocían, y esto contrastaba con la confianza que tenían con los equipos anteriores[131]. Más allá de estas cuestiones, una vez entregado el informe, su lectura y aprobación debía hacerse desde la Dirección de Nivel Primario. El REPPEI les pasó el documento.

---

[131] Por ejemplo, para la validación de la guía de entrevistas los empleados del REPPEI invitaron a un referente de la Dirección de Nivel Primario a la reunión entre el IIES y el REPPEI. Los presentes acordaban que la persona –de la que ninguno recordaba el nombre– no había realizado sugerencias importantes. Marta del REPPEI comentó más adelante que habían sentido cierta "vergüenza ajena" con la participación del referente de la Dirección de Nivel Primario en esa reunión, porque había señalado cuestiones sumamente superficiales.

Susana, de la Dirección de Nivel Primario, estuvo a cargo de la validación del informe. Era una mujer de unos sesenta años, trabajaba hacía más de veinte en el ME y tenía un contrato de planta permanente, algo novedoso entre los sujetos entrevistados. A pesar de la insistencia de los llamados se resistía a ser consultada: "Yo tuve muy poco que ver con eso. La verdad es que no tengo mucho para decir. Además, tendría que pedir autorización para recibir a alguien", explicaba. Sus palabras y la forma en la que las decía no parecían indicar reticencia a encontrarse sino, más bien, a que fuera una reunión formal.

En su opinión, ella había estado apenas involucrada en el proceso: "esta gestión no participó de esto. No conocemos nada del pliego, ni de cómo se hizo. Se manejó desde otro lado", explicaba. Otra empleada de la Dirección de Nivel Primario agregó que "venía de la gestión anterior y nuestro nivel de incidencia fue casi nulo. De hecho, no tengo idea quién lo diseñó. A nosotras nos cayó". Susana había escuchado de un estudio sobre el PEI, pero tomó contacto con el tema recién en enero de 2009 cuando la directora de Nivel Primario le pidió que hiciera un informe y que, además, fuera el lazo con el REPPEI:

> Había que hacer el informe en tres días. Así lo había pedido el REPPEI. Como hablaba de escuelas primarias lo teníamos que ver nosotros. [...] Esto me llegó porque eran las vacaciones de verano y acá no había nadie. Yo fui la que atendió el teléfono y por eso me lo dieron a mí.

Desde su percepción, no tenía mucho sentido que les pidieran un informe a ellos: "¿Qué posibilidad de incidencia tenemos si está todo hecho y nos dan tres días para aprobarlo?".

Así, a pedido de la Dirección de Nivel Primario, durante el mes de enero, Susana elaboró los comentarios. Como desconocía los TDR previamente acordados, la directora nacional de Gestión Educativa (que era la jefa de su jefa) solicitó que el informe se aprobara. Es por ello que Susana elaboró un informe general y sin demasiadas críticas. Lo enviaron al REPPEI con una nota formal, tal como había sido solicitado. Era un documento de tres páginas centrado en la descripción del informe, antes que en sugerencias de cambios[132]. En el último párrafo concluía: "Por todo lo antedicho, sugerimos la aprobación final de este estudio con las consideraciones mencionadas, de modo que se prosigan los trámites contractuales correspondientes" (Informe presentado al REPPEI desde la Dirección de Nivel Primario, febrero de 2009). Susana, sin embargo, tenía una opinión más crítica sobre el informe final que no se reflejó en sus comentarios: "Era un estudio muy general, muy vago, poco consistente. Lo leías pero terminabas no entendiendo nada. No entendíamos las categorías que habían armado. Las conclusiones eran muy vagas".

El 6 de febrero de 2009 Susana había agendado una reunión entre los referentes del REPPEI y los investigadores del IIES para hacer una devolución del informe final. Un día antes, la sorprendió un nuevo cimbronazo: cambios en las autoridades del ME. Habían renunciado la Subsecretaria de Equidad y Calidad Educativa y la directora nacional de Gestión Educativa. La primera volvió a su jurisdicción para hacer campaña como diputada provincial y la segunda renunció con su jefa política. Con esa transformación

---

[132] En efecto, en las tres páginas del informe hay sólo dos sugerencias, referidas ambas a la parte cuantitativa del estudio. La primera se refiere a la necesidad de definir el criterio utilizado para seleccionar las escuelas involucradas en una de las provincias. La segunda sugiere una diferenciación mayor entre los criterios utilizados por los investigadores para definir dos de los agrupamientos de escuelas (*clusters*).

partieron también algunos de los directores de nivel, incluyendo a Inés, la directora de Nivel Primario y jefa directa de Susana. "Fue de un día para el otro. Totalmente inesperado. Tuvimos que ordenar nuestras cosas e irnos", describió Inés al referirse a este episodio. Frente a estos acontecimientos Susana optó por no participar de la reunión.

Para la reunión, Marta y Claudia, del REPPEI, habían preparado un documento con sugerencias de cambios, sobre la base de los comentarios de la Dirección de Nivel Primario y sumando los propios. Era un archivo donde se explicitaba, una vez más, su propósito formal: "contribuir a que el estudio se constituya en una valiosa fuente de información para aquellos actores involucrados en la generación de políticas"[133]. En relación con el formato del informe, solicitaban trasladar algunas aclaraciones metodológicas hacia un anexo, para facilitar la lectura de "diferentes tipos de lectores, no necesariamente con altos conocimientos en cuestiones metodológicas y estadísticas". Sugerían también incluir un resumen ejecutivo. En cuanto al contenido del informe, pedían "ahondar en la relación entre aspectos cualitativos y cuantitativos". Asimismo, solicitaban que las afirmaciones del informe reflejaran las fuentes utilizadas y que se explicitaran los criterios de selección de las escuelas PEI. Retomaban las sugerencias realizadas por la Dirección de Nivel Primario y agregaban dos más: i) la inclusión de observaciones de los materiales pedagógicos relevados en las escuelas y ii) la revisión de la conclusión, problematizando "los resultados de modo que faciliten la comprensión aún mayor de la complejidad implícita en una intervención de esta envergadura" (Nota administrativa Nro. 6; 2-3).

---

[133] Orden Administrativa Nro. 6, enviada el 26 de enero desde el REPPEI al IIES con los comentarios al informe final del estudio.

Andrea recibió el informe. Estaba convencida de que los cambios propuestos apuntaban a que el informe pudiera publicarse:

> El ME lo va a publicar. Tienen intención de publicarlo y por eso pidieron que fuera menos técnico, para que lo pudiera leer un funcionario. Pidieron cambios con la idea de enviar el informe a los directores de nivel y supervisores.

En relación con los cambios propuestos por la Dirección de Nivel Primario, Andrea consideraba que estos "daban la pauta de que no sabían bien qué esperaban del informe". Según Andrea, ellos habían hecho "un informe sujeto a los Términos de Referencia que ellos mismos armaron" y, sin embargo, solicitaban, en esta última instancia, transformaciones que no estaban contempladas en el pedido inicial.

La tarea de revisar el informe en función de los cambios pedidos estuvo a cargo de una de las investigadoras del IIES y se llevó adelante durante las primeras dos semanas de febrero, con la supervisión final de Andrea y de Romina. El informe se entregó nuevamente al REPPEI el 22 de marzo de 2009. Una vez recibido, el REPPEI lo envió a la Dirección de Nivel Primario para que lo validara. En mayo de 2009 el informe ya había sido aprobado por la nueva directora de Nivel. El REPPEI decidió darlo por aprobado y se realizó el pago pendiente al IIES. Quedaba ahora por definir qué se haría con relación a su circulación.

Sin embargo, ninguno de los integrantes del REPPEI parecía conforme ni con la calidad del informe final ni con su aprobación. Paula señaló que le daba "bronca porque el informe era de muy mala calidad". Creía que, desde la Dirección de Nivel Primario, habían aprobado el trabajo porque "acá en el Ministerio nadie se quiere meter con el IIES". Si bien le habían realizado observaciones al informe,

Paula sentía que no había cambiado de forma sustancial y, dado el nivel del informe, dudaba que se publicara. Claudia, por su parte, tenía la sensación de que el informe se había realizado "a los apurones" y que "no decía nada nuevo". Marta, que en un primer momento había estado muy vinculada al informe, estaba de vacaciones y no había tenido oportunidad de seguir el tema. Estuvieron a cargo de esta tarea de seguimiento Claudia y Paula, y también lo leyó Sofía, que había empezado a trabajar en el REPPEI cinco meses antes.

Sofía sintetizó las tres opciones que tenían desde el REPPEI en relación con la aprobación del informe. Una posibilidad era dar la aprobación final, con lo cual se evitaría cualquier costo político-institucional. La segunda opción era enviar un nuevo informe al IIES sugiriendo nuevos cambios (ya se había entregado uno en enero de ese mismo año). Esta opción tenía un inconveniente: desde el IIES estaban demandando el pago y, según el contrato firmado, una vez entregado el informe el ME tenía sólo 30 días para hacer una devolución y, si no la hacía, el contrato se daba por finalizado. Los tiempos corrían. Ya habían pasado más de 30 días y los investigadores del IIES lo sabían. La tercera posibilidad era, en palabras de Sofía, "meterle mano", es decir, realizar ellos los cambios que consideraban pertinentes para poder publicarlo.

El informe está listo y validado. Ahora quedaba definir su circulación.

Escena 8

A mediados de 2009, la coordinadora del REPPEI leyó el informe y algo no la convenció, de modo que le pidió a su asistente que lo guardara en una caja de cartón junto a los demás expedientes del proyecto. Allí se hallaban el Convenio de Financiación, los

TDR, la licitación y todas las comunicaciones y acuerdos entre las instituciones participantes; en definitiva, todos los documentos resultantes del trabajo descripto en las escenas anteriores. En ese mismo momento, Victoria, investigadora del proyecto del IIES, lamentaba no poder utilizar los resultados de esa investigación para una ponencia en un congreso de Educación. Recordaba con claridad la primera reunión de equipo en septiembre de 2008, en la cual las investigadoras principales indicaron que nadie podría dar a conocer ninguno de los resultados del proyecto en el futuro.

La circulación del informe

Como se ha señalado a los largo de las diferentes escenas, desde un primer momento la producción del informe estuvo asociada a la idea de circularlo entre la comunidad educativa a través de su publicación y difusión. En el convenio de financiación los estudios se enmarcaban entre las "acciones de promoción y sensibilización de actores centrales de la comunidad educativa" desarrolladas "a través de estudios, diseminación y publicaciones". Se proponía financiar "estudios específicos cuyos focos temáticos permitan ampliar y acrecentar los conocimientos y brindar elementos de base para el desarrollo de políticas educativas" así como "actividades de publicación y difusión de los resultados".

Los TDR del estudio, elaborados en 2007, retomaban el compromiso de publicar y difundir los resultados. En efecto, entre las responsabilidades de la institución contratada, el documento enumeraba la tarea de "editar y diseñar gráficamente el informe final para su posterior impresión" y la de "presentar las conclusiones del informe mediante encuentros y reuniones con distintas áreas del ME. A su vez, se enumeraban los grupos destinatarios del informe: i) el Equipo de Coordinación Nacional del PEI; ii) los responsables de coordinación de direcciones, programas, áreas, y proyectos y equipos técnicos del ME; iii) los equipos técnicos de los ME provinciales y equipos jurisdiccionales del PEI; iv) los equipos de supervisión, dirección y docentes de las escuelas que integran el programa PEI y, por último, v) la comunidad académica profesional (MECyT, 2007).

ABxcLa intención de diseminarlo se expresó también en testimonios. En 2008, la coordinadora del REPPEI señaló: "está previsto difundir los estudios, diseminarlos a todos los actores que puedan estar interesados [...]. Parte de la licitación supone la realización del estudio y su publicación, edición y diseño gráfico. También hay dinero para hacer jornadas de difusión". Asimismo, en una carta enviada en octubre de 2008 desde el REPPEI a los referentes de los equipos PEI de las provincias con el objetivo de informar acerca del trabajo de campo, se refuerza la intención de diseminar los resultados: "Cabe señalar", dice la carta, "que los resultados de este estudio serán un insumo relevante para la tarea de los Ministerios Nacionales y Jurisdiccionales, en este sentido una vez finalizado el mismo se publicará y difundirá el informe final".

Sin embargo, la explícita y reiterada convicción en torno a su publicación se puso en duda una vez finalizado y entregado el informe. En mayo de 2009, con el informe final aprobado, Paula, la coordinadora del REPPEI, señaló que no estaba segura de su publicación. Según explicó en ese momento, la decisión dependía de las "áreas sustantivas" –en ese momento la Dirección de Nivel Primario–. Para ese entonces la dirección había cambiado varias veces de autoridades. "Que se publique o no", agregó Paula, "va a depender del esquema de toma de decisiones políticas en ese momento", y añadió que si esa misma discusión se hubiera dado a comienzos de 2007, habrían acordado con las diferentes áreas qué hacer: "Hoy es más complicado, con los cambios de gestión, no se sabe quiénes van a tomar esa decisión".

Más allá de sus dudas en torno a la circulación, en el REPPEI dejaron todo listo para su publicación: la coordinadora pedagógica solicitó al IIES cambios de edición y de formato, en pos de una futura publicación. Visto desde el IIES, una vez entregado el informe, creían que se publicaría. En efecto, casi un año después, a fines de diciembre de 2009, Andrea explicó que había contactado nuevamente al ME para indagar sobre el estado del informe. Había llamado al REPPEI y, frente a su pregunta sobre qué pasaría con el informe y para su sorpresa, Marta le contestó que "por ahora no piensan publicar el informe. En el medio de la inercia o vorágine (como prefieras) ha quedado entre las cosas pendientes. [...] Un ladrillo más a recursos no muy aprovechados. Es una pena".

En cuanto a su circulación, a pesar de los pedidos concretos del informe final realizados por diferentes actores de la comunidad educativa (tanto al ME como al IIES), ninguna de las dos instituciones lo circuló. En línea con lo señalado en el Capítulo 4 en torno a los circuitos de circulación restrictiva, Andrea comentó que cuando un supervisor de la Ciudad Autónoma de Buenos Aires se lo pidió, lo derivó al ME. En su opinión, ella no estaba autorizada para tomar la decisión de difundirlo. Al REPPEI se lo pidió la directora de Nivel Primario de Santa Fe y un ex referente provincial del PEI de la Provincia del Chaco. A ambos se les contestó que el informe todavía estaba en proceso de edición. Desde el REPPEI tampoco lo diseminaron porque esgrimían que la decisión debía tomarse en la Dirección de Nivel Primario.

En suma, más allá de los acuerdos previos entre instituciones (entre la UE y el REPPEI, entre los ME y el IIES, entre los investigadores y los actores entrevistados) y de los procesos organizativos y burocráticos construidos para llevar adelante esos acuerdos (la normativa, el financiamiento, la división de tareas y de responsabilidades), esta decisión quedó librada al contexto político particular y coyuntural. Ya no dependía de una persona en particular, sino de las relaciones posibles de ese tablero político. Es difícil saber dónde está el informe final en la actualidad. En el ME, que fue la institución que solicitó el estudio, lo pusieron en cajas junto a los otros expedientes asociados a la investigación. Pero en 2011 ya no existía ninguna de las dependencias de las que participaron activamente del proceso, ni siquiera el REPPEI. El informe final no está tampoco en el Centro de Documentación del Ministerio. Quizá lo tiene alguna de las personas que en ese momento trabajaron en el REPPEI o en la Dirección de Nivel Primario que posiblemente estén ahora en otra institución o dependencia del ME. Además, aunque lo tuvieran, ninguna de esas personas se siente autorizada para circularlo. Tienen la capacidad pero no la autoridad. Por su parte, las investigadoras del IIES que tuvieron acceso al informe final y quizás lo conservan, tampoco se creen facultadas para difundirlo. Ellas firmaron un acuerdo comprometiéndose a no divulgar ningún dato asociado a ese estudio sin autorización del REPPEI.

Reflexiones finales

A lo largo de este capítulo se reconstruyeron los procesos de producción de un informe de investigación. Se evidenció una multiplicidad de actores (grupos) y de acciones, así como fronteras y límites difusos entre el adentro y el afuera del Estado. Esta heterogeneidad quedó organizada en escenas, que anudan las diferentes situaciones y actores que participaron de la construcción del informe de investigación. Estas escenas no responden directamente a acciones políticas explícitas y deliberativas (financiamiento, normativa, contratación de personal, administración de los procesos, etc.) y están principalmente regidas por necesidades inmediatas, de corto y mediano plazo, asociadas a preocupaciones próximas. Las acciones se juntan y se orientan de acuerdo con las circunstancias particulares de cada situación, en relación con plazos temporales delimitados, principalmente, por la coyuntura. Así, a lo largo de la producción de este informe se manifiesta una heterogeneidad de sentidos, temporalidades y funciones, que cambian permanentemente. El informe transita por una serie de acontecimientos, adversos y favorables, que aceleran, disminuyen o cambian el ritmo de la producción. Estas especificidades no son fáciles de registrar cuando se analizan las tendencias generales de la producción, pero se iluminan cuando se observan los procesos de producción en relación con la evolución de un proyecto de investigación particular.

Las escenas analizadas agrupan sentidos, tomando la multiplicidad de acepciones que dispara el término "sentido": desde el propósito explícito con el que son llevadas a cabo hasta el significado que tienen para quienes están involucrados en ellas. En cuanto al sentido explícito, el informe se encontraba entre las "acciones de promoción y sensibilización de actores centrales de la comunidad educativa" y, según muchos testimonios, buscaba orientar las políticas educativas del PEI. Esta finalidad queda cristalizada en todos los documentos y es la que la mayor parte de los entrevistados señala a lo largo del proceso (aunque con algunas diferencias en cuanto a qué orientar específicamente). Este es el propósito manifiesto. Sin embargo, al observar las escenas cotidianas, los sentidos se diversifican y aparecen propósitos implícitos. Las escenas tienen sentidos menos manifiestos, más específicos y personales, y de plazos más limitados. Estos sentidos se articulan de diferentes formas entre sí, modificando el sentido formal y su dirección, si bien nunca desaparecen por completo. De esta manera, a lo largo del proceso de producción, se observa una multiplicidad de sentidos que se transforman, superponen, diversifican y multiplican, generando nuevas escenas y reorganizando la importancia de las existentes. Algunos de estos propósitos toman el peso necesario para habilitar el curso de la acción y funcionan como hilo conductor entre escenas, situaciones y grupos, dándoles unidad.

En el caso analizado, hay dos sentidos conductores que interesa resaltar. El primero está asociado a las escenas de origen. En ese momento, el financiamiento disponible de la UE funcionó como movilizador y organizador entre situaciones. En un contexto de crisis económica y social, la donación era especialmente apetecible para los gestores de políticas. La UE, sus delegados y asesores, fueron los protagonistas: marcaron el ritmo de las diferentes escenas. Retomando la metáfora de la banda de free jazz de Delvaux y Mangez (2008), en esta etapa Jorge sería el "arreglista", el que adapta o recombina elementos sobre la base de una composición escrita por la UE. Jorge lideró la escena, con los instrumentos de la UE. En paralelo, en el ME se desplegaban múltiples intérpretes, agrupados provisoriamente, compitiendo por el financiamiento. Tocaron sus instrumentos en simultáneo, de forma descoordinada y fragmentaria, intentando jerarquizar sus propios ritmos y acordes. Más allá de que en las escenas del origen la investigación fuera casi irrelevante para la mayor parte de los actores (en relación con el monto de la donación y con su importancia), a pedido de la UE, quedó entre las acciones a financiar.

En segundo lugar, fueron los propósitos burocrático-administrativos, materializados en los mecanismos del REPPEI, los que guiaron las escenas asociadas al desarrollo, validación y circulación del informe, dándoles cierta (precaria) coordinación y unidad. El REPPEI –cuya creación implicó la contratación de una coordinadora y de un equipo de trabajo, el armado de una oficina, el movimiento de recursos y la normativa– marcó el ritmo (la intensidad y la duración) de las escenas subsiguientes. El propósito burocrático-administrativo asociado a la ejecución de los fondos de la UE permitió aglutinar grupos y escenas, breves y frágiles, pero no por ello menos importantes en relación con el producto final. En esta segunda etapa fue Paula quien marcó el ritmo y la participación de los demás. Lo hizo junto a su equipo de músicos, con instrumentos administrativo-burocráticos estatales y reinterpretando la partitura de la UE. La burocracia administrativa del ME funcionó como guía –apenas estructurada– de un espectáculo, de una coproducción entre el ME y la UE.

Los arreglos realizados por la UE y el REPPEI (como instituciones) y por Jorge y Paula como portavoces de esos grupos se entremezclaron con la aparición simultánea de otros grupos/actores, con papeles más fugaces pero también significativos. En línea con la metáfora de la banda de free jazz, serían músicos o conjuntos de músicos a los que otro (de confianza) les transmitió oralmente parte de la partitura a interpretar. Con esa información, suben al escenario por un lapso breve pero con protagonismo. En ocasiones conocen al resto de la banda y en otras no; a veces cuentan con instrumentos adecuados y otras suben al escenario con lo que tienen, inseguros, como respuesta al pedido de una persona cercana y de confianza.

Para ejemplificar este tipo de "irrupciones" fugaces y específicas, se acude a dos escenas. La primera asociada al armado de los TDR. Liliana del PIC tuvo un papel protagónico en ese proceso: sus decisiones marcaron el contenido del informe. Sin embargo, cuando estaba terminando su número, se sumó la coordinadora del PEI que, con imprevistos acordes, cambió la dirección de la melodía. Agregó un fuerte contenido cualitativo (entrevistas en profundidad) a una investigación que se había definido, desde su inicio, como cuantitativa y basada en información estadística. Durante el desarrollo del informe, Liliana ya no estaba en el escenario, ni detrás de bambalinas, ni entre el público. Su contrato en el Ministerio se había terminado. Por su parte, Susana, de la Dirección de Nivel Primario, no imaginaba que estaría a cargo de la validación del informe. Susana no conocía el escenario ni a la banda, ni tan siquiera el jazz. Atendió el teléfono en enero de 2009 e inesperadamente se encontró participando del espectáculo. Era la editora de una pieza musical que jamás había escuchado antes.

Las asociaciones entre Liliana y Susana con el teatro eran, además, precarias e inestables. Se sostenían sobre vínculos de confianza con sus jefes directos, que solicitaron que participaran del espectáculo. Como se verá más adelante, esto explica –aunque sólo en parte– que sus escenas fueran tan fugaces. El propósito de Liliana fue construir los TDR, tal como había solicitado su jefa. Ella asumió ese compromiso y, aunque en un momento notó que su actuación dejaba de tener protagonismo, cumplió con el pedido para respetar los acuerdos con su directora así como para complacer el propósito del grupo de tres personas creado al calor del armado de los TDR (ella y dos personas del REPPEI). Por su parte, Susana debía validar el informe, sabía que cualquier objeción podía complicarla tanto a ella como a su jefa. A tal punto este es el caso que cuando su jefa renunció días antes de la reunión entre los equipos del ME y del IEES, Susana decidió no participar del encuentro porque no sabía en nombre de quién iría. No se percibía a ella misma como parte de la Dirección de Nivel Primario, sino más bien como una prolongación de la breve actuación de –hasta ese momento– su jefa. En este contexto de sentidos entremezclados y heterogéneos, es difícil predecir qué escenas cambiarán la dirección de la pieza musical. El rumbo podría virar tanto debido a la actuación de los músicos del elenco más estable como a la de improvisaciones inesperadas.

La articulación entre diversos sentidos y las formas de coordinación que le imprimen a cada escena producen desplazamientos en el ritmo (duración y/o intensidad). La duración e intensidad de algunas escenas en relación con otras muestran contradicciones entre los sentidos explícitos y manifiestos (en general asociados a temporalidades de mediano largo plazo) y los sentidos que movilizan la acción, más coyunturales y de corto plazo. Si bien existe un objetivo explícito y formal que podría funcionar como la estructura melódica de la pieza musical (orientar la política a través de la producción de conocimiento), las escenas concretas no se acomodan a esa melodía. El ejemplo más sugestivo es que el proceso de investigación comenzara en el mismísimo momento en el que el programa que se analizaba, el PEI, se disolvía. Otra manifestación de esas dislocaciones (más relacionado con los ritmos y con la articulación entre escenas) es la prolongada duración de las escenas en torno a la negociación de la donación, el armado de los TDR y su licitación (dos años), en comparación con el apresurado ritmo que tomaron las escenas ligadas a la ejecución y a la escritura del informe (6 meses). A su vez, las escenas y acciones enfocadas en cumplir el objetivo formal de publicar la investigación chocan con las escenas asociadas a su circulación. Por último, en la escena a la que ya se hizo referencia, la del armado de los TDR, el trabajo de Liliana lleva varios meses, pero el resultado se redirecciona en unos pocos días con una intervención puntual e inesperada del PEI.

Las escenas, sus sentidos y su temporalidad se dan además en un contexto general en el que existen permanentes controversias funcionales. Son el resultado de los límites imprecisos y en permanente movimiento de la distribución de funciones y de autoridad entre áreas y técnicos del Estado. Están ligadas al papel que cumplen los actores participantes y son producto, en general, de la vaguedad, de la superposición y de la duplicación de roles y de tareas. Si se echa mano nuevamente a la imagen del jazz, esta idea podría visualizarse como el espectáculo de una banda donde, por momentos, se eligen músicos de confianza antes que a los del elenco estable, o los utensilios disponibles antes que instrumentos musicales. Vale como ejemplo la exclusión de la DINIECE en el desarrollo de este proyecto. Más allá de que su función formal estaba alineada con el armado de los TDR de esta investigación, el hecho de que se perciba como un grupo que trabaja de forma autónoma y para sí mismo provoca que la tarea derive en el PIC, un área informal y sin ninguna garantía de continuidad[134]. Visto desde la directora que toma la

---

[134] Para comprender este ejemplo, es importante contextualizarlo en relación con los argumentos propuestos en el Capítulo 4 asociados a la escasa relevancia de las áreas burocra señalar la paradoja entre las personas participantes. En este punto nos gustar cortnes, muchas de ellas totalmente imprevis ntáticas del Ministerio con funciones vinculadas a la producción de información.

decisión, sus necesidades (entregar al RREPEI los términos de referencia) tienen más posibilidad de llegar a destino si son encomendadas a alguien cercano y de confianza, que a un área sobre la que tiene poca autoridad y control.

La escena de la licitación también es oportuna para ilustrar este tipo de tensiones. Los ejemplos anteriores aluden a las negociaciones entre aspectos asociados a las funciones de las dependencias y a la asignación de tareas entre los diferentes empleados del ME. Hay otras situaciones que ponen de manifiesto la articulación y la tensión permanente entre las normativas formales y su actuación práctica, lo "no documentado". Como se indicó en el Capítulo 4, son muy pocos los proyectos del ME que se tercerizan a través de mecanismos de concursos abiertos. En efecto, la existencia de marcos regulatorios detallados para la contratación de estudios (la licitación) es una rareza, producto de la participación de la UE en esos procesos. En este caso, las prescripciones tecnocráticas de la UE fueron respetadas: se cumplieron los plazos y las condiciones, tal como indicaba su partitura. Sin embargo, en el proceso de adjudicación prevalecieron las relaciones informales y no documentadas antes que procesos explícitos normados. Los criterios objetivos que se definieron para la selección (la presentación de curriculum vitae de los participantes, la trayectoria académica de la institución, la presentación del proyecto) quedaron supeditados, en la práctica, a las relaciones de confianza, al conocimiento previo (directo o mediado) por parte de algunos evaluadores de las instituciones y de los investigadores propuestos.

En cuanto a las características de las asociaciones entre las personas y las instituciones, el caso de Liliana vuelve a ser elocuente en este punto. Ella tenía una inserción ocupacional precaria en un "ente" informal del ME. Asume un rol protagónico circunstancial pero después desaparece del escenario. Por su parte, Susana –cuya participación se da en el marco de fuertes transformaciones institucionales– responde más a su referente personal directo (su jefa) que al lugar profesional que ocupa en la Dirección de Nivel Primario. En este contexto, pareciera que las acciones se definen más por los compromisos temporales asumidos entre los sujetos participantes, que en relación con roles institucionalizados o con acuerdos más generales de mediano o largo plazo. Este tipo de asociaciones se vuelven frágiles en un escenario en el que las relaciones de poder, de confianza y de autoridad varían constantemente[135].

La debilidad de las asociaciones entre personas e instituciones no parece ser una característica que incluye solamente al sector estatal. En el interior del IEES, dos de las investigadoras que asumen un rol fundamental, Adriana y Romina, no tienen un contrato estable con la institución. A su vez, Adriana coordina la parte cualitativa del estudio con personas que son subcontratadas por el IIES, que no tienen relación alguna con la institución ni con el proceso más general del que participan. En efecto, apenas conocen la investigación en la que están inmersas. Ellas participan a pedido de Adriana, por la confianza y por la cercanía que sienten hacia ella. Llegan a mencionar que no lo hacen ni por el salario ni por el proyecto, sino porque ella las convoca. Por último, las investigadoras que participan de la parte cualitativa están vinculadas a la institución como becarias, estudiantes, profesoras, pero no a través de contratos permanentes. De hecho, visto desde los

---

[135] En línea con estas conclusiones, Perelmiter (2012) analiza algunas de estas cuestiones en relación con las burocracias intermedias del Ministerio de Desarrollo Social de la Nación en la década del 2000. Allí muestra cómo el carácter incierto de la movilidad intraburocrática, la informalidad de reconocimientos por parte de las autoridades políticas, la fluctuación espasmódica de las confianzas componen un juego político que estructura la cultura burocrática de ese organismo.

directivos de la institución, estos proyectos son justamente los que les permiten –entre otras cosas– seguir manteniendo a estas personas asociadas con la institución. Todas estas cuestiones están atravesadas, además, por cambios permanentes que redefinen los sentidos y los ritmos de las escenas. Las escenas se movilizan a partir de las transformaciones asociadas tanto a ciclos institucionales de la política democrática y cuestiones político-partidarias como a situaciones fortuitas. Las escenas toman forma al compás de una incierta dinámica de creación, recreación y disolución de grupos que está fuertemente regulada por estos movimientos, muchos de ellos impredecibles. En el capítulo anterior se mostró que esos cambios actúan como potencial punto de inflexión en la trayectoria del estudio. Las salidas y entradas de altos funcionarios políticos –con estrategias y compromisos políticos y partidarios diferentes– es una de las cuestiones que actúan con fuerza sobre el "espectáculo". Cada uno de estos cambios suscita diferentes movimientos en las escenas y en el curso de la acción, imposibles de prever. En este contexto, las relaciones personales y de confianza reorganizan el entramado social. Antes que en función de asignaciones de responsabilidades originadas en una estructura normativa racionalmente organizada, los cambios y los reacomodamientos frente a los cambios se basan en los vínculos personales y de confianza.

La mayor parte de los protagonistas de estos procesos fue contratada por "recomendación" de algún funcionario y los cargos se otorgan a personas que se perciben como confiables. Esta confianza la confiere el contacto previo directo o la recomendación de un tercero. En este sentido, la confianza funciona como una propiedad transitiva. También el IIES fue seleccionado por los evaluadores durante el proceso licitatorio sobre la base de las relaciones de confianza, tanto con la institución como con los investigadores propuestos para llevar adelante el estudio. Y, más allá de lo formalizado y pautado que estaba el mecanismo de selección a través de la normativa de la UE, prevalecieron en el proceso criterios asociados a las redes de confianza entre personas e instituciones por sobre las normas objetivas propuestas desde afuera. Tal como se mencionó en el capítulo metodológico, en efecto, el análisis de este caso fue posible también gracias a las relaciones de confianza.

Retomando la metáfora del free jazz, en este espectáculo no hay una sola partitura: son varios los documentos que indican cómo debe interpretarse la composición musical. Algunas son muy formales, están impresas y fueron producto de muchas negociaciones previas, como las partituras utilizadas por la UE o las asociadas a la administración burocrática del ministerio. Otras están manuscritas o fueron transmitidas oralmente a un intérprete justo antes de subir al escenario o en medio de la *performance*. Esta combinación de partituras no pareciera suficiente para generar lazos de coordinación duraderos y previsibles entre los diferentes grupos de intérpretes e instrumentos. Todo lo contrario, los grupos se muestran provisorios y en movimiento: toman relevancia o la pierden, se intercambian, se reemplazan, desaparecen.

En un contexto de estas características, los actores renegocian el sentido del estudio basándose en las relaciones de cercanía y de confianza, que varían con las transformaciones permanentes del contexto. Así, el adhesivo entre las escenas pareciera combinar elementos administrativo-burocráticos de corto y mediano plazo en un contexto donde la mayor parte de las asociaciones se basa en compromisos de tipo personal, que cambian de forma incierta y permanente. Hay micro-acomodamientos –temporalmente localizados– de la acción en un panorama[136] que se caracteriza por la ambigüedad de los principios de jerarquización y de coordinación, por la heterogeneidad de los mecanismos institucionales y profesionales y por la fluidez con la que se transforman los espacios. Son producto de la forma incierta e imprevisible (aunque a la vez permanente) en la que se vinculan las diversas escenas en torno a la producción de este informe. El resultado práctico es un funcionamiento fragmentado, intermitente e imprevisible. Frágil pero sostenible.

---

[136] Latour (2008) utiliza el término "panorama" para contraponerlo al de "oligóptico". Entiende ambos conceptos como conectores entre distintas escalas analíticas: entre lo local y lo global o, en términos de la Sociología más clásica, entre lo micro y lo macro, la agencia y la estructura. Los oligópticos permiten ver con mucho detalle, dan visiones sólidas pero extremadamente restringidas del todo (como las presentadas en este caso de estudio). En contraste, los panoramas dan la ilusión de totalidad al organizar, ordenar y clasificar. En palabras de Latour, "Mientras los oligópticos revelan permanentemente la fragilidad de las conexiones y su falta de control de lo que queda en medio de sus redes, los panoramas dan la impresión de control pleno sobre lo que se estudia. Aunque sean parcialmente ciegos y a pesar de que nada entre ni salga de sus muros, excepto espectadores interesados o confundidos" (2008: 270). Las características señaladas funcionan como el panorama que conecta lo social.

Conclusiones finales

Muchos de los estudios que analizan las relaciones entre la producción de conocimiento y la política parten de una visión del Estado que, a través de sus normas explícitas y con cierta intencionalidad, moldea las acciones de los actores que intervienen en los procesos de producción de conocimiento (Weiss, 1977; Husén, 1984; Reimers y Mc. Ginn, 1997, entre otros). Otros enfoques conciben estos vínculos y justifican una distancia basándose en los argumentos que diferencian entre las lógicas políticas y las de la investigación (Caplan, 1979; Levin, 1991). Las explicaciones devenidas de estos enfoques ofrecen modelos abstractos que, alejados de tiempos y espacios particulares, al enfrentarse a las observaciones empíricas cotidianas, reducen las explicaciones a la comprobación de fallas, carencias, éxitos o fracasos, desde un proceso relativamente lineal que es definido a priori como el correcto. En este sentido, se trata de perspectivas que tienen un poder generalizador antes que explicativo y con un enfoque prescriptivo antes que comprensivo.

En contraste con esas miradas, abordamos aquí el estudio de las relaciones entre investigación y política en Argentina a través de una pregunta sociológica, eminentemente comprensiva y exploratoria, situada espacial y temporalmente: ¿cómo fueron los procesos de producción de investigaciones originados en el Ministerio de Educación de Argentina en la década del 2000? ¿Quiénes, dónde y cómo se desarrolló la producción concreta de esos conocimientos, atravesada desde su origen por una doble implicación con el Estado y la política?

A diferencia de lo advertido al analizar el funcionamiento estatal o las políticas públicas desde miradas instrumentales, cuando se observan las prácticas cotidianas aparece un panorama que no puede aprehenderse haciendo únicamente hincapié en lógicas formales, burocráticas e impersonales (Neiburg y Plotkin, 2004; Bohoslavsky y Soprano, 2010; Morresi y Vommaro, 2011; Plotkin y Zimmermann, 2012). En efecto, al analizar las interacciones cotidianas a través de las cuales se fabrica el conocimiento orientado por y para la política, se desprende que la mayor parte de los procesos en torno al surgimiento, la ejecución y la circulación de estas investigaciones no se hace inteligible priorizando el análisis en las normas explícitas e institucionalizadas.

Las actividades en torno a la producción de este conocimiento se guían por un tipo de trama diferente, menos jerárquica, formal y manifiesta. El desarrollo de las investigaciones analizadas se mostró íntimamente imbricado con el de la política pública o, en palabras de Delvaux y Mangez (2008), con la acción pública. Las escenas asociadas a esta producción (y al accionar del Estado) están guiadas por pautas informales que se imbrican con reglamentaciones administrativo-burocráticas, pero que las trascienden permanentemente. Las formas de coordinación no son, en general, manifiestas y explícitas. Todo lo contrario: son tácitas, no están documentadas y a primera vista podrían pasan inadvertidas. No obstante, se cristalizan permanentemente en el análisis de la producción de conocimientos educativos que se originan en el Estado. Cuando se sigue el trabajo de los actores, eludiendo las clasificaciones analíticas a priori, ellas comienzan a desplegarse y ofrecen riqueza de sentido. Aunque aparezcan muchas veces de forma desordenada, superpuesta y también imprevista (Latour, 2008).

Es por ello que, encontrando inspiración en la antropología de las prácticas científicas (Lynch, 1985; Latour, 1992, 1995; Knorr Cetina, 2005), esta investigación adoptó un enfoque metodológico que permitió explorar las relaciones entre investigación y política educativa desde una nueva lente, que admite en su análisis la complejidad y las contradicciones presentes en las relaciones que indaga. En vez de partir del análisis de las instituciones, de los perfiles profesionales o del tipo de investigación producida (aproximaciones todas que mostraron inmediatamente sus limitaciones), se resolvió explorar los procesos de producción de conocimiento originados en el Ministerio de Educación desde otro posicionamiento que recuperó lo anteriormente planteado. Así, se contribuyó a generar aproximaciones teórico-metodológicas alternativas para abordar la temática, que permitió recorridos y reflexiones inesperadas.

Este capítulo de cierre provisorio retoma cuestiones que fueron señaladas en los capítulos anteriores, mostrando hallazgos y delineando nuevos itinerarios para profundizar en el futuro.

1. La red de producción de saberes orientados a la política

A partir de los antecedentes que estudian el campo de la producción de conocimiento en Argentina y en la región (ver, entre otros, Palamidessi *et al.* 2007; Gorostiaga *et al.* 2012; Gorostiaga *et al.*, en prensa), creemos que desde la década del setenta empiezan a delinearse en Argentina dos redes de producción de conocimientos educativos, íntimamente vinculadas pero diferentes. Si bien las fronteras entre ambas son difusas –tal como se apunta en el Capítulo 3–, sostenemos que conllevan perfiles profesionales y circuitos institucionales de producción y de circulación íntimamente conectados, aunque distintos, que fueron consolidándose desde el regreso de la democracia.

Se afirmó que la primera red, la que produce "saber académico" relativamente independiente del requerimiento estatal, contiene a aquellos investigadores de universidades que, merced a las políticas universitarias y de Ciencia y Tecnología y con financiamiento estatal, producen conocimiento relativo al campo. Esta red se diferencia de la de los investigadores que producen saberes "para el Estado", orientados por y para la política gubernamental. Estos últimos trabajan en interacción directa con el Estado y las políticas públicas, ya sea porque se encuentran dentro de él –tanto en agencias de planificación como de ejecución–, o porque, aún ubicados fuera del aparato estatal, sus productos responden a demandas más o menos explícitas de las instituciones gubernamentales. Sobre el funcionamiento y los comportamientos de los actores de esta segunda red hemos puesto el foco.

En términos analíticos, la diferenciación entre estas dos redes abre la posibilidad de explorar los procesos de producción de conocimiento de manera más específica y contextualizada. Analizar los saberes en cada una de esas tramas por separado, diferenciándolas, permitió abordar las particulares asociaciones que se dan en la red aquí analizada. En los trabajos donde no se diferencia entre una y otra, se manifiesta una tendencia a establecer criterios analíticos orientados a la producción académica, pero estos dejan en las sombras las especificidades de la red (más reciente y menos formalizada) asociada a la producción de saberes para el Estado. A diferencia de la mayor parte de los trabajos que abordan el campo de la producción de conocimientos educativos como un único conjunto de actores y producciones, insistimos en la importancia de una línea de investigación que las distinga. Partiendo de esta diferenciación, hemos indagado y profundizado en el análisis del funcionamiento cotidiano de la red de producción de saberes para el Estado[137]; una delimitación poco considerada en el campo educativo.

Este recorte permitió establecer algunas coordenadas específicas para el análisis. En sintonía con los trabajos acerca de la *expertise* y de la producción de este tipo de saberes en otros campos disciplinarios (Neiburg y Plotkin, 2004; Morresi y Vommaro, 2011; Plotkin y Zimmermann, 2012), se mostró que los procesos comprenden zonas grises, porosas y de fronteras difusas entre distintos ámbitos, disciplinas y comportamiento de actores. La producción analizada se desarrolla en escenarios diversos y enmarañados, que trascienden los organismos estatales e involucran a otros actores y ámbitos tales como centros de estudio, organismos internacionales, agencias de cooperación y, en muy menor medida, universidades. A nivel profesional, sus actores combinan formaciones universitarias académicas con perfiles burocrático-administrativos (más o menos regulados por carreras burocráticas) y político-partidarios.

La coexistencia y la superposición de variados marcos de referencia (institucionales y profesionales) en un espacio que, como se verá, es dinámico y está en permanente transformación, les da a los grupos que participan de estos procesos una impronta distintiva, fluctuante y difícil de clasificar. De esta forma, para aprehender y comprender su funcionamiento se requiere de una mirada que incorpore el dinamismo y la fluctuación como parte constitutiva, y

---

[137] Hasta el momento no hay estudios que se hayan centrado en el funcionamiento específico de esta red. Si bien hay un trabajo reciente que analiza las agencias cuyo objetivo es producir conocimiento orientado a la política en la Argentina (Palamidessi *et al.*, en prensa), no se han realizado trabajos empíricos sobre cómo se produce cotidianamente ese conocimiento.

no como errores o desviaciones. Mientras muchas investigaciones, con los enfoques ya mencionados, parten de categorizaciones fijas para abordar este tema, lo que queda claro aquí es que si se pretende comprender el funcionamiento y el desarrollo cotidiano de estos procesos, el cambio y la fragmentación son aspectos ineludibles a considerar.

En suma, esta investigación analizó el funcionamiento de la segunda red a partir del análisis más específico del origen, la ejecución y la circulación de los procesos de producción de conocimiento originados en el Ministerio de Educación Nacional en la década del 2000. Se trata de una vía de acceso privilegiada para indagar el funcionamiento concreto de las relaciones entre investigación y política. Este abordaje, combinado con una visión específica del funcionamiento del Estado y de la política pública, permitió avanzar en el hallazgo de aspectos que no se exploran comúnmente en los estudios que abordan el campo de la producción de conocimientos educativos como un todo desde perspectivas macroestructurales o institucionales.

2. Los procesos de producción de conocimiento originados en el Ministerio de Educación en la década del 2000: tres tramas relacionales

Al analizar los procesos de fabricación del conocimiento (en contraste con el foco en los productos) se resalta su carácter socialmente construido y negociado, alejándose de las visiones que lo entienden como un objeto finalizado, independiente de las condiciones de su creación. Se considera que el estudio de estos procesos permite abrir "la caja negra" de la producción, explorando cómo y en qué medida esas prácticas son relevantes para comprender los productos finales. A partir del análisis de los procesos de producción de 112 proyectos se describieron tres tramas típicas cuya descripción permitió bosquejar el conjunto de factores o de circunstancias relevantes en cada una de ellas, pero admitiendo el carácter dinámico e imprevisible de los recorridos. Cada una de estas tramas relacionales anuda trayectorias similares de las investigaciones analizadas, en cuanto a las motivaciones detrás de su surgimiento, los actores participantes, los productos y las características de su circulación. Se trata de recorridos probables, pero no seguros.

Las trayectorias de los proyectos de trama 1 nacen en las áreas del ME que tienen como función formal y explícita la de producir conocimiento: las áreas de investigación. La mayor parte de estas producciones son autoiniciadas y gestionadas por los investigadores que allí se desempeñan: los "profesionales técnicos polivalentes". En busca de su subsistencia burocrática, en un contexto laboral precario (en cuanto al tipo de contrataciones, los recursos e insumos para investigar y la formación y capacitación del personal), el desarrollo de proyectos de investigación es fundamental para su supervivencia. Trabajan de manera independiente (cuestión que, como se vio, es interpretada como problema o como virtud, de acuerdo con la posición del entrevistado). Sus proyectos avanzan al ritmo tanto de los recursos disponibles (datos estadísticos producidos por el ME y financiamiento externo) como de los tiempos burocrático-administrativos del ME.

Estos productos se ejecutan en el interior del ME por las áreas que los inician. Son trabajos de corte descriptivo, es decir, basados en el análisis de los datos pero desarticulados del análisis más preciso de las políticas educativas implementadas. El interés del personal de estas áreas por publicar y difundir sus producciones pareciera ser, justamente, lo que atenta contra la posibilidad de pasar de estudios descriptivos a trabajos analíticos aplicados. Su circulación es favorecida institucionalmente. No obstante, para formar parte del circuito abierto de circulación, estos informes transitan procesos de edición final (autorrealizados tanto por los investigadores del área como por los funcionarios políticos asociados a estas producciones) donde se lima cualquier aspecto analítico y plausible de generar controversias, y se refuerzan los rasgos descriptivos y políticamente inofensivos. Estos procesos de edición, descentralizados pero efectivos, son una característica que se observa en la mayor parte de los trabajos publicados por el ME. El carácter institucionalizado de las Áreas de Investigación del ME garantiza la estabilidad y la continuidad de la producción, por lo que resulta la trama más prolífica en relación con la cantidad de estudios producidos y publicados. Sin embargo, sus productos resultan los menos relevantes en cuanto a su aplicación política.

Los proyectos de la trama 2 son solicitados por los altos funcionarios del ME: ministros, secretarios, directores, etc. Su ejecución se delega a agentes o a instituciones expertas. Las demandas de los funcionarios suelen combinar dos elementos: la necesidad de contar con información de calidad, relevante y políticamente sensible, que se ajuste a los intereses del juego político y, simultáneamente, a través de la tercerización de estos estudios, los altos funcionarios logran construir relaciones de apoyo y de cooperación política con instituciones e individuos influyentes en el campo. Los productos son heterogéneos (diagnósticos, evaluaciones o estudios de costos de políticas) pero siempre considerados valiosos para la gestión. El ritmo de esta producción está marcado por el flujo de la vida política (el calendario político-electoral, los medios de comunicación, la articulación con el poder legislativo, la construcción de alianzas específicas, etc.). Es la trama que produce menos estudios. No obstante, se trata de las producciones consideradas más relevantes. Es también la trama menos transparente y de acceso más difícil.

El interés de los funcionarios por el manejo de los tiempos y por el control de la calidad canaliza las contrataciones hacia prestigiosos actores o instituciones externas, percibidos como los únicos capaces de abordar temas sensibles con discreción, en los plazos solicitados y con la calidad esperada. En relación con el tipo de productos, con su financiamiento o con su circulación, es difícil establecer tendencias. Estas cuestiones dependen de circunstancias coyunturales y se dirimen en negociaciones entre funcionarios y ejecutores, que se mantienen siempre en el terreno de lo informal y de lo no documentado. Las reglas en torno a la circulación son discrecionales, se basan en la confianza y en la cercanía entre los que los piden y los que los tienen en su poder.

Los proyectos de la trama 3 surgen de las áreas del ME que gestionan políticas. Estos estudios se orientan al monitoreo, al seguimiento o a la evaluación de políticas específicas y, en la mayor parte de los casos, desde abordajes cuantitativos. En este espacio hay un fuerte protagonismo de los organismos internacionales (crédito y cooperación) que, a través de documentos formales, moldean los plazos y la modalidad de producción y de circulación (confidencial). Estas pautas se entremezclan con el accionar de la burocracia y con los mecanismos informales del ME. Muchas veces, aunque las prácticas estén fuertemente reguladas por el organismo, los actores locales escogen vías alternativas y más informales para llevar adelante los procesos. Estos (re)direccionamientos se acomodan mejor a sus necesidades particulares. En cuanto a su circulación, esos productos también tienen una circulación restrictiva pero, a diferencia de los productos analizados en la trama 2, son confidenciales, reservados de antemano a los actores que los solicitan. El análisis comparativo de estas tres tramas relacionales funciona como un mapa (provisorio e incompleto) de las trayectorias más comunes en el desarrollo de las investigaciones estudiadas. Indica dónde comienzan los recorridos, por dónde transitan y cómo circulan y se difunden una vez finalizados. También permite conocer los perfiles de actores típicos de cada recorrido.

3. El carácter contextual y situado de la acción

Si el análisis de estas tres tramas permite dar cuenta de las trayectorias típicas de un proyecto de investigación, poco dice sobre cómo y en función de qué variables esos actores negocian y toman las decisiones que inciden en el recorrido de los informes que producen. Para dar cuenta de esas negociaciones y de sus rasgos es necesario llevar adelante un estudio de caso detallado y profundo donde, como señala Guber, se manifiesta:

> ... una articulación específica entre las actividades y las nociones, entre lo formal y lo informal, lo no documentado y lo intersticial, las contradicciones entre lo que se hace y lo que se dice que se hace; es una composición que deja traslucir ritmos, pausas y sonoridades, simultánea y sucesivamente. (Guber, 2004: 193)

El contexto próximo es la llave para acceder a los significados y descubrir los rumbos de las prácticas y de los procesos generales que conforman.

La metáfora de la banda de free jazz dio cuenta de la forma en la que se produce conocimiento y puso de manifiesto la complejidad y la multiplicidad de ritmos y de sentidos en el curso de la acción, asociados a la producción de informes de investigación y, en términos más generales, al desarrollo de la acción pública. Las prácticas cotidianas se vuelven inteligibles, siguiendo la metáfora, si se reconocen los aportes y peculiaridades de cada instrumento (rol/ámbito/sector), de cada intérprete (actor) al intervenir en la composición colectiva (la vida social). Los aportes sólo pueden comprenderse en relación con el contexto, relacional y situacional. En este análisis, se utilizó el concepto de "escena" (Delvaux y Mangez, 2008) para organizar esta complejidad, iluminando las diversas esferas (in)dependientes e interconectadas con temporalidades específicas (no necesariamente sucesivas) en las que se desarrolló la acción pública. Cada escena presentó y enmarcó un recorte específico de la acción, pero sólo al explorar su articulación se pudo explicar el resultado del espectáculo. Es decir, a partir del análisis de la forma en la que se articulan las escenas (así como de los actores que en ellas intervienen) puede explicarse cómo se construye este conocimiento.

La particular asociación entre las escenas descriptas pone de manifiesto la multiplicidad de sentidos (simultáneos y contradictorios, más o menos perdurables) que guían esta producción. Los objetivos manifiestos, tanto los documentados como los que presentan oralmente los actores, exponen un maridaje entre las acciones políticas y la investigación, planteando un esquema de actuación de largo plazo que combina el pasado, el presente y el futuro. En contraste, los sentidos menos formalizados que guían la mayor parte las acciones cotidianas de los actores involucrados se construyen sobre la base de un eje temporal inmediato: un tiempo presente. Estas diferencias entre sentidos y temporalidades que se superponen producen lo que se denominó "dislocaciones temporales". No se trata en este caso de las estudiadas diferencias entre los tiempos de la política y de la investigación que plantean los argumentos inspirados en la tesis de las los culturas. Se refiere, en cambio, a los puntos de inflexión imprevisibles en los recorridos de la acción, que sólo encuentran su explicación en relación con el contexto situacional y con los horizontes temporales en que se inscriben. Desde otras perspectivas, las contradicciones permanentes entre los tiempos y los ritmos propuestos por algunas escenas en relación con otras se perciben como una desviación, más que como un rasgo intrínseco de esta producción.

Adentrarse en el desarrollo de un proceso de producción particular permite visualizar hasta qué punto las trayectorias típicas (presentadas aquí en el Capítulo 5) están en la práctica expuestas a un posible cambio de rumbo. Estos cambios de rumbo se dan al compás de un dinamismo imprevisible del contexto en el que se desarrollan las escenas. La estructura organizacional del Ministerio y las prioridades de la gestión se transforman permanentemente, no sólo en momentos de recambio político-electoral nacional y provincial (cada cuatro años, en función de las elecciones presidenciales), sino también a partir de realineamientos de los grupos intraministeriales o de situaciones fortuitas y sorpresivas. Al ritmo de esas transformaciones, las acciones ligadas a una investigación se interrumpen, se transforman, cambian de rumbo o se detienen.

En este contexto de cambio permanente e imprevisible, las relaciones de cercanía y de confianza funcionan como sujetador de lo social. Los sistemas de coordinación de las escenas vinculadas a la producción de conocimiento se sostienen sobre pautas más asociadas al regateo que a la autoridad jerárquica (Delvaux, 2007: 78-79). Los diferentes actores negocian, hacen concesiones y definen el curso de la acción caso a caso, sobre la base de sus intereses inmediatos (cambiantes, situados e implícitos). En contextos tan dinámicos y poco formalizados, las relaciones de confianza se vuelven aspectos centrales para el desarrollo de la acción. El regateo se combina con la autoridad, es decir, con la coordinación de escenas basada en decisiones tomadas por los que tienen más jerarquía (por ejemplo los procesos definidos por la UE o el REPPEI en el caso de estudio). Así, el resultado final es siempre imprevisible.

La variable temporal es clave para el análisis de las relaciones entre la investigación y la política. Para que la producción analizada encamine las políticas educativas necesita orientarse en tres tiempos: el pasado (el análisis o diagnóstico), el presente (las prácticas de producción de conocimiento) y el futuro (posibles orientaciones de políticas). Sin embargo, las acciones concretas tienen horizontes temporales inmediatos y urgentes, definidos en función de sus fluctuantes interacciones cotidianas y a través del regateo, un sistema de coordinación en tiempo básicamente presente. Así, como señala Oszlak (2007, 2010, 2013), tanto el futuro (planificación y programación) como el pasado (revisión de aquello que se planificó y grado en que se ejecutó) quedan en segundo plano. Las acciones políticas terminan conjugándose en tiempo presente bajo sistemas de coordinación que hacen de lo imprevisible y de lo improvisado un rasgo permanente.

4. Algunas reflexiones sobre los actores

En contraste con las líneas de pensamiento que enfatizan el papel de estos sujetos como "mediadores o actores intermedios" en términos abstractos y prescriptivos, proponemos un acercamiento diferente a la cuestión. El enfoque de los mediadores modeliza a los actores en función de lo que hacen y promueven con el conocimiento. A lo largo de este trabajo se buscó describirlos a partir de categorías sociológicas y empíricas: quiénes son, para quién trabajan, cómo se formaron y llegaron a sus puestos de trabajo. Sin embargo, esta perspectiva analítica permitió tan sólo respuestas preliminares a esos interrogantes. Se evidenció que estos actores vienen de posiciones profesionales, laborales e institucionales variadas simultáneas y/o alternadas. Para describirlos es más relevante analizar su trayectoria que tratar de definir una función específica. El rasgo común es su movimiento y no una ubicación socio-laboral de relativa permanencia.

En sintonía con las problemáticas y con las reflexiones de los estudios recientes sobre la expertise señalados entre los antecedentes que orientaron la investigación (Neiburg y Plotkin, 2004; Morresi y Vommaro, 2011), observamos que el atributo sociológico más característico de estos sujetos es su movimiento. Como señalan Delvaux y Mangez, "su expertise, su conocimiento (y su poder) podría provenir precisamente de su ubicuidad, su capacidad de cruzar fronteras, de estar acá y allá al mismo tiempo" (2008: 109).

La polivalencia y las trayectorias socioprofesionales en permanente movimiento hacen que sus acciones se vuelvan inteligibles en función del entramado situacional y relacional del que participan. Por un lado, del análisis situacional (Capítulo 5) se desprende que su identidad y sus disposiciones a actuar se definen en estrecho vínculo con la posición sociolaboral que ocupan en un momento determinado, antes que con regulaciones profesionales o instituciones. En el trabajo de campo se evidencia que se trata de actores cuyas acciones responden a reglas de juego situacionales y en movimiento[138]. Se rompe así definitivamente con la idea de unidimensionalidad de sus predisposiciones a determinada forma de actuar[139]. Cada sujeto tiene posibilidad de operar entre posiciones sociolaborales diversas (jerarquizadas), que dependen del entorno. Así, estos actores (y nunca mejor utilizado el término) interactúan de una y otra manera de acuerdo con la escena y con el espectáculo en el que se encuentran inmersos[140].

Por otro lado, desde la perspectiva relacional (Capítulo 4), se desprende que el papel de los actores (sujetos e instituciones) se entiende no sólo en relación con su

---

[138] Tomando a Boltansky (1973), Vommaro (2011) denomina "multiposicionalidad" a la aptitud socialmente condicionada de la que gozan algunos grupos sociales dominantes para ocupar simultáneamente varias posiciones en el mismo campo o campos diversos.

[139] Knorr Cetina (2005) muestra este mismo aspecto en relación a los científicos. Analiza su accionar según diferentes lógicas en movimiento: como razonador práctico, inicial, analógico, socialmente situado, literario y simbólico. De esta forma, con la idea de unidimensionalidad de la practica científica. Sería interesante a futuro seguir trabajando en la diferenciación de lógicas en movimiento de los actores que participan de los entramados relacionales que aquí interesan.

[140] Latour (2008) explica que no es accidental que la noción de actor provenga del mundo del teatro ya que pone de manifiesto que nunca está demasiado claro quién y qué está actuando cuando actuamos. En sus palabras, "la actuación teatral nos mete inmediatamente en un denso embrollo donde la cuestión de quién lleva a cabo la acción se ha vuelto insondable. En cuanto comienza la obra [...] nada es seguro: ¿Es real? ¿Es falso? ¿Importa la reacción del público? ¿Y qué hay de la iluminación? ¿Qué está haciendo el personal técnico detrás de escena? ¿Se está transmitiendo el mensaje del dramaturgo con fidelidad o se ha hecho un embrollo sin remedio? ¿El personaje llega al público? Y, si es así, ¿por cuál medio? ¿Qué están haciendo los otros actores? ¿Dónde está el apuntador? Si aceptamos desplegar la metáfora, la palabra "actor" misma dirige nuestra atención a una dislocación total de la acción, alertándonos de que no se trata de un asunto coherente, controlado, bien definido y con bordes claros. Por definición la acción es dislocada. La acción es tomada prestada, distribuida, sugerida, influida, dominada, traicionada, traducida" (2008: 73-74).

posición sociolaboral en un momento determinado, sino también en relación con la trama de producción de conocimiento a la que pertenece. Sus disposiciones a actuar están potenciadas y limitadas por las tramas o redes relacionales de las que participan. Como se mostró, la producción de conocimiento demandada por el Ministerio puede organizarse a partir de tres trayectorias típicas que anudan determinadas demandas, con actores típicos, con productos específicos y con formas de circulación. Esta organización en tramas relacionales permite ver la heterogeneidad de los actores participantes tanto en relación con su función dentro del proceso de producción (demandantes, ejecutores, financiadores, vehículos de circulación, etc.) como con sus posiciones más o menos jerárquicas en relación con el tipo de producción que desarrollan.

En síntesis, con respecto a los actores que producen el conocimiento que se origina en el Ministerio de Educación, a lo largo de estas páginas se muestra que sus rasgos se definen más en relación con su posición sociolaboral y con la trama inter e intrainstitucional en la que se encuentran inmersos, que en función de los marcos normativos más generales de los procesos o de las instituciones a las que pertenecen. Así, para dar cuenta de la autoridad/poder que detentan es necesario contextualizar su actuación y explorar estos atributos en una situación particular y en el marco de las relaciones que desde allí establecen[141]. Dado el panorama altamente fragmentado

---

[141] De la misma manera relacional y situada en la que se arman y desmantelan grupos, se rige el poder/autoridad de los actores en el desarrollo de estos procesos. En línea con lo que señala Perelmiter (2011, 2012) en su trabajo sobre burocracias intermedias, la autoridad de estos sujetos no puede deducirse de las posiciones ocupadas, sino más bien de las interacciones entre los ocupantes de los diferentes puestos en un determinado momento. Se suma aquí la necesidad de conocer la trama relacional de la producción de conocimiento en la que se ubican. Así, el poder/autoridad no se construye únicamente en relación con cuestiones normadas (principio de reclutamiento, jerarquía institucional, tipo de

en el que transcurre la acción pública, su autoridad puede explicarse observando el tablero político contextual (situacional y relacional).

5. Nuevos puntos de partida

A lo largo de estas páginas se propuso una nueva modalidad para explorar los procesos de articulación entre la producción de conocimientos educativos y la política pública en Argentina. El enfoque (relacional y situacional) y la estrategia teórico-metodológica (basada en los procesos de producción de conocimiento como unidades analíticas) habilitaron un abordaje abierto y flexible. Esta aproximación permitió eludir los modelos institucionales y normativos que conllevan a conclusiones que hacen hincapié en el carácter irracional de los procesos antes que en la comprensión de las prácticas sociales concretas analizadas. Los resultados de esta investigación permitieron avanzar en una primera caracterización exploratoria del funcionamiento de la red de producción de conocimiento orientado a la política.

En el recorrido se detectaron cuestiones que fueron apenas esbozadas en este trabajo y que podrían ser buenos puntos de partida para investigaciones futuras. Por un

---

contratación, posición en el campo, etc.), sino en el ejercicio cotidiano de las prácticas en contextos específicos. Como se mostró, además, el contexto en el que se desarrollan estas prácticas se caracteriza por la heterogeneidad institucional, la ambigüedad de reglas y el dinamismo de las prácticas, lo que deriva en una forma de ejercer el poder y la autoridad dinámica, espasmódica e imprevisible. Es por ello que la autoridad de los sujetos sólo puede deducirse de las relaciones entre ocupantes en una escena temporal específica, en relación con los puestos formales o efectivamente ocupados. Estas escenas, además, cambian permanentemente, transformando, a su vez, la relación de fuerzas entre los actores participantes.

lado, y en línea con la literatura que analiza el campo de la producción de conocimientos educativos en Argentina, se abren cuatro líneas de indagación.

La primera propone profundizar entre la historia pasada y el presente del campo de la producción de conocimiento orientado a la política e implicaría indagar en qué medida los rasgos aquí caracterizados, que funcionan como el panorama en el que se desarrollan estos conocimientos, responden a la particular historia de las relaciones del campo de la producción de conocimiento y a la política en nuestro país, abordada en el Capítulo 3. Sería interesante descubrir nuevas asociaciones (rastreables, en términos latourianos) entre, por un lado, los procesos de institucionalización y de profesionalización del campo de la producción de conocimiento y, por el otro, la conformación heterogénea y cambiante de grupos, la coexistencia de diversos principios de jerarquización, la variación permanente de las estructuras formales y la presencia de múltiples zonas no formalizadas. Es decir, preguntarse hasta qué punto y de qué forma las intermitentes acciones orientadas hacia la institucionalización y profesionalización (tanto estatal como universitaria) del campo de la Educación se relacionan con el panorama de prácticas contradictorio e informal.

En segundo lugar, sería productivo enriquecer el análisis de los procesos de producción de conocimiento demandado desde el Estado. Rastrear las tramas de relaciones generadas alrededor de los procesos de producción de otras investigaciones aportaría nuevos elementos para desarrollar algunas de las reflexiones que aquí se plantearon. Sería fructífero avanzar en enfoques similares tanto a través de nuevos casos de estudio como de la comparación de trayectorias de proyectos en distintos espacios o lapsos temporales. Por un lado, podrían delinearse trabajos en torno a la producción de conocimiento en otras dependencias estatales vinculadas con la Educación como, por ejemplo, la Administración Nacional de la Seguridad Social (ANSES) en relación con el Programa Conectar Igualdad; el Ministerio de Ciencia, Tecnología e Innovación Productiva y la Secretaría de Políticas Universitarias del ME; el Instituto Nacional de Educación Técnica (INET); el Instituto Nacional de Formación Docente (INFOD), etc. Podrían añadirse también casos en Ministerios de Educación jurisdiccionales. Por otro lado, podrían explorarse los procesos de producción de conocimiento en los ochenta, los noventa o la actualidad[142]. Estos estudios podrían ser la base para pensar qué cuestiones de las aquí planteadas se reproducen en otros contextos estatales orientados a la producción de conocimientos educativos.

En tercer lugar, se presentan algunos interrogantes específicos asociados al funcionamiento del campo de la Educación que sería fructífero abordar en mayor detalle. El primero tiene que ver con las diferencias esbozadas en estas páginas entre la producción de investigaciones cuantitativas y cualitativas en Educación. A lo largo de esta investigación fueron recurrentes las referencias a las diferencias entre los perfiles profesionales y las formas de reclutamiento de acuerdo con el enfoque. Se podría avanzar en esta línea, por ejemplo, seleccionando y comparando casos de estudio de investigaciones de cada una de estas aproximaciones. En segundo lugar, y ligado a lo anterior, se propone seguir indagando los entramados de relaciones y negociaciones existentes en torno a las investigaciones

---

[142] En Cardini (2018) se avanzó en una comparación de las demandas de saberes educativos por parte del Estado en tres momentos políticos diferentes: la década del ochenta y el regreso de la democracia, los noventa y la implementación de la reforma educativa y los 2000. Sin embargo, si bien se esbozaron algunas cuestiones generales del tipo de demandas, no se avanzó en una caracterización de los procesos específicos de producción.

evaluativas. Aunque apenas esbozado en estas páginas, el trabajo de campo dio cuenta, más de una vez, de las controversias específicas que presenta el desarrollo de este tipo de producción[143]. Ambos interrogantes (la diferencia entre investigaciones cuantitativas y cualitativas y la producción de evaluaciones) aparecen cruzados por un tercer tema que ameritaría más estudios: las tramas alrededor del origen, producción y circulación de los datos estadísticos que se producen desde el ME. Como señala Daniel (2011), las estadísticas públicas operan, mediante una selección temática y categorizaciones previas, construyendo representaciones de la sociedad y de los grupos que la componen. Asimismo, una vez volcadas al espacio público estructuran las formas de percepción de la sociedad, doblemente legitimadas por su condición científica y oficial. En este sentido, analizar los procesos de elaboración de las estadísticas educativas en el interior de las direcciones que producen datos dentro del ME (y los sujetos que las realizan) aportaría nuevos e interesantes elementos para seguir pensando las relaciones entre producción de conocimiento y política educativa en nuestro país que quedaron inadvertidos en este trabajo[144].

---

[143] Un espacio relevante para llevar adelante este estudio es la Secretaría de Evaluación Educativa del Ministerio de Educación creada en diciembre de 2015 y todavía en proceso de institucionalización. En el interior de esa Secretaría se conformó un área con el objetivo de llevar adelante las evaluaciones de las políticas y de los programas del Ministerio de Educación. Analizar cómo se conforma el equipo, cómo se negocian/definen las políticas a evaluar, quién las evalúa y qué se hace con los resultados aportaría elementos para seguir pensando el rol específico que cumplen las evaluaciones como parte de los saberes aquí analizados.

[144] Al igual que la producción de investigaciones, la mayor parte de los enfoques para analizar esta cuestión destaca el "fracaso" de la política de producción de datos estadísticos del ME. Una mirada sobre sus procesos de producción podría aportar nuevas aristas para pensar la cuestión, dando cuenta de los múltiples sentidos atribuibles al desarrollo de esos datos. La aparente paradoja de evaluar

En cuarto lugar, es clave incluir en los próximos estudios el análisis de la articulación entre los procesos sociales de construcción de conocimiento y la elaboración de contenidos. Como se señaló en el capítulo metodológico, abandonar este interés fue condición necesaria para avanzar con el trabajo de campo. Sin embargo, se mostró que a diferencia de lo que sucede en otras redes de producción de conocimiento donde los actores participantes parecieran beneficiarse con la circulación de las producciones (Daniel, 2011; Heredia, 2011; Vechcioli, 2011; Vommaro, 2011; Camou, 1997; Ball, 2010), en este espacio social el conocimiento tiende a mantenerse en circuitos de circulación restrictiva. Además, se trata de contenidos considerados de escasa relevancia por los propios actores que participan de esos procesos[145]. Explorar las intervenciones en torno a la producción de estos contenidos y vincularla con su circulación permitiría abrir nuevas preguntas acerca de las controversias y de las negociaciones que operan cuando se fabrican enunciados educativos, y su relación con la política educativa.

Por otro lado, algunas de las conclusiones aquí planteadas se inscriben en una línea de indagación incipiente en nuestro país que aborda el estudio del Estado "en acción". Este trabajo dialoga con los trabajos que ven en el análisis de las prácticas cotidianas del Estado un espacio para analizar la política pública o, en palabras de Perelmiter, "un laboratorio privilegiado de la política" (2011:

---

para luego limitar los resultados señalada por Isola (2014) en relación con los operativos de evaluación de la calidad (ONE) resulta elocuente como puntapié inicial para abordar el tema.

[145] Hay dos excepciones que fueron señaladas en el Capítulo 4. Por un lado, los trabajos que surgen desde las áreas de investigación y cuyos contenidos son considerados (a través de sucesivas escenas no deliberativas) como inofensivos e inocuos. Por el otro, aquellos productos realizados por "expertos" que reciclan los trabajos realizados a demanda del ME para (re)utilizar con el objetivo de sugerir direccionamientos en la política educativa.

341). A partir de una concepción desagregada del Estado, anclada en preguntas específicas de investigación y estrategias metodológicas que promueven análisis relacionales y situados de las prácticas estatales, esta investigación realiza una pequeña contribución a esos intereses. El interrogante por la producción de los saberes demandados por el Ministerio de Educación llevó a analizar la cotidianidad de los procesos no sólo de fabricación de conocimientos educativos demandados desde el Estado sino, a la vez, del rol que ocupa la producción de saberes expertos en los procesos más generales de construcción de la política pública (Neiburg y Plotkin, 2004; Morresi y Vommaro, 2011).

En esta misma línea de estudios, este trabajo comparte intereses con las investigaciones que, al analizar el Estado y los procesos de política pública, incorporan en el estudio a las personas y trayectorias que integran los segmentos mayoritarios de esos espacios, por sobre el análisis de los liderazgos y de las elites estatales (Soprano, 2012). Mientras que la mayor parte de los trabajos sobre la temática se centraron en figuras de alto rango (tanto políticos –policy-makers– como investigadores –analistas simbólicos–), aquí se desplegó una variedad de figuras, que son clave para comprender el funcionamiento de construcción cotidiana de esta producción. Si bien no nos centramos únicamente en las burocracias, compartimos miradas con los estudios sobre el funcionamiento de las burocracias intermedias o "plebeyas" (Perelmiter, 2011) o subalternas (Frederic, Graciano y Soprano, 2010; Soprano, 2012). De acuerdo con algunos de los hallazgos realizados, proponemos que se continúen los trabajos que analicen el papel de los sujetos que –más allá de que lo hagan como parte de burocracias estatales, como contratados temporales o como consultores– participan de los entramados asociados a la producción de los saberes del Estado en distintas áreas de gobierno, desde variadas posiciones jerárquicas. A partir del estudio de los procesos de producción de conocimiento en otros sectores de políticas, podría indagarse sobre el poder y la autoridad de estos actores, arrojando diferencias y matices que, dado el recorte aquí propuesto, no pudieron apreciarse.

Por último, sería interesante explorar estas cuestiones en otros sectores de políticas (Salud, Seguridad, Asistencia Social, etc.), en variados niveles o locaciones (nacionales, jurisdiccionales, municipales). En ese análisis sería relevante preguntarse por la relación entre, por un lado, la producción de esos saberes estatales y, por el otro, la conformación y el funcionamiento de las redes de producción de ese conocimiento. En este sentido, esta investigación se inscribe y quiere seguir aportando en la línea de estudios que muestran que lejos de ser lineales, los procesos de producción de conocimiento vinculados a la acción pública están cruzados por contradicciones, marchas y contramarchas, por la participación de múltiples actores y por la existencia de zonas indefinidas entre el adentro y el afuera de lo estatal.

Bibliografía

Abélès, M. (2002), "El campo y el subcampo", en C. Ghasarian, A. Marc, I. Bellier *et al.*. (Eds.), *De la etnografía a la antropología reflexiva. Nuevos campos, nuevas prácticas, nuevas apuestas*, Buenos Aires, Ediciones del Sol.

Acuña, C. (Ed.) (2013), *¿Cuánto importan las instituciones? Gobierno, Estado y actores en la política Argentina*, Buenos Aires, Siglo XXI / Fundación OSDE.

Acuña, C., y M. Chudnovsky (2013), "Cómo entender las instituciones y su relación con la política: lo bueno, lo malo y lo feo de las instituciones y los institucionalismos", en C. Acuña (Ed.), *¿Cuánto importan las instituciones? Gobierno, Estado y actores en la política Argentina*, Buenos Aires, Siglo XXI / Fundación OSDE, pp. 19-67.

Aguerrondo, I. (1987), *El planeamiento de la Educación en la República Argentina: su historia y perspectivas*, Buenos Aires, CINTERPLAN.

Aguerrondo, I. (1990), *El planeamiento educativo como instrumento de cambio*, Buenos Aires, Troquel Educación.

Aguerrondo, I., I. Núñez Prieto y J. Weinstein Cayuela (2010), *Institucionalidad de los Ministerios de Educación. Los procesos de reforma educativa de Chile y la Argentina en los años 90*, Buenos Aires, IIPE-UNESCO Buenos Aires.

Anderson, D. y B. J. Biddle (1991), *Knowledge for policy: improving Education through research*, Londres, The Falmer Press.

Asad, T. (2008), "¿Dónde están los márgenes del Estado?", en *Cuadernos de Antropología Social*, 27, pp. 53-62.

Ball, S. (1994a), "Some reflections on theory: a brief response to Hatcher and Troyna", en *Journal of Education Policy*, 9 (2), pp. 171-182.

Ball, S. (1994b), *Education Reform: a critical and poststructural Approach*, Buckingham, Open University Press.
Ball, S. (1997), "Policy sociology and critical social research: a personal review of recent education policy and policy research", en *British Educational Research Journal*, 23 (3), pp. 257-274.
Ball, S. (2002), "Textos, discursos y trayectorias de la política: la teoría estratégica", en *Páginas de la Escuela de Ciencias de la Educación*, 2 (2 y 3), pp. 19-33.
Ball, S. (2008), "New Philanthropy, New Networks and New Governance in Education", en *Political Studies*, 56 (4), pp. 747-765.
Ball, S. y S. Exley (2010), "Making policy with 'good ideas': policy networks and the 'intellectuals' of New Labour", en *Journal of Education Policy*, 24 (2), pp. 151-169.
Balvi, F. y M. Boivin (2008), "La perspectiva etnográfica en los estudios sobre política, Estado y gobierno", en *Cuadernos de Antropología Social*, 27, pp. 7-52.
Barsky, O. (1995), *El sistema de posgrado en la Argentina*, Buenos Aires, Ministerio de Cultura y Educación de la Nación Argentina.
Baya-Laffite, N. y G. Papanagnou (2011), "Framing the links: a 'Map' of the analytical and methodological Approaches to the research-policy nexus drawn from the international Forum on the Social Science-Policy Nexus", en G. Solinís y N. Baya-Laffite, *Mapping out the Research-Policy Matrix. Highlights from the first International Forum on the Social Science-Policy Nexus*, Francia, UNESCO Publishing.
Becerra, L. (2012), *La Corte Suprema en escena. Una etnografía del mundo judicial*, Buenos Aires, Siglo XXI.
Becker, H. (2009), *Trucos del Oficio. Cómo conducir su investigación en Ciencias Sociales*, Buenos Aires, Siglo XXI.

Beech, J. (2010), "La influencia de las agencias internacionales en las reformas de la formación docente en la Argentina y Brasil (1985-2002): un análisis comparado", en C. Wainerman y M. Di Virgilio (Eds.), *El quehacer de la investigación en Educación*, Buenos Aires, Manantial.

Beltrán, G., y L. Strauss (2011), "Expertos y dinámicas 'organizacionales': racionalidad limitada y consecuencias no buscadas en la Argentina de los años noventa", en S. Morresi y G. Vommaro (Eds.), *Saber lo que se hace. Expertos y Política en Argentina*, Buenos Aires, Prometeo/Universidad Nacional General Sarmiento.

Biddle, B. y D. Anderson (1991), "Social research and Educational Change. Introductory Essay", en B. J. Biddle y D. Anderson *Knowledge for Policy. Improving education through research*, Londres, The Falmer Press.

Blanco, A. (2004), "La sociología: una profesión en disputa", en F. Neiburg y M. Plotkin, *Intelectuales y expertos*, Buenos Aires, Paidós.

Bohoslavsky, E. y G. Soprano (2010), "Una evaluación y propuestas para el Estudio de Estado en Argentina", en E. Bohoslavsky y G. Soprano (Eds.), *Un Estado con rostro humano. Funcionarios e instituciones estatales en Argentina (desde 1880 a la actualidad)*, Buenos Aires, Prometeo.

Boltanski, L. (1973), "L'espace positionnel. Multiplicité des positions institutionnelles et habitus de classe", en *Revue française de sociologie*, pp. 3-26.

Bourdieu, P. y L. Wacquant (2005), *Una invitación a la sociología reflexiva*, Buenos Aires, Siglo XXI.

Braslavky, C. y G. Cosse (1996), "Las actuales reformas educativas en América Latina: cuatro actores, tres lógicas y ocho tensiones. Documento de trabajo N°5". *PREAL*. Disponible en https://goo.gl/J4Tqvm.

Brunner, J. (1993), "¿Contribuye la investigación social a la toma de decisiones?", en *Seminario La Investigación Educacional Latinoamericana de cara al año 2000. Comisión Educación y Sociedad*, Punta de Tralca, Chile, Consejo Latinoamericano de Ciencias Sociales (CLACSO).

Brunner, J. (1996), "Investigación social y decisiones políticas: El mercado del conocimiento", en *Nueva Sociedad*, 146, pp. 108-212.

Brunner, J. y G. Sunkel (1993), *Conocimiento, Sociedad y Política*, Santiago de Chile, Libros FLACSO.

Buchbinder, P. (1997), *Historia de la Facultad de Filosofía y Letras. Universidad de Buenos Aires*, Buenos Aires, EUDEBA.

Camou, A. (1997), *De cómo las ideas tienen consecuencias. Analistas simbólicos y usinas de pensamiento en la elaboración de la política económica Argentina (1983-1995)*, Buenos Aires, Tesis de Doctorado en FLACSO.

Camou, A. (2007), "El Saber detrás del Trono. Intelectuales-expertos, tanques de pensamiento y políticas económicas en la Argentina democrática (1985-2001)", en A. Garcé y G. Uña (Eds.), *Think Tanks y Políticas Públicas en Sudamérica. Dinámicas globales y realidades regionales*, Buenos Aires, Fundación Konrad Adenauer.

Caplan, N. (1979), "The Two-Communities Theory and Knowledge Utilization", en *American Behavioral Scientist*, 22 (3), pp. 459-470.

Carciofi, R. (1987), "Educación y aparato productivo en la Argentina (1976-1982). Un balance de los estudios existentes", en J. C. Tedesco, C. Braslavsky y R. Carciofi (Eds.), *El Proyecto Educativo Autoritario. Argentina 1976-1982*, Buenos Aires, Miño y Dávila.

Cardini, A. (2013), "El estudio de las relaciones entre la investigación educativa y la política: abordajes teóricos y metodológicos recientes en Argentina y Chile", en N. Gutiérrez Serrano (Ed.), *Producción de conocimiento en Educación en Argentina, México y Uruguay. Intersecciones en un mosaico de investigaciones.* DF México, UNAM-Centro Regional de Investigaciones Multidisciplinarias.

Cardini, A. (2018), "La fabricación de conocimiento orientado a la política en Argentina. Un recorrido por los procesos de producción de conocimientos educativos en el Ministerio de Educación Nacional (1999-2009)", en J. Gorostiaga, M. Palamidessi, C. Suasnábar y N. Isola, *Pensar la educación: promesas y balance de una década,* Buenos Aires, AIQUE.

Cariola, P., E. Schiefelbein, J. Swope, y J. Vargas (1997), *La vinculación entre la investigación y la toma de decisiones en Educación: un nuevo enfoque,* Santiago de Chile, CIDE.

Centeno, M. y P. Silva (1998), "The Politics of Expertise in Latin America. Introduction", en M. Centeno y P. Silva (Eds.), *The Politics of Expertise in Latin America,* Londres, Macmillan Press.

Coburn, C. y J. Talbert (2006), "Conceptions of evidence use in school districts: Mapping the terrain", en *American Journal of Education,* 112, pp. 469-495.

Comaille, J. (2004). "Sociologie de l'action publique", en L. Boussaguet, S. Jacquot y P. Ravinet (Eds.), *Dictionnaire des politiques publiques,* París, Sciences Po Les Presses, pp. 413-421.

Coraggio, J. L., y M. R. Torres (1999), *La educación según el Banco Mundial. Un análisis de sus propuestas y métodos,* Madrid, Miño y Dávila.

Corrales, J. (1997), "Why Argentines Followed Cavallo: A Technopol between Democracy and Economic Reform", en J. Dominguez (Ed.), *Technopols. Freeing politics and Markets in Latin America in the 1990's,* Pennsylvania, The Pennsylvania State University Press.

Corvalán, J. y A. Ruffinelli (2007), "Estado del arte de la Investigación y Desarrollo en Educación en Chile. Informe Final", Santiago de Chile, CIDE.
Daniel, C. (2011), "Cuando las cifras componen lo social. Estado, estadísticas y expertos en la construcción histórica de la cuestión social en Argentina (1913-1983)", en S. Morresi y G. Vommaro (Ed.), *Saber lo que se hace. Expertos y Política en Argentina*, Buenos Aires, Prometeo/ Universidad Nacional General Sarmiento.
Das, V. y D. Poole (2008), "El Estado y sus márgenes. Etnografías comparadas", en *Cuadernos de Antropología Social*, 27, pp. 19-52.
de la Fare, M. (2008), "La expansión de carreras de posgrado en Educación en Argentina", en *Archivos de Ciencias de la Educación*, 2(2), pp. 1-18.
de Landsheere, G. (1996), *La investigación educativa en el mundo*, México, FCE.
de Marinis, P. (2009), "Los saberes expertos y el poder de hacer y deshacer la sociedad", en G. Gatti, I. Tejerina y B. Martínez de Albéniz (Eds.), *Tecnología, cultura experta e identidad en la sociedad del conocimiento*, Bilbao, Servicio Editorial de la Universidad del País Vasco.
Delvaux, B. (2007), "Public action or studying complexity", en B. Delvaux y E. Mangez (Eds.), *Literature reviews on Knowledge and Policy*, Project Knowledge and Policy, Report 1, Unión Europea. Disponible en: https://goo.gl/6Wg5xq. pp. 61-90. Disponible en: https://goo.gl/nuV8Gf.
Delvaux, B. y E. Mangez (2007), *Literature reviews on Knowledge and Policy*, Project Knowledge and Policy, Report 1, Unión Europea. Disponible en: https://goo.gl/WcdV8P. pp. 61-90. Disponible en: https://goo.gl/GdCyVC.

Delvaux, B. y E. Mangez (2008), "Towards a sociology of the knowledge-policy relation", Project Knowledge and Policy, Report 1, Unión Europea. Disponible en: https://goo.gl/mC8rx5.

Diker, G. (2006), "La producción pedagógica de la docencia argentina (1880-1940)" Tesis doctoral, Cali, Universidad del Valle.

DINIECE (2005), Proyecto de Investigación Evaluativa del Programa Integral para la Igualdad Educativa – PIIE. Características de las escuelas que forman parte del PIIE. Versión preliminar sujeta a discusión, Buenos Aires, Ministerio de Educación, Ciencia y Tecnología.

Domínguez, J. (Ed.) (1997), *Technopols. Freeing politics and Markets in Latin America in the 1990's.* Pennsylvania, The Pennsylvania State University Press.

Dussel, I. (1995), "Pedagogía y Burocracia. Notas sobre la historia de los inspectores", en *Revista Argentina de Educación*, 13 (23), pp. 55-82.

Dussel, I. (1997), *Curriculum, humanismo, y democracia en la enseñanza media (1863-1920)*, Buenos Aires, Oficina de publicaciones del CBC y FLACSO.

Duverger, M. (1996), *Métodos de las Ciencias Sociales,* Barcelona, Ariel Sociología.

Encabo, A., D. Galarza, M. Palamidessi y C. Torrendell (2007), "Las universidades privadas", en M. Palamidessi, C. Suasnábar y D. Galarza (Eds.), *Educación, conocimiento y política. Argentina, 1983-2003,* Buenos Aires, Manantial.

Fazekas, M. y T. Burns (2012), "Exploring the Complex Interaction Between Governance and Knowledge in Education", en OECD Education Working Papers.

Férnandez Lamarra, N. e I. Aguerrondo (1978), *La planificación educativa en América Latina. Una reflexión a partir de la opinión de los planificadores de la región*, Buenos Aires, Proyecto Desarrollo y Educación en América Latina y el Caribe.

Finnegan, F. (2007), "Aportes para las políticas orientadas al cumplimiento de la obligatoriedad del nivel secundario. Producción de Conocimientos sobre el Programa Nacional de Becas Estudiantiles". Versión preliminar, Buenos Aires, DINIECE, ME.

Forni, P. (2010), "Los estudios de caso: Orígenes, cuestiones de diseño y sus aportes a la teoría social", en *Miríada. Investigación en Ciencias Sociales*, 5, pp. 61-80.

Frederic, S., O. Graciano y G. Soprano (2010), *El Estado argentino y las profesiones liberales, académicas y armadas*, Rosario, Prohistoria.

Galarza, D. (2007a), "Las universidades públicas", en M. Palamidessi, C. Suasnábar y D. Galarza (Eds.), *Educación, conocimiento y política. Argentina, 1983-2003*, Buenos Aires, Manantial.

Galarza, D. (2007b), "Los organismos estatales de gobierno y planificación", en M. Palamidessi, C. Suasnábar y D. Galarza (Eds.), *Educación, conocimiento y política. Argentina, 1983-2003*, Buenos Aires, Manantial.

Galarza, D., C. Suasnábar y A. Merodo (2007), "Los organismos internacionales e intergubernamentales", en M. Palamidessi, C. Suasnábar y D. Galarza (Eds.), *Educación, conocimiento y política. Argentina, 1983-2003*, Buenos Aires, Manantial.

Gandulfo, A. (1991), "La expansión del sistema escolar argentino. Informe estadístico", en A. Puigross (Ed.), *Sociedad civil y Estado en los orígenes del sistema educativo Argentino*, Vol. 2, Buenos Aires, Galerna, pp. 309-337.

Garrett, J. e Y. Islam (1998), "Policy Research and the Policy Process: Do the Twain Ever Meet?" *Gatekeeper Series*, Nro. 74, International Institute for Environment and Development.
Ghasarian, C. (2002), "Por los caminos de la antropología reflexiva", en C. Ghasarian (Ed.), *De la etnografía a la antropología reflexiva. Nuevos campos, nuevas prácticas, nuevas apuestas*, Buenos Aires, Ediciones del Sol.
Ginsburg, M. y J. Gorostiaga (2003), "Dialogue about Educational Research, Policy and Practice. To What Extent Is it Possible and Who Should be Involved?", en M. Ginsburg y J. Gorostiaga, *Limitations and Possibilities of Dialogue among Researchers, Policy-Makers and Practitioners*, Nueva York, Routledge Falmer, pp. 1-35.
Ginsburg, M. y J. Gorostiaga (2005), "Las relaciones entre los teóricos/investigadores y los decisores/profesionales: repensando la tesis de las dos culturas y la posibilidad del diálogo en el sector educativo", en *Revista Española de Educación Comparada*, 11, pp. 285-314.
Godelier, M. (2002), *Romper el espejo de sí. De la etnografía a la antropología reflexiva. Nuevos campos, nuevas prácticas, nuevas apuestas*, Buenos Aires, Ediciones del Sol.
Gorostiaga, J, M. Palamidessi, C. Suasnábar y N. Isola (2018), *Pensar la educación: promesas y balance de una década*. Buenos Aires. Buenos Aires, AIQUE.
Gorostiaga, J., M. Palamidessi y C. Suasnábar (2012), *Investigación educativa y política en América Latina*, Buenos Aires, Noveduc.
Gorostiaga, J., M. Pini y M. Ginsburg (2006), "The steering of educational policy research in neoliberal times: The case of Argentina", en J. Ozga, T. Seddon y T. Popkewitz (Eds.), *Education Research and Policy: Steering the Knowledge-Based Economy. World Yearbook of Education 2006*, Londres, Routledge Falmer, pp. 119-134.

Guber, S. (2004), *El salvaje metropolitano: reconstrucción del conocimiento social en el trabajo de campo*, Buenos Aires, Paidós.

Gutiérrez Serrano, N. (2013), *Producción de conocimiento en Educación en Argentina, México y Uruguay. Intersecciones en un mosaico de investigaciones*, México DF, UNAM-Centro Regional de Investigaciones Multidisciplinarias.

Gvirtz, S., S. Larripa y V. Oelsner (2006), "Problemas técnicos y usos políticos de las evaluaciones nacionales en el sistema educativo Argentino", en *Archivos Analíticos de Políticas Educativas*, 14 (18), pp. 1-20.

Gvirtz, S. y J. Beech (2007), "The Internationalisation of education policy in Latin America", en M. Hayden, J. Levy y J. Thompson (Eds.), *Handbook of research in international education*, Londres, Sage, pp. 462-475.

Hammersley, M. (2002), "Why Research into Practice Does Not Go: Some Questions about the Enlightenment Function of Educational and Social Enquiry", en M. Hammersley (Ed.), *Educational research, policymaking and practice*, Londres, Paul Chapman Publishing, pp. 39-58.

Hammersley, M. y P. Atkinson (1994), *Etnografía. Métodos de investigación*, Barcelona, Paidós Ibérica.

Heinrich, C. y M. Cabrol (2005), "Programa Nacional de Becas Estudiantiles. Impact Evaluation Findings", Working Paper. Washington, D.C., Office of Evaluation and Oversight (OVE), Inter-American Development Bank. Disponible en https://goo.gl/T9R7Sk.

Heredia, M. (2007), "Les métamorphoses de la représentation. Les économistes et les politiques en Argentine (1975-2001)", Tesis de Doctorado, París, École des Hautes Etudes en Sciences Sociales.

Heredia, M. (2011), "Los centros privados de expertise en economía: génesis, dinámica y continuidad de un nuevo actor político en Argentina", en S. Morresi y G. Vommaro (Eds.), *Saber lo que se hace. Expertos y Política en Argentina*, Buenos Aires, Prometeo/Universidad Nacional General Sarmiento.

Huberman, M. (1994), "Research Utilization: The State of Art", en *Knowledge and Policy: The International Journal of Knowledge Transfers and Utilization*, 7 (4), pp. 13-33.

Huneeus, C. (1998), "Technocrats and Politicians in the Democratic Politics of Argentina (1983-95)", en M. A. Centeno y P. Silva (Eds.), *The Politics of Expertise in Latin America*, Londres, Macmillan Press.

Husén, T. (1984), "Research and policymaking in education: An international perspective", en *Educational Researcher*, 13 (2), pp. 5-11.

Husén, T. (1988), *Nuevo Análisis de la sociedad del aprendizaje*, Barcelona, Paidós.

Husén, T. y M. Kogan (Eds.) (1984), *Educational research and policy: how do they relate?*, Oxford, Pergamon.

Iacoviello, M. y M. Tommasi (2002), *Diagnóstico Institucional de sistemas de servicio civil. Caso Argentina*, Buenos Aires, Banco Interamericano de Desarrollo.

Isola, N. (2010), "Intelectuales, Estado y mercado. El debate del campo educativo argentino en la década de 1990", Tesis de Maestría en Educación, Buenos Aires, Universidad de San Andrés.

Isola, N. (2014a), "El envilecimiento de las cifras. Una mirada moderna sobre el INDEC y los Operativos Nacionales de Evaluación en la Argentina en el siglo XXI", en *Ensaio*, 22 (83), pp. 295-320.

Isola, N. (2014b), "Desarrollo y profesionalización del campo académico de la educación en la Argentina (1955-2013). Debates y tensiones en torno a un programa científico moderno", Doctorado en Ciencias Sociales, Buenos Aires, Facultad Latinoamericana de Ciencias Sociales.

Jacinto, C. (2010), "La investigación y la toma de decisiones en políticas educativas", en C. Wainerman y M. Di Virgilio (Eds.), *El quehacer de la investigación en Educación*, Buenos Aires, Manantial, pp. 39-55.

Jones, H. (2009), *Policy-making as discourse: a review of recent knowledge-to-policy literature*, ODI-IKM Working Paper No. 5. Disponible en: https://goo.gl/Ngbt3y.

Karabel, J. y A. H. Halsey (1977), "Educational Research: A Review and an Interpretation", en J. Karabel y A. H. Halsey (Eds.), *Power and ideology in Education*, Nueva York, Oxford University Press.

Kaufmann, C. (Ed.) (2001), *Dictadura y Educación. Universidad y Grupos Académicos Argentinos (1976-1983)* (Vol. Tomo 1), Buenos Aires, Miño y Dávila.

Kaufmann, C. (Ed.) (2003), *Dictadura y Educación. Depuraciones y Vigilancia en las Universidades Nacionales Argentinas* (Vol. Tomo 2), Buenos Aires, Miño y Dávila.

Knorr Cetina, K. (1981), "Introduction: The micro-sociological challenge of macro-sociology: towards a reconstruction of social theory and methodology", en K. Knorr Cetina y A. Cicourel, *Advances in Social Theory and Methodology: Towards an Integration of Micro and Macro-Sociology*, Londres, Routledge.

Knorr Cetina, K. (2005), *La fabricación del conocimiento. Un ensayo sobre el carácter constructivista y contextual de la ciencia*, Buenos Aires, Universidad Nacional de Quilmes.

Kogan, M. (1980), *Government's Commissioning of Research: A Case Study*, Inglaterra, Department of Government, Brunel University.

Kreimer, P. (1999), *De probetas, computadoras y ratones. La construcción de una mirada sociológica sobre la ciencia*, Buenos Aires, Universidad Nacional de Quilmes.

Kreimer, P. (2005), "Prólogo: El conocimiento se fabrica. ¿Cuándo? ¿Dónde? ¿Cómo?", en Knorr Cetina (ed.), *La fabricación del conocimiento. Un ensayo sobre el carácter constructivista y contextual de la ciencia*, Buenos Aires, Universidad Nacional de Quilmes.

Krotsch, P. (2003), *Educación superior y reformas comparadas*, Buenos Aires, Universidad Nacional de Quilmes.

Landau, M., M. Pini y J. C. Serra (2006), *Investigación y Política educativa en Argentina. El papel de los ministerios de educación. Debates e interrogantes*, Buenos Aires, DINIECE.

Lascoumes, P. y P. Le Galès (2007), *Sociologie de l'action publique*, París, Armand Colin.

Latour, B. (1992), *Ciencia en Acción. Cómo seguir a los científicos e ingenieros a través de la sociedad*, Barcelona, Labor.

Latour, B. (2008), *Reensamblar lo social. Una introducción a la teoría del actor-red*, Buenos Aires, Manantial.

Latour, B. y S. Woolgar (1995), *La vida en el laboratorio. La construcción de los hechos científicos*, Madrid, Alianza.

Levin, H. M. (1991), "Why isn't Educational Research More Useful?", en D. Anderson y B. Biddle, *Knowledge for Policy. Improving education through research*, Londres, The Falmer Press.

Lynch, M. (1985), *Art and Artifact in Laboratory Science*, Londres, Routledge y Kegan Paul.

Maceira, D. y M. Peralta Alcat (2008), "El financiamiento público de la investigación en salud en la Argentina", en *Desarrollo Económico*, 48 (189), pp. 61-84.

Marengo, R. (1991), "Estructuración y consolidación del poder normalizador: el Consejo Nacional de Educación", en A. Puigross (Ed.), *Sociedad civil y estado en los orígenes del sistema educativo argentino*, Vol. 2, Buenos Aires, Galerna, pp. 71-174.

Markoff, J. y V. Montesinos (1994), "El irresistible ascenso de los economistas", en *Desarrollo Económico*, 34 (133), pp. 3-29.

MECyT (2007), Procedimiento negociado en régimen competitivo. Contratación de servicios para la elaboración y diseño del Estudio: "Repitencia, abandono, ausentismo, promoción y egreso en las escuelas cubiertas por la intervención del PEI. Un análisis de los factores asociados" para el proyecto REPPEI, Buenos Aires, Ministerio de Educación.

Mendizábal, N. (2007), "Los componentes del diseño flexible en la investigación cualitativa", en I. Vasilachis de Gialdino, *Estrategias de investigación cualitativa*. Buenos Aires, Gedisa.

Menéndez, E. (2010), *La parte negada de la cultura. Relativismo, diferencias y racismo*, Rosario, Prohistoria.

Merodo, A., D. Atairo, L. Stagno y M. Palamidessi (2007), "Un análisis bibliográfico de la producción académica argentina sobre educación: revistas argentinas, revistas extranjeras y libros (1997-2003)", en M. Palamidessi, C. Suasnábar y D. Galarza, *Educación, conocimiento y política. Argentina, 1983-2003*, Buenos Aires, Manantial.

Miguez, D., (Ed.) (2008), *Violencias y Conflictos en las escuelas*, Buenos Aires, Paidós.

Morresi, S. y G. Vommaro, (Eds.) (2011), *Saber lo que se hace. Expertos y Política en Argentina*, Buenos Aires, Prometeo, Universidad Nacional General Sarmiento.

Neiburg, F. y M. Plotkin, (Eds.) (2004), *Intelectuales y Expertos. La constitución del conocimiento intelectual en Argentina*, Buenos Aires, Paidós.

Neiburg, F. y M. Plotkin, (2004), "Los economistas. El instituto Torcuato Di Tella y las nuevas elites estatales en los años sesenta", en F. Neiburg y M. Plotkin (Eds.), *Intelectuales y expertos. La construcción del conocimiento social en la Argentina*. Buenos Aires, Paidós.

Neilson, S. (2001), "Knowledge Utilization and Public Policy Processes: A Literature Review", Evaluation Unit, IDRC. Disponible en https://goo.gl/QVdbVz.
Neiman, G. y G. Quaranta (2006), "Los estudios de caso en la investigación sociológica", en I. Vasilachis de Gialdino, *Estrategias de investigación cualitativa*. Buenos Aires, Gedisa.
Nutley, S., I. Walter y H. Davies (2002), "From knowing to doing: a framework for understanding the evidence-into-practice agenda". Research Unit for Research Utilisation, Department of Management, University of St Andrews. Disponible en https://goo.gl/SNgHgR.
Nutley, S., I. Walter y H. Davies (2007), *Using Evidence: How Research Can Inform Public Service*, Bristol, Policy Press.
Oakley, A. (2002), "Research evidence, knowledge management and educational practice: lessons for all?" Artículo para el High-level Forum on Knowledge Management in Education and Learning, EPPI-Centre and Social Science Research Unit, University of London, Institute of Education.
Olivier, M. (2003), *Sociología de las ciencias*, Buenos Aires, Nueva Visión.
Oszlak, O. (1994), "Los AG: Un Cuerpo Gerencial en el Sector Público", en *Aportes (Estado, Administración y Políticas Públicas)*, Año 1, N° 1, Buenos Aires.
Oszlak, O. (2007), "Entrevista: El estado, la sociedad y las políticas públicas en Argentina" en S. Prevotel, *Argentina: Nueva Tierra Mapas*. Disponible en https://goo.gl/vqyWkJ.
Oszlak, O. (2010, enero 19), "El apuro por actuar sin conocer", Buenos Aires, *Clarín*. Disponible en: https://goo.gl/A2URsH.
Oszlak, O. (2013, diciembre 13), "Políticas de Estado: la costumbre de la improvisación", Buenos Aires, *La Nación*. Disponible en: https://goo.gl/Szvy9H.

Oxman, C. (1998), *La entrevista de investigación en Ciencias Sociales*, Buenos Aires, Eudeba.

Ozga, J. (1987), "Studying educational Policy through the lives of policy makers: an attempt to close the macro-micro gap", en S. Walker y L. Barton *Changing policies, changing teachers*, UK, Open University Press, pp.138-150.

Palamidessi, M. (2010), "Un largo y sinuoso camino: las relaciones entre la política educativa y la producción de conocimientos sobre educación en Argentina", artículo presentado en la conferencia de la UNAM, México.

Palamidessi, M. y R. Devetac (2007), "Las revistas académicas especializadas en Educación (1990-2001)", en M. Palamidessi, C. Suasnábar y D. Galarza (Eds.), *Educación, conocimiento y política. Argentina, 1983-2003*, Buenos Aires, Manantial.

Palamidessi, M., C. Suasnábar y D. Galarza (2007), *Educación, conocimiento y política. Argentina, 1983-2003*, Buenos Aires, Manantial.

Palamidessi, M., D. Galarza y A. Cardini (2012), "Un largo y sinuoso camino: las relaciones entre la política educativa y la producción de conocimientos sobre educación en Argentina", en M. Palamidessi, J. Gorostiaga y C. Suasnábar (Eds.), *Investigación educativa y política en América Latina*, Buenos Aires, NovEduc.

Palamidessi, M., J. Gorostiaga y C. Aberbuj (2018), "Más allá del Estado y las universidades: la producción de conocimiento orientado a la política en centros de política, organismos internacionales y centros académicos", en J. Gorostiaga, M. Palamidessi, C. Suasnábar y N. Isola (Eds.), *Pensar la educación: promesas y balance de una década*, Buenos Aires, AIQUE.

Palamidessi, M., y D. Galarza (2007), "El nuevo contexto: Estado, producción de conocimientos y educación en la Argentina en el contexto de la globalización", en M. Palamidessi, C. Suasnábar y D. Galarza (Eds.), *Educación, conocimiento y política. Argentina, 1983-2003,* Buenos Aires, Manantial.

Pantaleón, J. (2005*), Entre la carta y el formulario: política y técnica en el desarrollo social,* Buenos Aires, Antropofagia.

Parsons, D. W. (1995), *Public policy: an introduction to the theory and practice of policy analysis,* Cheltenham, Edward Elgar.

Paviglianiti, N. (1988), *Diagnóstico de la administración central de la educación. Proyecto PNUD/87/011,* Buenos Aires, Dirección Nacional de Información, Difusión, Estadística y Tecnología Educativa. Ministerio de Educación y Justicia.

Perelmiter, L. (2007),"¿Es posible la debilidad estatal? Notas de investigación en torno a la construcción del Estado en política social", en *Papeles de trabajo, Revista electrónica del Instituto de Altos Estudios Sociales de la Universidad Nacional de General San Martín,* 1 (2), pp. 1-20.

Perelmiter, L. (2011a), "Saber asistir: técnica, política y sentimientos en la asistencia estatal. Argentina (2003-2008)", en Morresi, S. y Vommaro (Eds.), G. *Saber lo que se hace. Expertos y política en Argentina,* Buenos Aires, Prometeo/ UNGS.

Perelmiter, L. (2011b), "La burocracia asistencial en funcionamiento. Relaciones y prácticas en la vida íntima del Ministerio de Desarrollo Social de la Nación. Argentina, 2003-2009", Tesis Doctoral, Facultad de Ciencias Sociales, Universidad de Buenos Aires.

Pereyra, S. (2011), "Técnica y política: un análisis de la consolidación de expertos anticorrupción durante los noventa", en S. Morresi y G. Vommaro (Eds.), *Saber lo que se hace. Expertos y Política en Argentina.* Buenos Aires, Prometeo. Universidad Nacional General Sarmiento.

Pineau, P. (2001), "¿Por qué triunfó la escuela? o la modernidad dijo: 'Esto es educación', y la escuela respondió: 'Yo me ocupo'", en P. Pineau, I. Dussel y M. Caruso (Eds.), *La escuela como máquina de educar. Tres escritos sobre un proyecto de modernidad*, Buenos Aires, Paidós.

Pinkasz, D. (1992), "Orígenes del profesorado secundario en la Argentina: tensiones y conflictos", en C. Braslavsky y A. Birgin (Eds.), *Formación de profesores. Impacto, pasado y presente*, Buenos Aires, Miño y Dávila.

Plotkin, M. y E. Zimmermann, (Eds.) (2012), *Las prácticas del Estado. Política, sociedad y elites estatales en la Argentina del siglo XX*, Buenos Aires, Edhasa.

Pons, X. y A. Van Zanten, (2007), "Knowledge circulation, regulation and governance", en B. Delvaux y E. Mangez (2007), *Literature reviews on Knowledge and Policy*, Project Knowledge and Policy, Report 1, Unión Europea. Disponible en: https://goo.gl/mC8rx5. pp.104-137. Disponible en: https://goo.gl/nC13tY.

Porter, R. W. y S. Prysor-Jones (1997), *Making a Difference to Policies and Programs: A Guide for Researchers*, Washington, USAID.

Puiggrós, A. (1990), *Sujetos, disciplina y curriculum, en los orígenes del sistema educativo argentino*, Buenos Aires, Galerna.

Reimers, F. M. y N. F. McGinn (1997), *Informed dialogue: using research to shape education policy around the world*, Londres, Praeger.

Rockwell, E. (2009), *La experiencia etnográfica. Historia y cultura en los procesos educativos*, Buenos Aires, Paidós.

Sabatier, P. A. y H. C. Jenkins-Smith (1993), *Policy Change and Learning: An Advocacy Coalition Approach*, Boulder, Westview Press.

Sautu, R., P. Boniolo, P. Dalle y R. Elber (2005), *Manual de Metodología: construcción del marco teórico, formulación de los objetivos y elección de la metodología*, Buenos Aires, CLACSO.

Simón, J. (2006), "Entre la ciencia y política: los *think tanks* y la producción y el uso del conocimiento sobre educación en la Argentina", Tesis de Maestría en Ciencias Sociales con orientación en Educación, Buenos Aires, FLACSO.

Simón, J., y M. Palamidessi (2007), "Las fundaciones financiadas por el empresariado", en M. Palamidessi, C. Suasnábar y D. Galarza (Eds.), *Educación, conocimiento y política. Argentina, 1983-2003*, Buenos Aires, Manantial.

Soprano, G. (2007), "Del Estado en singular al Estado en plural. Contribución para una historia social de las agencias estatales en la Argentina", en Ciclo de Conferencias de Historia Social y Económica Argentina y Latinoamericana de la Facultad de Ciencias Económica de la Universidad Nacional de La Plata, Buenos Aires.

Soprano, G. (2012), "Las burocracias estatales subalternas. Un análisis sobre los procesos de formación y configuración profesional de los suboficiales de las fuerzas armadas Argentinas", en Cuarto Congreso Uruguayo de Ciencia Política "La Ciencia Política desde el Sur", Montevideo.

Stake, R. (1998), *Investigación con estudios de casos*, Madrid, Morata.

Stone, D., S. Maxwell y M. Keating (2001), "Bridging Research and Policy. Critical examination of the current thinking on the research to policy process", UK Department for International Development Radcliffe House, Warwick University.

Sturdy, S. (2008), "Response to Armin Nassehi: 'Making Knowledge Observable', Manuscrito no publicado, KNOW&POL, Knowledge and Policy in education and Health Sectors.

Suasnábar, C. (2004), *Universidad e Intelectuales: Educación y política en la Argentina (1955-1976)*, Buenos Aires, FLACSO Manantial.
Suasnábar, C. (2009), "¿Pedagogos críticos, expertos en educación, tecno-políticos, o qué? A propósito de la relación entre intelectuales de la educación y política en los últimos 50 años", en M. Mollis (Ed.), *Memorias de la Universidad*, Buenos Aires, CCC-CLACSO.
Suasnábar, C. (2010), "Intelectuales y Política. La tecnoburocratización de los expertos: una mirada de la relación entre intelectuales de la educación, conocimiento especializado y política educativa", en *Propuesta Educativa*, 33 (1), pp. 35-42.
Suasnábar, C. (2014), *Intelectuales, Exilio y Educación: producción intelectual e innovación conceptual durante la última dictadura militar (1976-1983)*, Rosario, Prehistoria.
Suasnábar, C. y A. Merodo (2007), "Los centros de investigación privados", en M. Palamidessi, C. Suasnábar y D. Galarza (Eds.), *Educación, conocimiento y política. Argentina, 1983-2003*, Buenos Aires, Manantial.
Suasnábar, C. y M. Palamidessi (2006), "El campo de producción de conocimientos en educación en la Argentina. Notas para una historia de la investigación educativa", en *Revista Educación y Pedagogía*, 18 (46), pp. 16-40.
Suasnábar, C. y N. Isola (2018), "Las fronteras 'borrosas' de los intelectuales-expertos en educación: Notas (provisorias) sobre los avatares del campo educativo argentino en los últimos 30 años", en J. Gorostiaga, M. Palamidessi, C. Suasnábar y N. Isola (Eds.), *Pensar la educación: promesas y balance de una década. Buenos Aires*, Buenos Aires, AIQUE.
Suasnábar, C., M. Palamidessi y J. Gorostiaga (2012), "La producción especializada de conocimientos y el gobierno de la educación en América Latina. Algunas reflexiones

sobre el pasado, presente y futuro", en *Investigación educativa y política en América Latina*, Buenos Aires, Novedades Educativas.
Suasnábar, C. y M. Palamidessi (2007), "Notas para una historia del campo de producción de conocimientos sobre educación en la Argentina", en M. Palamidessi, C. Suasnábar y D. Galarza (Eds.), *Educación, conocimiento y política. Argentina, 1983-2003*, Buenos Aires: Manantial.
Susquist, J. (1978), "Research Brokerage: The Weak Link", en L. Lynn, *Knowledge and Policy: The Uncertain Connection*, Washington, National Academy of Sciences.
Tedesco, J. C. (2003), *Educación y Sociedad en Argentina (1880-1945)*, Buenos Aires, Siglo XXI.
Tedesco, J. C. (2012), *Educación y Justicia Social en América Latina*, Buenos Aires, Fondo de Cultura Económica, Universidad de San Martín.
Tedesco, J. (Ed.) (2015), *La educación argentina hoy. La urgencia del largo plazo*, Buenos Aires, Siglo XXI – Fundación OSDE.
Tedesco, J. C. y A. Cardini (2007), "Educación y sociedad en la Argentina: proyectos educativos y perspectivas futuras", en S. Torrado (Ed.), *Población y bienestar en la Argentina. Del primero al segundo centenario*, Buenos Aires, EDHASA.
Temple, P. (2003), "Educational Research and Policymaking: findings from some transitional countries", *London Review of Education*, 1 (3), pp. 217-228.
Tenti Fanfani, E. (1984), "El campo de las ciencias de la educación: Elementos de teoría e hipótesis para el análisis", en *Políticas de investigación y producción ciencias sociales en México*, México, Universidad Autónoma de Querétaro.

Tenti Fanfani, E. (1988), "El proceso de investigación en educación. El campo de la investigación educativa en la Argentina", en *Curso de metodología de la investigación en ciencias sociales*, pp. 125-149.
Tenti Fanfani, E. (1993a), *La escuela vacía: deberes del estado y responsabilidades de la sociedad*, Buenos Aires, UNICEF/Losada.
Tenti Fanfani, E. (1993b), "Reflexiones y provocaciones (A propósito de un estado de conocimiento)", en *Pistas Educativas*, Año 12, No. 70, julio-agosto 1993, Celaya (México), pp. 21-27.
Tenti Fanfani, E. (2001), "En casa de herrero cuchillo de palo: la producción y uso de conocimientos en el servicio educativo", Paper presentado en el VI Congreso de Investigación Educativa organizado del COMIE, Manzanillo, México.
Tenti Fanfani, E. (2005), *La condición docente: análisis comparado de la Argentina, Brasil, Perú y Uruguay*, Buenos Aires, Siglo XXI.
Tenti Fanfani, E. (2007), *La escuela y la cuestión social*, Buenos Aires, Siglo XXI.
Tiramonti, G. (2007), "Prólogo", en M. Palamidessi, C. Suasnábar y D. Galarza (Eds.), *Educación, conocimiento y política. Argentina, 1983-2003*, Buenos Aires, Manantial.
Trow, M. (1984), "Researchers, Policy Analysts and Policy Intellectuals", en T. Husén, *Educational research and Policy. How do they relate?*, Londres, Pergamon, pp. 261-282.
Van Zanten, A. (2007), "Competition and interaction between research knowledge and state knowledge in policy steering in France. National trends and recent effects of descentralization and globalization", en Ozga, J., T. Seddon y T. Popkewitz (Eds.), *Education Research and Policy. Steering the knowledge-based economy*. Londres, Routledge.

Vasilachis de Gialdino, I. (1992), *Métodos cualitativos 1. Los problemas teórico-epistemológicos,* Buenos Aires, Centro Editor de América Latina.

Vechcioli, V. (2011), "Expertise jurídica y capital militante: los abogados de derechos humanos en Argentina", en S. Morresi y G. Vommaro (Eds.), *Saber lo que se hace. Expertos y Política en Argentina,* Buenos Aires, Prometeo – Universidad Nacional General Sarmiento.

Vommaro, G. (2011), "Los pobres y la pobreza como dominio experto: contribuciones a una socio-historia", en S. Morresi y G. Vommaro, *Saber lo que se hace. Expertos y Política en Argentina,* Buenos Aires, Prometeo – Universidad Nacional General Sarmiento.

Wagner, P. (2001), *A History and Theory of the social sciences. Not all that is solid melts into the air,* Londres, Sage.

Wainerman, C. (2010), "Problemas que enfrenta la producción de investigación científica en educación en la Argentina", en C. Wainerman y M. Di Virgilio (Eds.), *El quehacer de la investigación en Educación,* Buenos Aires, Manantial, pp. 39-55.

Walter, I., S. Nutley y H. Davies (2003), "Developing a taxonomy of interventions used to increase the impact of research", Edinburgh, Research Unit for Research Utilisation - University of St. Andrew.

Weiss, C. (1977a), "Research for Policy's Sake: The Enlightenment Function of Social Science Research", en *Policy Analysis,* 3(4), pp. 531-545.

Weiss, C. (Ed.) (1977b), *Using Social research in Public Policy Making,* Lexington, MA, D.C. Health.

Weiss, C. (1979a), "Knowledge Creep and Decision Acretion". En D. Anderson y B. J. Biddle (Eds.), *Knowledge for Policy. Improving education through research.* Londres, The Falmer Press.

Weiss, C. (1979b), "The many meanings of research utilization", en D. Anderson y B. J. Biddle, *Knowledge for Policy. Improving education through research*, Londres, The Falmer Press.

Weiss, C. (1991), "Policy Research as Advocacy: Pro and con", en *Knowledge and Policy*, 4 (1), pp. 37-56.

Weiss, C. y M. J. Bucuvalas (1980), *Social Science Research and desition making*, Nueva York, Columbia University Press.

Weiss, C. y B. Wittrock (1999), "Resumen: las ciencias sociales y los estados modernos", en P. Wagner, C. Weiss, B. Wittrock y H. Wollman (Eds.), *Ciencias sociales y estados modernos: experiencias nacionales e incidencias teóricas*, México, Fondo de Cultura Económica.

Whitley, R. (1972), "Black Boxism and the Sociology of Science: a discussion of the mayor developments of the field", en P. Halmos, *The sociological review monograph*, Vol. 18: The Sociology of Science, Reino Unido, Keele University.

Wilson, J. (1981), "Policy Intellectuals and Public Policy", en *The Public Interest*, 64, pp. 31-46.

Wittrock, B., P. Wagner y H. Wollman (1999), "Ciencia Social y Estado Moderno: el conocimiento de las políticas y las instituciones políticas en la Europa Occidental y los Estados Unidos", en P. Wagner, C. Weiss, B. Wittrock y H. Wollman (Eds.), *Ciencias sociales y estados modernos: experiencias nacionales e incidencias teóricas*, México, Fondo de Cultura Económica.

Yin, R. (1994), *Case Study Research. Design and Methods*, California, Sage.

Zeller, N., & Rivkin, A. (2005). "La burocracia argentina: nuevos procesos de trabajo y flexibilidad en las relaciones laborales" en Thwaites Rey y López (Comp.) *Entre tecnócratas globalizados y políticos clientelistas. Derrotero del ajuste neoliberal en el Estado argentino*. Buenos Aires: Prometeo.

Anexo 1

Organigramas

Organigrama del Ministerio de Educación, Ciencia y Tecnología (2004-2007)

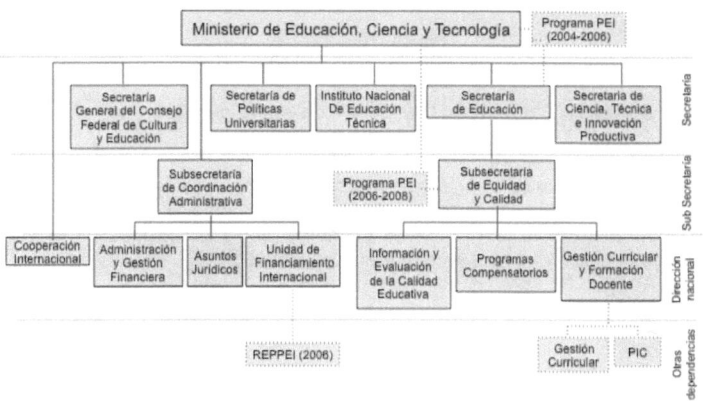

Fuentes: Decreto N° 357 del 21 de febrero de 2002 y la Decisión Administrativa N° 20 del 8 de abril de 2002.

Aclaraciones: Sólo se incluyen en este organigrama aquellas dependencias relevantes para el análisis presentado en este capítulo. Las líneas punteadas hacen referencia a las dependencias del Ministerio que no están en las normativas centrales referidas al organigrama.

Organigrama del Ministerio de Educación (2008)

```
Ministerio de Educación
├── Secretaría de Políticas Universitarias
├── Secretaría General del Consejo Federal de Educación
├── Secretaría de Educación
│   ├── Subsecretaría de Coordinación Administrativa
│   │   ├── Cooperación Internacional
│   │   ├── Administración y Gestión Financiera
│   │   ├── Asuntos Jurídicos
│   │   └── Unidad de Financiamiento Internacional
│   │       └── REPPEI
│   ├── Instituto Nacional de Formación Docente
│   ├── Subsecretaría de Planeamiento Educativo
│   │   ├── Planeamiento Educativo
│   │   └── Evaluación y Calidad Educativa
│   │       └── PIE
│   └── Subsecretaría de Equidad y Calidad
│       ├── Gestión Educativa
│       │   ├── Educación Jóvenes y Adultos
│       │   └── Educación Primaria
│       └── Políticas Socio Educativas
│           ├── Educación Inicial
│           └── Educación Secundaria
└── Instituto Nacional de Educación Técnica
```

Fuentes: Decreto Nro. 115/2010 del 21 de enero de 2010 y la resolución Nro. 1111/2010 del 9 de agosto de 2010.

Aclaraciones: Sólo se incluyen en este organigrama aquellas dependencias relevantes para el análisis presentado en este capítulo. Si bien estos cambios fueron formalizados a través de decretos y resoluciones en el año 2010, empezaron a implementarse en abril del 2008.

Anexo 2

Metodológico

Documentos relevados

Documentos asociados a los proyectos de investigación

A continuación se listan los informes relevados a lo largo de la investigación. Suman un total de 129. Sin embargo, si bien la información referida a sus procesos de producción (tanto aquella obtenida a través de entrevistas como de documentos) fue incorporada como dato para el armado del Capítulo 5, cabe aclarar que sólo 112 de ellos fueron incluidos para la contabilización que se refiere a su origen, su forma de financiamiento, sus productores y su circulación.

Los casos que se excluyeron fueron: i) aquellos que estaban en proceso de producción (y de los cuales no se contaba aún con productos finales) y ii) los proyectos que fueron mencionados en entrevistas, páginas web institucionales o en CV, pero para los cuales no se logró completar la información de la matriz de datos utilizada para el análisis comparado de trayectorias.

Abdala, F. (2003), *Tendencias recientes en la escolarización y la terminalidad del nivel medio de enseñanza*, Serie Educación en Debate Nro. 1, Buenos Aires, DINIECE, Ministerio de Educación.

Acosta, F. (2007), *Tendencias Internacionales en la Formación Docente*, Informe final de Consultoría, Buenos Aires, Instituto Nacional de Formación Docente (INFoD) e Instituto Internacional de Planeamiento Educativo (IIPE).

Aduriz Bravo, A. (2009), *La formación de los docentes para el nivel secundario en Ciencias Naturales*, Buenos Aires, Área de Investigación, Instituto Nacional de Formación Docente (INFoD).

Aguerrondo I. (2008), con la colaboración de Lea Vezub y Nicolás Isola, *Los Formadores Docentes en las Provincias. Datos del censo Nacional de Docentes por Provincia. Subproyecto: Caracterización de los Institutos de Educación Superior con Oferta de Formación Docente*, Buenos Aires, Convenio con el Instituto Nacional de Formación Docente SCIESFD INFoD-IIPE Res. 12 11-08.

Aguerrondo I. y V. Vezub (2008), con la colaboración de M. Clucellas, *Parte 1: Las instituciones terciarias de Formación Docente en la Argentina. Datos del relevamiento Anual 2004. Subproyecto: Caracterización de los Institutos de Educación Superior con Oferta de Formación Docente*, Buenos Aires, Convenio con el Instituto Nacional de Formación Docente (INFoD) SCIESFD INFoD-IIPE Res. 12 11-08.

Aguerrondo, I. (2006), *La integración de las Tecnologías de la Información y la Comunicación en los Sistemas Educativos. Estado del arte y orientaciones estratégicas para la definición de políticas educativas en el sector*, Buenos Aires, Programa PROMSE. Ministerio de Educación / Instituto Internacional de Planeamiento Educativo (IIPE).

Aguerrondo, I. (2009), *Análisis de los órganos de gobierno y administración de la educación del sistema educativo: estructuras organizativas de las distintas jurisdicciones y funcionamiento de las áreas de planeamiento educativo*, Buenos Aires, Ministerio de Educación / Unión Europea / Instituto Internacional de Planeamiento Educativo (IIPE).

Albornoz, M. R. (Sin fecha), *TIC y educación en la Argentina. Caminos recorridos y desafíos pendientes*. Universidad Nacional de la Patagonia Austral / Secretaría de Ciencia y Técnica / Proyectos Área de Vacancia.

Avendaño, F. y G. Imperiale (2007), *Factores que inciden en el rendimiento escolar de los alumnos del último año de escuela media, según datos relevados por el ONE 2000*. Concurso de proyectos de investigación: Promoción y uso de estadísticas educativas en investigación, Buenos Aires, DINIECE, Ministerio de Educación / Universidad Nacional de Rosario y Región Educativa del Ministerio de Educación de la Provincia de Santa Fe.

Borzese, D. (2006), *La experiencia de los Centros de Actividades Juveniles. 07 Experiencias de Inclusión en el Sistema Educativo. Sistematización y aportes para la Política Pública*, Buenos Aires, Fundación Sustentabilidad, Educación y Solidaridad (SES) / UNICEF.

Cappellachi, I., S. Hirshberg y J. C. Serra (Área de Investigación) y Catalá S. Alonso, M. L. y Falcone. J. (Área rea Investigación) (2007), *El Nivel Inicial en la última década: desafíos para la universalización*. Boletín N° 2. Temas de Educación, Buenos Aires, Áreas de Investigación e Información, DINIECE, Ministerio de Educación.

Cappellacci, I., M. Gruschetsky y J. C. Serra (2005), *Descripción de la oferta estatal*. Serie El Tercer Ciclo de Educación General Básica, Buenos Aires, DINIECE, Ministerio de Educación.

Cappellacci, I. y A. Miranda (2007), con la colaboración de Liliana Sinisi, *La obligatoriedad de la educación secundaria en Argentina. Deudas pendientes y nuevos desafíos*, Serie Educación en Debate Nro. 4, Buenos Aires, DINIECE. Ministerio de Educación.

Catalá, S. (2008), *Violencia en las escuelas. Un relevamiento desde la mirada de los alumnos*. 1ra. Edición, Buenos Aires, Ministerio de Educación.

Centro de Estudios de Opinión Pública (CEOP) (2007), *Consulta Nacional sobre la Formación Docente Inicial y Continua*. Versión final (versión sujeta a revisión, de circulación restringida), Buenos Aires, Agencia de Cooperación Internacional del Japón (JICA) / Ministerio de Educación.

Cervini, R. (2007), *Calidad y equidad en la educación primaria de Argentina. Variaciones institucionales y regionales de los factores condicionantes. Análisis del ONE 2000-Censo de 6° de primaria*. Concurso de proyectos de investigación: Promoción y uso de estadísticas educativas en investigación, Buenos Aires, DINIECE, Ministerio de Educación / Universidad Nacional de Quilmes.

Ciminno, K. (Coord.) (2007), *Encuesta para relevar el estado de situación del trabajo de educación sexual y prevención del VIH/SIDA en el ámbito escolar*. Proyecto de Armonización de Políticas Públicas para la Promoción de los Derechos, la Salud, la Educación Sexual y la Prevención del VIH/SIDA en el Ámbito Escolar. Informe preliminar, Buenos Aires, Deutsche Gesellschaftfür Internationale Zusammenarbeit (GTZ) / ONUSIDA / Ministerio de Educación.

Cosse, G. (2001), *Gasto educativo, eficiencia, eficacia y equidad en Argentina. 1990-1999. Proyecto Alcance y Resultados de las reformas educativas en Argentina, Chile y Uruguay en los '90*, Ministerios de Educación de Argentina, Chile y Uruguay / Universidad de Stanford / BID.

Davini, C. (Coord.) (2005), *Estudio de la calidad y cantidad de la oferta de la formación docente, Investigación y Capacitación en la Argentina*. Informe final. Versión preliminar – Documento de circulación restringida, Buenos Aires, Ministerio de Educación.

De Flood, C. (2007), *Evaluación de Impacto del Programa Nacional de Becas Estudiantiles*. Informe Final. Programa de Apoyo a la Política de Mejoramiento de la Equidad y Calidad de la Educación (AR-L1038). Centro de Investigaciones en Estadísticas Aplicada (CINEA), Universidad Nacional Tres de Febrero.

De Virgilio, M. (2006), *Orientaciones y recomendaciones para extender el aprendizaje de una lengua extranjera en el nivel primario a nivel nacional*, Buenos Aires, DINIECE.

DINIECE (2006), *Equipamiento informático, conectividad y sus usos en el sistema educativo argentino*. Boletín Nro. 1. Temas de Educación, Buenos Aires, Área de Investigación DINIECE, Ministerio de Educación.

DINIECE (2007), *Los formadores de docentes del sistema educativo argentino*. IIPE – UNESCO y Área de Investigación DINIECE, Boletín N° 3. Temas de Educación, Buenos Aires, DINIECE, Ministerio de Educación.

Dirié, C. y S. Hirschberg (2008), *Perfiles, formación y condiciones laborales de los profesores, directores y supervisores de la escuela secundaria.* Boletín Nº 6. Temas de Educación, Buenos Aires, DINIECE, Ministerio de Educación.

Duro, E. y otros (2007), *Evaluación del Programa Nacional de Inclusión Educativa "Todos a Estudiar" del Ministerio de Educación, Ciencia y Tecnología* Informe Final, Buenos Aires, El Fondo de las Naciones Unidas para la Infancia (UNICEF).

Duschatzky, S. (Coord.) (2000), *Discurso curricular y las prácticas de enunciación del currículum. Proyecto Estado de Situación de la Implementación del Tercer Ciclo de EGB en seis jurisdicciones*, FLACSO / Ministerio de Cultura y Educación.

Duschatzky, S. e I. Dussel (2004), *El programa "Escuela para jóvenes". Reflexiones sobre su funcionamiento y perspectivas.* Documento Preliminar preparado para la Dirección Nacional de Gestión Curricular y Formación Docente, Buenos Aires, Ministerio de Educación de la Nación.

Dussel, I. (2001), *Los cambios curriculares en los ámbitos nacional y provinciales en la Argentina (1990-2000). Elementos para su análisis.* Proyecto "Alcance y resultados de las reformas educativas en Argentina, Chile y Uruguay". Ministerios de Educación de Argentina, Chile y Uruguay, Grupo Asesor de la Universidad de Stanford / BID.

Dussel, I. (Sin fecha), *Intersecciones entre desigualdad y educación media: un análisis de las dinámicas de producción y reproducción de la desigualdad escolar y social en cuatro jurisdicciones.* Proyectos Área de Vacancia, Facultad Latinoamericana de Ciencias Sociales (FLACSO) / Secretaría de Ciencia y Técnica.

Finnegan F. (2007), *Aportes para las políticas orientadas al cumplimiento de la obligatoriedad del nivel secundario. Producción de Conocimientos sobre el Programa nacional de Becas Estudiantiles.* Versión preliminar revisada en julio de 2007, Buenos Aires, DINIECE, Ministerio de Educación.

Galarza D. (2005), *Proyecto de Investigación evaluativa del programa Integral para la Igualdad Educativa. Informe Nro. 2: Aspectos a considerar en relación con la gestión del programa.* Versión preliminar sujeta a revisión, Buenos Aires, DINIECE, Ministerio de Educación, Ciencia y Tecnología.

Galarza, D. (2000), *La Estructura Curricular Básica del Tercer Ciclo de la EGB en ocho jurisdicciones,* Buenos Aires, Unidad de Investigaciones Educativas, Ministerio de Educación, Ciencia y Tecnología. Buenos Aires.

Galarza, D. (2005), *Proyecto de Investigación Evaluativa del Programa Nacional de Inclusión Educativa "Todos a Estudiar", Características de las Escuelas.* Informe Nº 1, Buenos Aires, DINIECE, Ministerio de Educación y Cultura.

Galarza, D. (2005), *Proyecto de Investigación Evaluativa del Programa Nacional de Inclusión Escolar. Aspectos a considerar en relación con la gestión del programa.* Informe Nº 2, Buenos Aires. DINIECE, Ministerio de Educación, Ciencia y Tecnología

Galarza, D. (2005), *Proyecto de Investigación Evaluativa del Programa Integral para la Igualdad Educativa –PIIE. Características de las escuelas que forman parte del PIIE.* Versión preliminar sujeta a discusión-Informe Nro. 1, Buenos Aires, DINIECE, Ministerio de Educación, Ciencia y Tecnología.

Galarza, D. (2006), *Proyecto de Investigación Evaluativa del Programa Nacional de Inclusión Educativa "Todos a Estudiar". Las escuelas que forman parte del programa "Todos a Estudiar". Indicadores iniciales.* Versión preliminar sujeta a revisión. Informe Nº 3, Buenos Aires, DINIECE. Ministerio de Educación, Ciencia y Tecnología.

Galarza, D. y D. González (2000), *El trabajo docente en el Tercer Ciclo de la EGB.* Unidad de Investigaciones Educativas, Buenos Aires, Ministerio de Educación, Ciencia y Tecnología.

Galarza, D. y M. Gruschetsky (2001), *El equipamiento informático en el sistema educativo. 1994/1998,* Buenos Aires, Unidad de Investigaciones Educativas, Ministerio de Educación, Ciencia y Tecnología.

Galarza, D. y M. Pini (2002), *Gestión pública, educación e informática. El caso del PRODYMES II.*, Buenos Aires, Unidad de Investigaciones Educativas, Ministerio de Educación, Ciencia y Tecnología.

Gasparini, L. y M. Tetaz (2007), *Determinantes del desgranamiento educativo.* Concurso de proyectos de investigación: Promoción y uso de estadísticas educativas en investigación, Buenos Aires, DINIECE, Ministerio de Educación / Universidad Nacional de La Plata (CEDLAS).

Gluz, N. (2001), *Análisis de los proyectos destinados a desarrollar nuevos lineamientos de política: equidad, consenso federal y modernización de la función pública provincial (1993-1999).* Proyecto Alcance y Resultados de las reformas educativas en Argentina, Chile y Uruguay en los 90, Ministerios de Educación de Argentina, Chile y Uruguay / Universidad de Stanford / BID.

Gluz, N. y M. Chiara (2007), *Análisis de la puesta en marcha e implementación del programa y su contexto. Evaluación de diseño y de implementación*. Evaluación del Programa Integral para la Igualdad Educativa (PIIE), Buenos Aires, DINIECE, Ministerio de Educación.

Gluz, N. y M. Chiara (2007), *El alcance del PIIE en las escuelas*. Evaluación del Programa Integral para la Igualdad Educativa (PIIE), Buenos Aires, DINIECE. Ministerio de Educación.

Gluz, N. y M. Chiara (2007), *La apropiación jurisdiccional del programa y la conformación dinámica de trabajo de los equipos jurisdiccionales*. Evaluación del Programa Integral para la Igualdad Educativa, (PIIE), Buenos Aires, DINIECE, Ministerio de Educación.

Gluz, N. y M. Chiara (2008), *Estudio Evaluativo del Programa Integral para Igualdad Educativa (PIIE)*. Evaluación del Programa Integral para la Igualdad Educativa, (PIIE) Resumen Ejecutivo, Buenos Aires, DINIECE. Ministerio de Educación.

Gluz, N. y M. Chiara (2008), *La apropiación institucional del programa*. Evaluación del Programa Integral para la Igualdad Educativa, (PIIE), Buenos Aires, DINIECE, Ministerio de Educación.

Gluz, N. y M. Chiara (2008), *La apropiación institucional del programa desde el análisis de las producciones institucionales y estudiantiles en las escuelas PIIE. Evaluación del Programa Integral para la Igualdad Educativa, (PIIE)*, Buenos Aires, DINIECE, Ministerio de Educación.

Gluz, N. y M. Chiara (2009), *Resultados de la Evaluación del Programa Integral de Igualdad Educativa (PIIE)*. Serie "Resultados de Evaluaciones", Buenos Aires, DINIECE, Ministerio de Educación.

Gluz, N. (2000), *El Tercer Ciclo desde la mirada docente: avances y desafíos frente a la extensión de la obligatoriedad escolar*, Buenos Aires, Unidad de Investigaciones Educativas, Ministerio de Educación, Ciencia y Tecnología.

Gluz, N. (2000), *Estado del arte sobre la implementación del Tercer Ciclo de la Educación General Básica*. Serie Educación General Básica, Buenos Aires, Unidad de Investigaciones Educativas. Ministerio de Educación, Ciencia y Tecnología.

González, D., M. Gruschetsky y J. C. Serra (2005), con la colaboración de I. Cappellacci y J. Rigal, *La formación docente en el marco de la educación superior no universitaria. Una aproximación cuantitativa a su oferta de carreras, capacitación, investigación y extensión*, Buenos Aires, Área de investigación y evaluación de programas, DINIECE, Ministerio de Educación.

Gruschetsky, M. y J. C Serra (2002), *Las tecnologías de la información y la comunicación. El equipamiento informático en las escuelas de EGB: disponibilidad y uso*, Buenos Aires, Unidad de Investigaciones Educativas, Ministerio de Educación, Ciencia y Tecnología.

Gruschetsky, M. y J. C. Serra (2003), *Estado del arte sobre la implementación del Tercer Ciclo de la Educación General Básica*. Serie El Tercer Ciclo de Educación General Básica, Buenos Aires, DINIECE, Ministerio de Educación.

Heinrich, C. y M. Cabrol (2005), *Programa Nacional de Becas Estudiantiles. Impact Evaluation Findings*, Working Paper, Office of Evaluation and Oversight (OVE), Washington D.C, Inter-American Development Bank.

Heinrich, C. y M. Cabrol (2004), *Programa Nacional de Becas Estudiantiles. Hallazgos de la evaluación sobre su impacto*, BID, Centro de Investigaciones en Estadísticas Aplicadas (CINEA). Universidad Nacional de Tres de Febrero.

Hirschberg, S. (2000), *La implementación y localización del Tercer Ciclo de la EGB. Las prescripciones y su impacto en los actores institucionales*, Buenos Aires, Unidad de Investigaciones Educativas, Ministerio de Educación, Ciencia y Tecnología.

Hirschberg, S. (2001), *El debate sobre las TIC en la Association for Supervision and Curriculum Development (ASCD)*, Boston, Unidad de Investigaciones Educativas, Ministerio de Educación, Ciencia y Tecnología, Buenos Aires.

Hirschberg, S. (2004), *Las dificultades en las trayectorias escolares de los alumnos. Un estudio en escuelas de nuestro país. Seguimiento y Monitoreo para el alerta temprana*, Buenos Aires, Ministerio de Educación, Ciencia y Tecnología. DINIECE -UNICEF.

IIPE (2000), *Los docentes y los desafíos de la profesionalización*, Buenos Aires, Ministerio de Educación / IIPE.

Kisilevsky, M. (2001), *Génesis y contexto de la descentralización educativa en la Argentina*. Proyecto Alcance y resultados de las reformas educativas en Argentina, Chile y Uruguay, Ministerios de Educación de Argentina, Chile y Uruguay, Grupo Asesor de la Universidad de Stanford / BID.

Kornblit, A. L. (2007), *Caracterización del clima social escolar y su relación con expresiones de violencia*. Concurso de proyectos de investigación: Promoción y uso de estadísticas educativas en investigación, Buenos

Aires, DINIECE, Ministerio de Educación / Universidad de Buenos Aires, Facultad de Ciencias Sociales (Instituto Gino Germani).

Landau, M. (2002), *Las tecnologías de la información y la comunicación. Los proyectos nacionales de integración de las TIC en el sistema educativo*, Buenos Aires, Unidad de Investigaciones Educativas, Ministerio de Educación, Ciencia y Tecnología.

Landau, M. y M. Pini (2006), con la colaboración de J. C. Serra, *Investigación y Política Educativa en Argentina. El papel de los Ministerios de Educación, Debates e Interrogantes*, Buenos Aires, Serie Educación en Debate Nro. 3, DINIECE, Ministerio de Educación.

Landau, M., J. C. Serra y M. Gruschetsky (2007), *Acceso universal a la alfabetización digital. Políticas, problemas y desafíos en el contexto argentino*. Serie Educación en Debate Nro. 4, Buenos Aires, DINIECE, Ministerio de Educación.

Las Reformas Educativas en la década de 1990. Un estudio comparado de Argentina, Chile y Uruguay. Proyecto Alcance y resultados de las reformas educativas en Argentina, Chile y Uruguay ATN/SF – 6250 – RG. Banco Interamericano de Desarrollo, Ministerios de Educación de Argentina, Chile y Uruguay, Grupo Asesor de la Universidad de Stanford. Buenos Aires, Akian Gráfica Editora. S.A.

Llach, J. J. (2007), *Caracterización de las escuelas y de sus alumnos según el tipo de jornada*. Concurso de proyectos de investigación: Promoción y uso de estadísticas educativas en investigación, Buenos Aires, DINIECE, Ministerio de Educación / Universidad Austral (GESE).

London, S. (2007), *Alcance del derecho a la educación: situación de acceso, permanencia, rendimiento y terminalidad educativa de grupos específicos. El nivel medio en el Sudoeste bonaerense.* Concurso de proyectos de investigación: Promoción y uso de estadísticas educativas en investigación, Buenos Aires, DINIECE, Ministerio de Educación / Universidad Nacional del Sur.

Macchiarola, V. (2007), *Estudio de factores que condicionan el rendimiento académico de los estudiantes: propuesta metodológica.* Concurso de proyectos de investigación: Promoción y uso de estadísticas educativas en investigación, Buenos Aires, DINIECE, Ministerio de Educación / Universidad Nacional de Río Cuarto.

Macri, M., M. Ford y C. Berline (Sin fecha), *Trabajo infantoadolescente: caracterización, tensiones y lineamientos para la acción desde las políticas educativas,* Buenos Aires, Ministerio de Educación.

Otero, M. P. y A. Padawer (2008), *Propuesta de capacitación en plurigrado para las escuelas rurales de la provincia de Santiago del Estero.* Proyecto de Mejoramiento de la Educación Rural (PROMER) Préstamo birf 7353-ar. Seguimiento y evaluación. Estudio Especial. Resumen ejecutivo, Buenos Aires, DINIECE, Ministerio de Educación.

Otero, M. P. y A. Padawer (2008), *Seguimiento y evaluación. Estudio Especial. Política de regularización de las trayectorias escolares en el segundo ciclo del nivel de enseñanza primario de la provincia de Mendoza,* Informe Final. Resumen ejecutivo. Proyecto de Mejoramiento de la Educación Rural (PROMER) Préstamo birf 7353-ar, Buenos Aires, DINIECE, Ministerio de Educación.

Martínez e Itzcovich (2007), *Intereses y percepciones de los Jóvenes participantes del CAJ en GBA*. Informe Preliminar, Buenos Aires, Unidad de Información y Comunicación, Dirección Nacional de Gestión Curricular y Formación Docente (DNGCyFD), Ministerio de Educación.

Martínez e Itzcovich (2007), *1er Relevamiento Censal en CAJ*. Informe Preliminar, Buenos Aires, Unidad de Información y Comunicación, Dirección Nacional de Gestión Curricular y Formación Docente (DNGCyFD), Ministerio de Educación.

Meyer, R. (2007), *Identificación y caracterización cualicuantitativa de clusters de oferta del sistema educativo argentino y su proyección demográfica, socio-cultural y económica*. Concurso de proyectos de investigación: Promoción y uso de estadísticas educativas en investigación, Buenos Aires, DINIECE, Ministerio de Educación / Universidad Nacional del Litoral.

Mezzadra, F., A. Rivas y otros (2007), *Proyecto de Asistencia técnica para la implementación de metas específicas de la Ley de Educación Nacional: Distribución de docentes*, Buenos Aires, CIPPEC / Ministerio de Educación.

Miguez, D. (Comp.) (2008), *Violencia y Conflictos en las Escuelas*. Buenos Aires, Paidós.

Miguez, D. y otros (2007), *Violencia y Conflictos en las Escuelas*. Informe preliminar, Buenos Aires, Observatorio de la Violencia en las escuelas, Ministerio de Educación / Universidad de San Martín.

Ministerio de Economía y Ministerio de Educación (2005), *Experiencia Piloto de programas orientados a resultados: Programa Integral para la Igualdad Educativa*, Buenos Aires, Ministerio de Economía y Ministerio de Educación.

Ministerio de Economía y Ministerio de Educación (2006), *Experiencia Piloto de programas orientados a resultados: Programa Integral para la Igualdad Educativa*, Buenos Aires, Ministerio de Economía y Ministerio de Educación.

Ministerio de Economía y Ministerio de Educación (2007), *Experiencia Piloto de programas orientados a resultados: Programa Integral para la Igualdad Educativa*, Buenos Aires, Ministerio de Economía y Ministerio de Educación.

Miranda, Moraguez y Sendón (2000), *Análisis cuantitativo del impacto que tuvo la implementación del tercer ciclo en las matrículas escolares y en la escolarización de la población de 12 a 14 años y su proyección en el grupo de 15 a 19 años*. Proyecto Estado de Situación de la Implementación del Tercer Ciclo de EGB en seis jurisdicciones, Buenos Aires, FLACSO / Ministerio de Cultura y Educación.

Montesinos, M. P. y A. Pagano (2007), *Documento marco para la ampliación de la cobertura del Nivel Inicial en escuelas que atienden a los sectores de población en situación de alta vulnerabilidad social*. Informe final, Buenos Aires, Ministerio de Educación / Unión Europea.

Mora, M., Dirié y otros (Coords.) (2007), *El perfil de los docentes en la Argentina. Análisis realizado en base a los datos del Censo Nacional de Docentes 2004.* Boletín N° 4. Temas de Educación Área de Investigación y Evaluación de Programas, Buenos Aires, DINIECE, Ministerio de Educación.

Morduchowicz, A. (2007), *Educación Superior No Universitaria: Alumnos*. Convenio de Asistencia Técnica para el Planeamiento de la Formación Docente. Buenos Aires, IIPE-UNESCO Buenos Aires – Instituto Nacional de Formación Docente.

Morduchowicz, A. (2008), *La planificación cuantitativa de la oferta y la demanda docente. Una revisión metodológica y conceptual*, Buenos Aires, IIPE-UNESCO.

Morgade, G. (2007), *La condición docente: una expresión de la desigualdad social y educativa en el Nivel Medio/ Polimodal en la ciudad de Buenos Aires y en el conurbano*. Concurso de proyectos de investigación: Promoción y uso de estadísticas educativas en investigación, Buenos Aires, DINIECE, Ministerio de Educación / Universidad de Buenos Aires (Facultad de Filosofía y Letras) y Departamento de Estadísticas de la Ciudad de Buenos Aires.

Nóbile, M. (2006), *Modelos y experiencias nacionales e internacionales de educación secundaria*, Buenos Aires, Dirección Nacional de Gestión Curricular y Formación Docente, Ministerio de Educación.

Palamidessi, M. (Coord.), B. Fernández, D. Galarza, D. González, S. Hirschberg y M. Landau (2001), *La integración de las TIC en las escuelas. Un estudio exploratorio*, Buenos Aires, Unidad de Investigaciones Educativas, Ministerio de Educación, Ciencia y Tecnología.

Pereyra, A. (2009), *Saberes disciplinares, didácticos y pedagógicos de los docentes de los profesorados de historia*, Buenos Aires, Área de Investigación, Instituto Nacional de Formación Docente (INFoD).

Pinkasz, D. y F. Acosta (2007), *Escuela secundaria y tutorías: Notas para una historia*. Dirección Nacional de Gestión Curricular y Formación Docente. Ministerio de Educación, Ciencia y Tecnología.

Proyectos de Investigación desarrollados por los Institutos de Formación Docente en el marco de las Convocatorias Conocer para Incidir desarrollados por el Instituto Nacional de Formación Docente (INFoD) en 2007, 2008 y 2009.

Puiggrós, A. y otros (Sin fecha), *La enseñanza y aprendizaje de saberes socialmente productivos. Los saberes del trabajo*, Buenos Aires, Universidad de Buenos Aires / Secretaría de Ciencia y Técnica / Proyectos Área de Vacancia.

Ravella P. (2000), *Informe de Evaluación del Programa Nacional de Becas Estudiantiles de la República Argentina*, Versión final, BID.

Rivas, A. y otros (2006), *Estudio para la implementación de políticas de extensión de la jornada escolar*, Buenos Aires, CIPPEC / Ministerio de Educación.

Rivas, A. y otros (2007), *Proyecto de Asistencia técnica para la implementación de metas específicas de la Ley de Educación Nacional: Lengua Extranjera*, Buenos Aires, CIPPEC / Ministerio de Educación.

Ruiz, V. (Coord.) (2007), *Línea de base de la evaluación de resultados del PROMSE*. Informe Final. Primera Versión. Buenos Aires, Ministerio de Educación.

Sadosky, P. (2009), *La Formación Docente para la enseñanza de la Matemática*. Buenos Aires, Área de Investigación, Instituto Nacional de Formación Docente (INFoD).

Segretin, M. S., D. Petettay S. Lipina (2007), *Desigualdad social y desempeño escolar: identificación de predictores de riesgo para el diseño de intervenciones públicas y/o curriculares*, Concurso de proyectos de investigación: Promoción y uso de estadísticas educativas en investigación, Buenos Aires, DINIECE, Ministerio de Educación / Unidad de Neurobiología Aplicada (UNA, CEMIC-CONICET) y el INDEC.

Sessa, C. y otros (2008), *La formación en las carreras de profesorado en Matemática,* Buenos Aires, Área de Investigación, Instituto Nacional de Formación Docente (INFoD).

Sinisi, L. y P. Montesinos (2008), *Proyecto de investigación cualitativa en torno a la implementación del Programa Todos a estudiar en la Provincia de Tucumán.* Informe Ejecutivo, Buenos Aires, Área de Investigación Educativa, DINIECE, Ministerio de Educación, Ciencia y Tecnología.

Sinisi, L. y P. Montesinos (2008), *La implementación del Programa Nacional de Becas Estudiantiles en la Provincia de Buenos Aires: Aportes para las políticas orientadas al cumplimiento de la obligatoriedad del nivel secundario.* Versión Preliminar, Buenos Aires, Área de Investigación, DINIECE, Ministerio de Educación, Ciencia y Tecnología.

Sinisi, L. y otros (2007), *Proyecto de investigación cualitativa en torno a la implementación del Programa Todos a estudiar: Un estudio de casos sobre el "espacio puente".* Síntesis del Informe. Versión preliminar, Buenos Aires, Área de Investigación, DINIECE, Ministerio de Educación, Ciencia y Tecnología.

Suasnábar, C. (Coord.) (2000), *Estructuras burocráticas encargadas de la regulación del Tercer Ciclo.* Proyecto Estado de Situación de la Implementación del Tercer Ciclo de EGB en seis jurisdicciones, Buenos Aires, FLACSO / Ministerio de Cultura y Educación.

Suasnábar, C. (Coord.) (2005), *Estudio de Planes Globales, Una mirada comparada de los Planes Anuales 2004/ 2003,* Buenos Aires, Ministerio de Educación / FLACSO.

Tedesco, J. C. y E. Tenti Fanfani (2001), *La reforma Educativa en Argentina. Semejanzas y Particularidades. Borrador para la discusión.* Proyecto "Alcance y resultados de las reformas educativas en Argentina, Chile y Uruguay". Ministerios de Educación de Argentina, Chile y Uruguay, Grupo Asesor de la Universidad de Stanford / BID.

Tenti Fanfani, E. (Coord.) y F. Acosta (2008), *El Perfil de los Directores de Escuela en la Argentina. Una revisión de los datos del Censo Nacional de Docentes 2004,* Boletín Nro. 5. Temas de Educación, Buenos Aires, DINIECE, Ministerio de Educación – IIPE.

Tenti Fanfani, E. (Coord.) y F. Acosta (2008), *Los directores de escuela en la Argentina. Análisis de los datos del Censo Nacional de Docentes 2004,* Versión final, Buenos Aires, IIPE / Ministerio de Educación.

Tenti Fanfani, E (Coord.), S. Frederic, C. Steinberg y otros (2009), *Abandono escolar y políticas de inclusión en la educación secundaria,* Buenos Aires. Ministerio de Educación, Instituto Internacional de Planeamiento Educativo (IIPE) y Programa de Naciones Unidas para el Desarrollo (PNUD).

Tenti Fanfani, E. (Coord.), *Los docentes y los desafíos de la profesionalización,* Buenos Aires, IIPE / Ministerio de Educación.

Tenti Fanfani, E. con la colaboración de F. Acosta (2009), *Los estudiantes y los profesores de los INFD y la construcción de la identidad Profesional,* Buenos Aires, Área de Investigación, Instituto Nacional de Formación Docente (INFoD).

Tenti Fanfani, E., S. Frederic. y C. Steinberg (2007), *Programa de Investigación "Dos estudios sobre programas de reducción del abandono escolar en la escuela media argentina",* Resumen Ejecutivo, Buenos Aires, Ministerio de Educación, Instituto Internacional de Planeamiento Educativo (IIPE) y Programa de Naciones Unidas para el Desarrollo (PNUD).

Terigi, F. (2006), *Relevamiento de la oferta y demanda y diseño preliminar del plan de formación docente inicial para la educación técnico-profesional,* Buenos Aires, Instituto Nacional de Educación Técnica / Instituto Internacional de Planeamiento Educativo (IIPE).

Terigi, F. (2007), *Los formadores de docentes del sistema educativo argentino. Estudio sobre perfil, trayectorias e inserción ocupacional de los docentes de la educación superior no universitaria de formación docente en base al Censo Nacional de Docentes 2004,* Buenos Aires, Instituto Internacional de Planeamiento Educativo (IIPE) / Ministerio de Educación.

Terigi, F. y otros (2007), *Hacia un Acuerdo sobre la Institucionalidad del Sistema de Formación Docente en Argentina,* Buenos Aires, Ministerio de Educación, Instituto Internacional de Planeamiento Educativo (IIPE) y Organización de Estados Iberoamericanos (OEI).

Tiramonti G. y V. Seoane (2000), *Datos provenientes del estudio de campo que comprometió 32 escuelas en las que se implementó el tercer ciclo con diferentes organizaciones institucionales.* Proyecto Estado de Situación de la Implementación del Tercer Ciclo de EGB en seis jurisdicciones, Buenos Aires, FLACSO / Ministerio de Cultura y Educación.

Veleda, C. (2009), *Evaluación, promoción y clasificación de los alumnos de Nivel Primario. Estudio comparado de las políticas y las prácticas en cinco provincias*. Buenos Aires, Ministerio de educación / Unión Europea / CIPPEC.

Vezub, L. (2005), *Tendencias Internacionales de Desarrollo Profesional Docente. La experiencia de México, Colombia, Estados Unidos y España*, Buenos Aires, Direcciones Nacionales de Gestión Curricular y Formación Docente, Ministerio de Educación.

Zamero, M. (2009), *Alfabetización Inicial*, Buenos Aires, Área de Investigación, Instituto Nacional de Formación Docente (INFoD).

(2004), Estudio sobre el estado actual de la Educación Técnico-Profesional en la Argentina y el impacto de las reformas educativas en el período 1994-2004. / Banco Interamericano de Desarrollo / Instituto Nacional de Educación Técnica (INET).

(2006-2007), *Diseño de sistema de seguimiento, monitoreo e impacto del Programa*. Programa de Desarrollo Curricular y Capacitación, Buenos Aires, Consultora Equipo 3 / Ministerio de Educación de la Nación.

(2009), *Estado del arte sobre Educación inicial en Argentina: diagnóstico, metas, y estrategias*. Unidad de Planeamiento Estratégico y Evaluación de la Educación Argentina (UPEA) – El Fondo de las Naciones Unidas para la Infancia (UNICEF).

(Sin fecha), *Caracterización de la población destinataria del proyecto: aspectos socio-demográficos y socio-culturales*, Buenos Aires, Dirección de Educación Permanente de Jóvenes y Adultos / Unión Europea.

(Sin fecha), *Diagnóstico y caracterización de la situación educativa de inicio del programa,* Buenos Aires, Dirección de Educación Permanente de Jóvenes y Adultos / Unión Europea.

(Sin fecha), *Dinámica y perspectivas de las economías y mercados de trabajo de doce provincias argentinas,* Buenos Aires, Dirección de Educación Permanente de Jóvenes y Adultos / Unión Europea.

(Sin fecha), *Estructura y características de las ofertas formativas de Formación Profesional,* Buenos Aires, Dirección de Educación Permanente de Jóvenes y Adultos / Unión Europea.

(Sin fecha), *Estructura y diseño curricular de la educación secundaria de la Educación Permanente de Jóvenes y Adultos,* Buenos Aires, Dirección de Educación Permanente de Jóvenes y Adultos / Unión Europea.

(Sin fecha), *Experiencias innovadoras en la educación de jóvenes y adultos,* Buenos Aires, Dirección de Educación Permanente de Jóvenes y Adultos / Unión Europea.

(Sin fecha), *Políticas y organización de la educación secundaria de Educación Permanente de Jóvenes y Adultos y de Formación profesional y/o para el trabajo.* Buenos Aires, Unión Europea / Dirección de Educación Permanente de Jóvenes y Adultos, Ministerio de Educación.

(Sin fecha), *Programa de Reforma de la Gestión Administrativa de los Sistemas Educativos Provinciales,* Buenos Aires, Consultora Equipo 3 / Ministerio de Educación de la Nación.

Documentos asociados al caso de estudio

Borradores e instrumentos finales para la recolección de datos. Guías de entrevistas a directivos, a docentes y a referentes jurisdiccionales del PEI (2008).

Convenio de Financiación entre el Organismo de Cooperación Europeo y la República Argentina. Convenio MECyT Nro. 793/05, firmado el 14 de diciembre de 2005, por representantes del ministerio de relaciones exteriores y culto, el Ministerio de Educación y del organismo de cooperación. El convenio cuenta con dos anexos: uno que son las condiciones generales y el otro las disposiciones técnico-administrativas.

Documentos preliminares, estados de avance y documento final del estudio *Repitencia, abandono, ausentismo, promoción y egreso de las en las escuelas cubiertas por la intervención del PEI. Un análisis de los factores asociados* (2008-2009).

Evaluación de las ofertas presentadas al régimen negociado en régimen competitivo para la Contratación de servicios para la elaboración y diseño del Estudio: *Repitencia, abandono, ausentismo, promovió y egreso en las escuelas cubiertas por la intervención del PEI. Un análisis de los factores asociados.*

Expediente del estudio *Repitencia, abandono, ausentismo, promoción y egreso en las escuelas cubiertas por la intervención del PEI. Un análisis de los factores asociados.* 4 cuerpos (carpetas oficio grandes) de documentos relacionados con el estudio. Incluye todas las notificaciones entre áreas de ministerios, convenios, pliegos y sus aceptaciones, presentaciones a la licitación, etc. (2005-2009).

Notas administrativas relacionadas con el estudio enviadas entre instituciones o áreas de la misma institución (2006-2009).

Ofertas presentadas al régimen negociado en régimen competitivo para la Contratación de servicios para la elaboración y diseño del Estudio: *Repitencia, abandono, ausentismo, promoción y egreso en las escuelas cubiertas por la intervención del PEI. Un análisis de los factores asociados.*

Procedimiento negociado en régimen competitivo. Contratación de servicios para la elaboración y diseño del Estudio: *Repitencia, abandono, ausentismo, promoción y egreso en las escuelas cubiertas por la intervención del PEI. Un análisis de los factores asociados* para el proyecto REPPEI. Ministerio de Educación, Ciencia y Tecnología y organismo de cooperación europeo. Octubre 2007. Licitación MECyT-UE-25-2007.

Este libro se terminó de imprimir en julio de 2018 en Imprenta Dorrego (Dorrego 1102, CABA).

www.ingramcontent.com/pod-product-compliance
Lightning Source LLC
Chambersburg PA
CBHW021937240426
43668CB00036B/75